经世济民

诚信服务

德法兼修

“十四五”职业教育国家规划教材

数字商贸“岗课赛证”融通新形态一体化教材

数字营销技术应用 1+X 证书制度系列教材

数字营销基础（第二版）

◆ 中教畅享科技股份有限公司 组织编写

◆ 主　编　王　鑫　张晓红

◆ 副主编　王丽丽　杨叶飞　陈　华

中国教育出版传媒集团

高等教育出版社·北京

内容提要

本书是“十四五”职业教育国家规划教材，是数字商贸“岗课赛证”融通新形态一体化教材，也是数字营销技术应用1+X证书制度系列教材之一。

本书共六章，包括数字营销概述、数字营销原理与技术、数字营销策划、数字广告营销、数字互动营销、数字营销效果分析与优化。全书结构清晰，内容新颖，具有较强的实用性和创新性。

本书结合《数字营销技术应用职业技能等级标准》，进行“岗课赛证”融通的内容开发。本书从数字营销的基本认知出发，重点介绍了数字营销原理的发展与演变、数字营销技术的应用与拓展、数字营销效果优化的思路与技巧。本书围绕目标客户洞察、品牌价值构建、营销内容策划、品牌传播推广、客户互动运营进行数字营销策划；面向品牌传播渠道，围绕搜索引擎和推荐引擎开展数字广告营销；聚焦客户分析、方式方法和实施操作，进行数字互动营销。最后探讨“品效合一”的数字营销效果评估指标体系和分析方法。

本书配有教学课件、习题答案等丰富的数字化教学资源，精选其中具有典型性、实用性的优质资源在教材中以二维码的方式进行标注，供读者即扫即学。授课教师如需获取资源，请登录“高等教育出版社产品信息检索系统”（xuanshu.hep.com.cn）免费下载。

本书可以作为高等职业教育专科、本科院校，中等职业院校和应用型本科院校市场营销、网络营销与直播电商、电子商务、连锁经营与管理等相关专业的教材，也可以作为数字营销技术应用职业技能等级证书的培训教材，还可以作为数字营销相关从业人员和社会人士的自学参考用书。

图书在版编目（CIP）数据

数字营销基础 / 中教畅享科技股份有限公司组织编写；王鑫，张晓红主编. -- 2版. -- 北京：高等教育出版社，2025. 8. -- ISBN 978-7-04-065308-3

Ⅰ. F713.365.2

中国国家版本馆CIP数据核字第2025E2S958号

数字营销基础（第二版）
SHUZI YINGXIAO JICHU

策划编辑 康 蓉　　责任编辑 康 蓉　　封面设计 赵 阳　　版式设计 董思含
责任绘图 马天驰　　责任校对 张 薇　　责任印制 刘思涵

出版发行	高等教育出版社	网　址	http://www.hep.edu.cn
社　址	北京市西城区德外大街4号		http://www.hep.com.cn
邮政编码	100120	网上订购	http://www.hepmall.com.cn
印　刷	运河（唐山）印务有限公司		http://www.hepmall.com
开　本	787 mm × 1092 mm 1/16		http://www.hepmall.cn
印　张	16.5	版　次	2021年11月第1版
字　数	390千字		2025年8月第2版
购书热线	010-58581118	印　次	2025年8月第1次印刷
咨询电话	400-810-0598	定　价	49.90元

物 料 号 65308-00

总序

2023 年 2 月，中共中央、国务院印发《数字中国建设整体布局规划》，明确了未来数字中国的建设目标和关键工作任务，并指出“建设数字中国是数字时代推进中国式现代化的重要引擎，是构筑国家竞争新优势的有力支撑。加快数字中国建设，对全面建设社会主义现代化国家、全面推进中华民族伟大复兴具有重要意义和深远影响。”

2024 年 7 月党的二十届三中全会通过的《中共中央关于进一步全面深化改革、推进中国式现代化的决定》将“健全因地制宜发展新质生产力体制机制”和“健全促进实体经济和数字经济深度融合制度”作为“健全推动经济高质量发展体制机制”的前两项任务。发展新质生产力和实数深度融合成为推动经济高质量发展的新动能。

2025 年 4 月，习近平总书记在中共中央政治局第二十次集体学习时指出：“人工智能作为引领新一轮科技革命和产业变革的战略性技术，深刻改变人类生产生活方式”“要推动人工智能科技创新与产业创新深度融合，构建企业主导的产学研用协同新体系，助力传统产业改造升级，开辟战略性新兴产业和未来产业发展新赛道”。新一代人工智能技术的快速演进为经济发展注入了更加鲜活的力量，同时也为产业优化升级、生产力整体跃升提供了重要的战略资源。

2024 年 4 月，商务部印发的《数字商务三年行动计划（2024—2026 年）》提出了发展目标：“到 2026 年底，商务各领域数字化、网络化、智能化、融合化水平显著提升，数字商务规模效益稳步增长，产业生态更加完善，应用场景不断丰富，国际合作持续拓展，支撑体系日益健全。”数字商务成为数字经济和新质生产力发展最迅速、创新最活跃、应用最丰富的重要组成。数字营销成为企业市场营销发展的最新趋势和必然选择。数字营销具有更快的传播速度、更精准的营销方式、更高的营销转化率。品牌通过数字营销，可以更精准地捕捉消费者行为，以更高的效率满足消费者需求，实现“品效双赢”。“针对数字化目标受众分析用户画像，进行人群洞察；针对品牌未知受众传播广告，塑造品牌认知；针对已知受众开展互动营销，形成品牌认同；针对交易人群激发行动，促成品牌认购”是数字经济时代营销人才的新定位，企业需要“善策划、会传播、精互动”的新型数字营销人才。

新的技术衍生出更复杂多变的营销策略，加剧了市场竞争的激烈程度，也蕴含了新的政策法规风险，这些对于数字营销人员既是机遇又是挑战。生成式人工智能技术发展日新月异，对包括数字营销在内的诸多行业产生了深刻影响。虽然许多数字营销操作已经可以被人工智能所取代，但营销渠道的选择、营销策略的制定、创意内容的确定等核心环节依然离不开“人”的决策。因此，数字化、智能化的高速发展对营销人员提出了更高的要求——要具备更加扎实的营销知识，并保持持续学习的能力，强化职业判断力，能够充分利用智能化工具创造更具有营销优势的内容，为企业提供更精准、更智能、更高效的营销支持。

职业教育作为教育强国建设中的“铜腰”，发挥着为现代化产业体系培育高技能人才、为新质生产力培养新型劳动者的重要作用。为了应对新技术、新产业、新业态和新模式下对营销人才的新要求，负责开发第四批职业技能等级证书“数字营销技术应用”的职业教育培训评价组织中教畅享科技股份有限公司依据行业发展情况，以实际岗位需求为导向，联合行业、企业、院校，组织有关专家在开发《数字营销技术应用职业技能等级标准》的基础上开发并将持续更新数字营销技术应用 1 + X 证书制度系列教材。本系列教材依据《数字营销技术应用职业技能等级标准》和《职业教育专业教学标准》（2025 年）编写，落实“X”证书对“1”的“强化、补充、拓展”的作用，有效实现了数字商贸“岗课赛证”融通综合育人。本系列教材共 3 本，《数字营销基础》及升版教材注重数字营销核心知识技能体系横向单元的构建；《数字互动营销——数字营销技术应用（初级）》《数字广告营销——数字营销技术应用（中级）》及升版教材的内容聚焦关键工作领域的典型工作任务，注重纵向单元的深入。本系列教材采用校企双元合作开发、项目导向、任务驱动、场景构建的方式，引导学习者解决不同场景下的数字营销实际问题，体现产教融合特色。

本系列教材自 2021 年 11 月出版以来，不仅推动了数字营销技术应用职业技能等级证书制度的落地实施，而且随着《职业教育专业简介（2022 年修订）》的发布，“数字营销基础”“数字互动营销”“数字广告营销”广泛进入中高职财经商贸类专业的专业核心课并深入课堂，受到广大职业院校的高度认可。为了保持教材的与时俱进，体现新技术、新工艺、新规范和新要求，编写团队融入大数据、人工智能、新质生产力等新要素，对本系列教材进行了全面修订。

数字营销领域的技术发展日新月异，行业标准与规范也在发展中不断完善。本系列教材在编写过程中力求准确、完善，但书中难免存在疏漏与不足之处，恳请广大读者批评指正。本项目建设委员会将努力做好相关支撑服务工作，与广大院校一同努力，培养合格且与时俱进的数字营销人才。

数字营销技术应用职业技能等级证书
项目建设委员会
2025 年 5 月

第二版前言

国家发展改革委、国家数据局按照中央经济工作会议和2025年政府工作报告部署，在全面贯彻党的二十大和二十届二中、三中全会精神的基础上，印发《2025年数字经济发展工作要点》，加快构建促进数字经济发展的体制机制。数字营销是实体经济和数字经济深度融合的重要途径之一，通过精准的数据分析和创新的营销手段为企业提供强大的市场推广动力，不仅提升了企业的市场竞争力，而且推动了整个经济体系的数字化转型。

人工智能作为引领新一轮科技革命和产业变革的战略性技术，深刻改变着人类生产生活方式。习近平总书记在2025年4月的中共中央政治局第二次集体学习时强调“坚持自立自强，突出应用导向，推动我国人工智能朝着有益、安全、公平方向健康有序发展”。数字营销与人工智能等新一轮科技革命和产业变革的战略性技术相结合，实现更加精准的市场定位、更加高效的客户互动，以及更加智能化的数据分析，不仅提升了营销效率和效果，而且为商业活动的全面数字化和智能化转型提供了强大的推动力。

数智经济背景下的互联网、移动互联网实现了“人与物、人与信息、人与人”之间的瞬息“连接”，拉近了品牌与受众的距离。“以人为中心”的营销理念成为营销思维的常态。企业的数字营销活动要求营销人员站在消费者的视角，思考如何让消费者形成品牌认知并与品牌建立持续而长久的关系，将消费者与品牌的关系从单次的“交易”变成长久的“共生”。“针对数字化目标受众分析用户画像进行人群洞察，针对品牌未知受众传播广告塑造品牌认知，针对已知受众开展互动营销形成品牌认同，针对交易人群激发行动促成品牌认购”是数字经济时代营销人才的新定位，企业需要“善策划、会传播、精互动”的新型数字营销人才。

本书聚焦企业新型数字营销人才需求，按照“认知数字营销基本概念与原理、策划数字营销活动、塑造品牌认知、形成品牌认同、促成品牌认购、分析营销数据”的闭环逻辑，科学构建了数字营销的核心知识和技能体系。

在本书编写和修订的过程中，产教融合的编写团队调研了数字营销龙头企业主要岗位的职业技能要求，搜集并查阅了大量国内外文献资料，还融入了具有时代特色的大数据技术、人工智能技术、新质生产力、数字经济等要素，旨在培养与时俱进、掌握数字经济时代营销工具的综合性营销人才。修订后的教材具有以下鲜明特色：

1. 落实立德树人根本任务，培养德技并修的高技能人才

本书以习近平新时代中国特色社会主义思想为指导，落实立德树人根本任务，突出诚信、守法、爱岗、敬业等职业精神。每章的学习目标在提炼核心知识、技能、素养的基础上，进一步充实了新质生产力对新型劳动者的新要求。通过增设“博文约礼”栏目，挖掘数字营销相关的育人元素，使学习者在学习数字营销知识与技能的同时，不断提高思想道德素养和职业修养，成为社会主义核心价值观的践行者和传播者。

2. 校企双元合作开发，“岗课赛证”融通育人特色突出

本书紧跟数字经济、人工智能背景下企业新型数字营销人才需求，结合《职业教育专业教学标准》（2025 年）和《数字营销技术应用职业技能等级标准》，对接教育部高职市场营销及人社部互联网营销等赛项的能力要求，由企业和院校共同组成的团队经过多次研讨、论证，从庞杂而碎片化的知识内容中，科学地梳理出本教材的核心知识点和技能点，并按照学生的认知规律设计教学体系与内容，助力学习者解决不同场景下的数字营销实际问题。

3. 紧跟数字经济新职业与行业发展新趋势，从产教融合中萃取并激活先进的教学元素，培养与时俱进的新型营销人才

为了贯彻落实党中央、国务院关于发展数字经济的决策部署，发挥数字人才支撑数字经济的基础性作用，人力资源和社会保障部等九部门印发了《加快数字人才培育支撑数字经济发展行动方案（2024—2026 年）》，旨在通过开展数字人才育、引、留、用等专项行动打造高水平数字人才队伍，以更好地支撑数字经济的高质量发展。本书紧密对接人社部发布的互联网营销师、用户增长运营师、全媒体运营师等数字职业，特别增设数字营销岗位认知章节，帮助学习者清晰了解数字营销新职业。同时，深入洞察企业在人工智能等新技术背景下的用人需求，系统梳理了数字营销行业人才的核心能力模型，推动学习者顺利向新职业岗位过渡。本书内容紧跟科技发展的步伐，在主体内容部分融入了大数据技术、新质生产力、人工智能技术、AIGC、知识图谱、语音识别及语义分析技术等新要素，从产教融合中萃取并激活先进的教学元素，帮助学生了解数字营销前沿的技术动态，掌握新型营销工具的使用方法。

4. 融合教材与数字化教学资源，助力课程数智化革新提质增效

本书建设有教学课件、微课、动画、习题答案等类型丰富的数字化教学资源，选择其

中具有典型性和实用性的优质资源以二维码方式标注在边白处，供学习者即扫即学，提高了学习的便利性。同时，编写团队同步建设了在线开放课程，实现了在线开放课程和新形态一体化教材的共建共用，助力数字营销课程教学过程实现数字化、智能化升级，也充分体现了数字技术对教育教学的有力支撑。

本书由中教畅享科技股份有限公司组织编写，王鑫、张晓红担任主编，王丽丽、杨叶飞、陈华担任副主编。在本书的编写过程中，编写团队参阅了大量文献和报告，并得到了高等教育出版社的精心指导和大力支持，在此对各位专家、老师的辛勤工作表示衷心感谢！

由于数字营销涉及的内容具有较强的前瞻性和时效性，相关的营销策略、营销工具会随着时代的发展而不断更新，加之编写时间及作者水平有限，书中难免存在不足之处，恳请广大读者批评指正，以使本书日臻完善。

编者

2025 年 5 月

◆ 第一版前言

党的二十大报告强调：“加快发展数字经济，促进数字经济和实体经济深度融合，打造具有国际竞争力的数字产业集群。”“坚持把发展经济的着力点放在实体经济上，推进新型工业化，加快建设制造强国、质量强国、航天强国、交通强国、网络强国、数字中国。”

在党的二十大精神的指引下，“数字中国”正在加快建设，数字经济已成为中国经济发展的核心驱动力，数字营销正在成为“互联网 +”变革的重要方向和企业竞争的热点。在数字化、产业化的变革升级背景下，“以人为中心”的营销理念已成为营销思维的新常态。企业的数字营销活动要求营销人员站在消费者的视角，思考如何让消费者形成品牌认知并与品牌建立持续而长久的关系，将消费者与品牌的关系从单次的“交易”转变成长久的“共生”。

为贯彻党的二十大精神，《数字营销基础》以习近平新时代中国特色社会主义思想为指导，依据《数字营销技术应用职业技能等级标准》编写，为数字营销相关课程和对应的职业技能等级证书的学习与考核提供系统性的内容支撑。书中有机融入数字营销法律法规、数字经济案例、数字经济与实体经济相融合案例、网络生态维护法律法规与道德、行业政策、先进文明等相关内容，以增强学生的法律素养、数字素养和文化素养，培养学习者数实融合的意识。全书共包括六章：数字营销概述、数字营销原理与技术认知、数字营销策划、数字广告营销、数字互动营销、数字营销效果分析与优化。其中，数字营销策划、数字广告营销、数字互动营销三章分别承接数字营销技术应用 1 + X 证书的高级、中级和初级教材。

本书在编写过程中广泛调研了数字营销行业和龙头企业主要岗位的职业技能要求和人才需求报告，搜集并查阅了大量国内外文献资料，形成了如下鲜明特色。

1. 实现双标准覆盖，科学构建核心知识和技能体系

本书立足于《数字营销技术应用职业技能等级标准》和专业教学标准，由院校与企业共同组成的团队经过多次研讨、论证编写而成。全书按照认知数字营销基本概念与原理、策划数字营销活动、塑造品牌认知、形成品牌认同、促成品牌认购、完成营销数据分析的闭环逻辑，科学构建了数字营销的核心知识和技能体系，内容取舍合理，具有一定的前瞻性、实用性和创新性。

2. 落实立德树人根本任务，寓价值观引导于知识传授和能力培养中

本书紧密围绕主题内容，合理穿插“行业洞察”“职场透视”“博文约礼”三个特色栏目。“行业洞察”主要聚焦数字营销技术前沿、行业动态、典型案例，以激发学习者的家国情怀和民族自豪感；“职场透视”主要聚焦数字营销岗位要求、职业技能和职业发展特征，培养学习者的职业道德和职业认同感，践行工匠精神；“博文约礼”意指“君子博学于文，约之以礼”，聚焦于数字营销法律法规、行业政策和先进文化，以提升学习者的职业素养和文化自信，培养其遵纪守法和诚实守信的正确价值观念。

3. 校企双元合作开发，“岗课赛证”融通特色突出

本书在编写过程中突出校企双元合作开发的职业教育类型特色，强化行业指导和企业参与，突出“岗课赛证”融通的特色理念。“岗”：紧跟数字营销产业发展趋势和行业人才需求，通过“数字营销岗位认知”相关内容介绍数字营销企业组织结构、岗位职业能力体系；“课”：立足数字营销课程教学内容，进行理实一体化教学设计，强化立体教学功能；“赛”：对接高职市场营销职业技能大赛的数字营销模块，为职业技能大赛提供一定的内容支撑；“证”：本书可作为数字营销技术应用职业技能等级证书的理论教材使用，对该证书的核心知识点进行了融会贯通。

4. 互助融通，在线开放课程和新形态一体化教材共建共用

本书建设有教学课件、微课、动画、习题答案等类型丰富的数字化教学资源，精选其中典型、实用的优质资源及相关行业数据报告等在教材中以二维码的方式进行了标注，供读者即扫即学，以提高学习的便利性。同时，编写团队同步建设了在线开放课程，充分体现了数字技术对教育教学和 1 + X 证书学习评测的有力支撑。

本书由中教畅享科技股份有限公司组织编写，王鑫、张晓红担任主编，王丽丽、杨叶飞、陈华担任副主编。在本书创作的过程中，编写团队参阅了大量文献资料，并得到了高等教育出版社相关编辑的精心指导和大力支持，在此对各位专家、老师的辛勤工作表示衷心感谢！

由于数字营销尚处于发展之中，本书涉及的内容具有较强的前瞻性和时效性，加之编写时间及作者水平有限，书中难免存在不足之处，恳请广大读者批评指正，以使本书日臻完善。

编者

2023 年 7 月

目录

第1章 数字营销概述

学习目标

素养目标

- 理解数字营销在培育新质生产力、推动经济数字化转型中的关键作用，把握数字经济发展趋势
- 增强学习者对数字营销相关新职业的了解，推动学习者向数字营销新职业岗位过渡
- 培养能够融会贯通更多领域的知识，从而更有力地突破知识体系的边界，实现营销创新的新型劳动者

知识目标

- 了解数字营销的概念
- 了解数字营销的岗位职责
- 熟悉数字营销的发展历程
- 熟悉数字营销的路径
- 掌握数字营销的构成要素

技能目标

- 能够从认知、认同、认购三个方面解读数字营销的路径
- 能够从社会、企业、消费者三个方面阐述数字营销的价值

思维导图

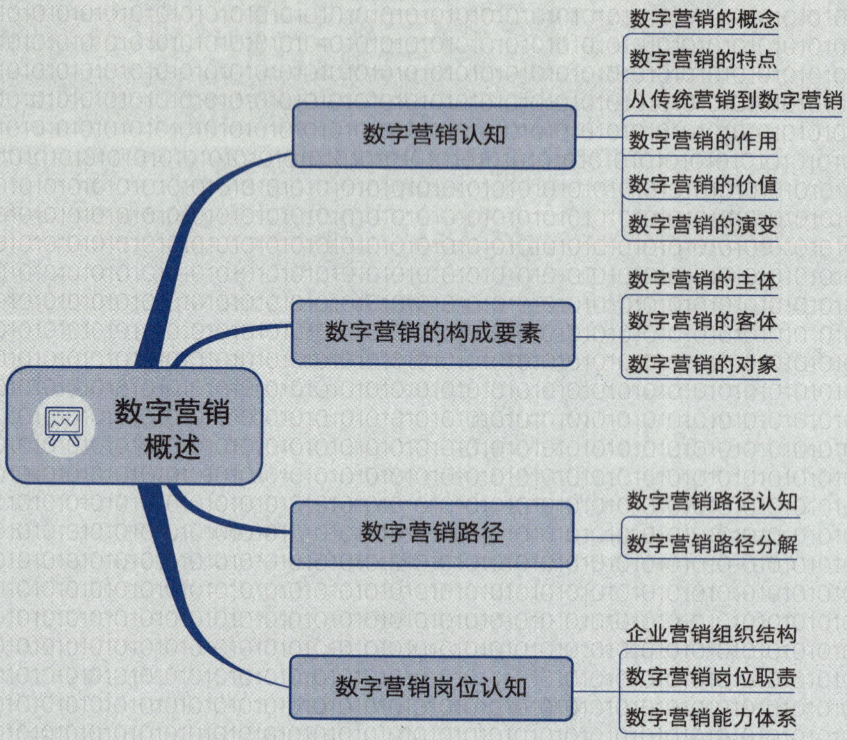

学习计划

素养提升计划

知识学习计划

技能训练计划

引导案例

数字营销加速数字经济高质量发展

新一轮科技革命和产业变革孕育、带动了数字技术的强势崛起，以数据为关键要素的数字经济成为构建新发展格局的重要支撑和推动经济高质量发展的新动能和新引擎。国家发展改革委、国家数据局按照中央经济工作会议和2025年政府工作报告部署，在全面贯彻党的二十大和二十届二中、三中全会精神基础上，印发了《2025年数字经济工作要点》，加快构建促进数字经济发展体制机制。在这一进程中，数字营销作为数字经济的重要组成部分，正通过精准触达、智能分析和创新互动等优势，重塑传统营销模式，为数字经济发展注入新活力。

数字营销作为连接数字技术、数字经济与实体经济的重要纽带，正在推动消费升级、产业转型和品牌创新。

通过大数据分析与智能算法，数字营销精准捕捉消费需求变迁，依托创新营销场景构建沉浸式体验，推动消费结构向品质化、服务化跃升。例如，智能推荐系统基于用户行为数据实现“千人千面”的个性化服务。

在供给侧结构性改革深化过程中，数字营销正成为传统产业数字化转型的关键突破口。例如，在农业领域，拼多多构建的“农地云拼”体系，将消费端大数据与产地直连，使四川会理石榴实现了从滞销到网红单品的蜕变。

在品牌建设维度，品牌建设已突破传统广告投放模式，转向数据驱动的全场景价值传播，使消费者从价值接受者转变为品牌叙事参与者，大大提升了客户忠诚度、降低了营销成本。

相关数据表明，中国已连续11年成为全球最大的网络零售市场，并且拥有全球最活跃的数字化投资与创业生态系统。数字营销技术的快速发展和广泛应用，不仅培育了众多新兴数字品牌，也助力传统品牌实现数字化转型。如今，中国已成为塑造全球数字化格局的重要力量，未来还将继续在产业投资、商业模式和全球治理等多个领域引领全新趋势。

引思明理：

近年来，数字营销作为数字经济的重要实践领域，在国家政策的推动下迎来快速发展机遇。随着AI、大数据等新一代信息技术与营销的深度融合，数字营销正在经历从工具到战略、从渠道到生态的转型升级。从本案例中可以看出，数字营销通过技术创新和模式创新，正在三个方面发挥关键作用：一是成为连接数字经济与实体经济的重要纽带，推动产业数字化转型；二是作为新质生产力的重要组成部分，通过精准营销提升资源配置效率；三是构建中国品牌国际传播新渠道，助力文化软实力提升。未来，随着数字中国建设的深入推进，数字营销必将在促进数字经济与实体经济深度融合中发挥更大价值。

1.1 数字营销认知

1.1.1 数字营销的概念

数字营销协会（Digital Marketing Association）将数字营销定义为：利用数字技术手段进行产品和服务的推广及销售，以实现营销目标和提升品牌价值的过程。

有研究者将数字营销定义为“运用一切可以置入产品 / 服务的现代数字渠道进行的营销”。还有学者提出了更为宽泛的概念，认为数字营销是“一种适应性的、技术赋能的过程，企业可以在这一过程中与消费者、合作伙伴协作，为利益相关人员共同创造、传播、交付、维持价值”。

上述定义都强调，数字营销是一种过程或机制，它能够产生并传递价值，创造、维持和发展营销关系。

结合数字营销的发展动态，本书将其定义为：借助互联网、计算机通信技术和数字技术来实现营销目标的一种营销方式。它以一种及时的、定制化的和节省成本的方式与消费者沟通。数字营销利用先进的数字技术，以最经济有效的方式谋求新市场的开拓和新客户的挖掘。数字营销包含很多网络营销应用中的技术与实践，但范围更加广泛，既包括电视、广播、短信等非网络渠道，也包括社交媒体、电子商务平台、搜索引擎等网络渠道。

数字营销不仅是技术手段的变革，而且包含了更深层次的观念变革。它是目标营销、直接营销、分散营销、客户导向营销、双向互动营销、远程或全球营销、虚拟营销、客户参与式营销等的综合体现。数字营销赋予营销组合新的内涵，是数字经济时代企业的主要营销方式和必然发展趋势，其功能主要有信息交换、数字购买、数字出版、电子货币、数字广告、企业公关等。

1.1.2 数字营销的特点

数字营销具有众多优势，它可以通过数字媒体将产品调查、客户意见、盈利分析等内容进行整合，满足消费者一对一沟通的需求，实现比传统营销更好的营销效果。与传统营销方式相比，数字营销具有如下特点：

1. 更优秀的集成方式

一方面，数字营销实现了前台与后台的紧密集成，这种集成是快速响应客户个性化需求的基础，也是一种从商品信息采集到商品销售及售后服务全程的营销渠道。另一方面，企业可以借助数字营销对不同营销活动进行统一设计规划和协调实施，避免因不一致性而产生的消极影响。

2. 更个性化的营销服务

品牌和广告宣传有个性才能被人记住，被人记住了才能带来营销效果。以往传统的营销模式虽然也可以达到推广的目的，但是往往难以做到个性化。数字营销则不同，它既能够按照客户的需要提供个性化的产品，也能够有效跟踪客户的消费习惯和爱好，为其推荐相关性高的产品，是一种更人性化的精准营销模式。

3. 更丰富的产品信息

数字营销可以提供详尽的产品信息，包括尺寸规格、技术指导、使用方法、保修信息、常见问题解决方法等。因此，数字营销能有效提高客户对企业、品牌和产品的好感度。

4. 更精准的营销方式

不同的企业和品牌都有自己独特的目标客户群体，通过数字营销的社群化运营方式，企业可以将品牌的潜在客户集中起来，以使每一次营销推广都能精准地面向这些有可能购买自己产品的客户，有效促成购买和转化。同时，通过分析营销数据，企业还能进一步了解潜在客户的关注点和兴趣爱好，制定更有效的营销活动。

5. 更低廉的成本

在互联网上发布信息，费用相对低廉；通过网络渠道直接采购产品，可缩短分销环节；通过数字营销推广方式，可拓宽销售范围进而节省促销费用。除此之外，数字营销可以确保访问企业网站的大多数人是对此类产品感兴趣的客户，使目标客户更精确，减少无用信息的推送，节约推广费用。

1.1.3 从传统营销到数字营销

不同的媒体、渠道与多样化的社交形式、圈层交织，形成了复杂的动态传播与销售格局。在传统营销到数字营销转型的新发展形势下，营销理念、营销传播方式、营销内容、营销渠道，以及营销技术均发生了巨大转变。

1. 营销理念的转变

随着数字技术的发展，消费者通过进入其感兴趣的网络营销链接或虚拟商店来获取产品的更多相关信息，使购物行为更具差异化，营销理念也发生了巨大转变。数字营销以商品和用户关系构建为导向，以用户为中心，更强调个性化的营销方式。

过去，传统的营销理念以商品为中心，重视商品的开发与生产，重视商品的售卖与对消费者单次价值的挖掘，在与消费者的沟通过程中单方面传达商品信息的出发点是不断追求商品在销售中获得的增量，强调“获客”。

而数字营销理念认为，获取增量用户的速度与规模是无法持续的，“以商品为中心”的营销理念不再适用于当下复杂的经营环境，营销重心转向对存量用户的运营，“以用户为中心”成为营销的常态。数字营销站在消费者的视角，考虑如何让消费者和商品建立持续而长久的关系，将消费者与商品的关系从单次的“买卖”变成长久地“共生”，重视共同创造价值和长期服务。数字营销的目标是实现对存量消费者的闭环运营，全周期深入挖掘用户价值。在这个过程中，用户与商品都将变成资产，不断给营销创造新的价值。这种营销理念的转变过程如图 1-1 所示。

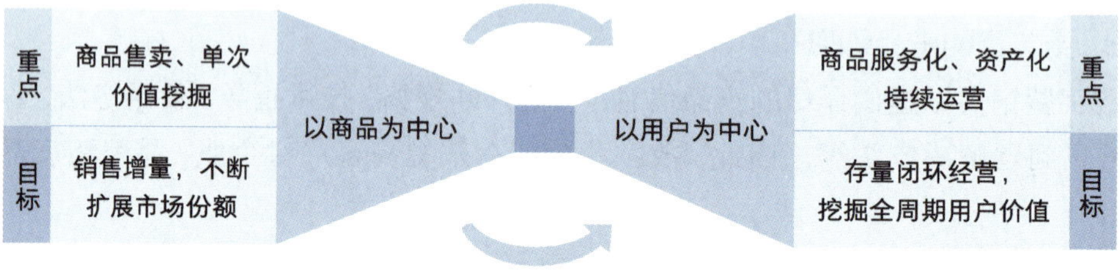

图1-1　营销理念的转变过程

综上所述，数字营销的理念建立在以用户为中心的基础上，重视对全周期用户价值的深入挖掘，并通过社交化的广泛存在让消费者更深入地参与到营销过程中。消费者与商品、服务之间的关系运营成为新的营销理念。只有构建起消费者与商品、服务之间持续而长久的关系，才能最大化挖掘用户价值及品牌价值。

2. 传播方式和营销内容的转变

传播是营销的关键操作点，传播领域正在发生的媒体平台化与内容碎片化的聚散博弈，对营销操作产生了不可忽视的影响。

数字营销时代，传播方式和营销内容发生了很大转变。一方面，媒体正在向聚合化的超级平台进化；另一方面，营销内容的创作分发和消费呈现出明显的碎片化特征。平台与媒体之间的边界日益模糊，那些具有数亿规模用户的传播平台因信息的融合化传播、用户的信息交互与公共表达、内容的社会化生产，构建出了平台化媒体的传播能力和竞争优势。

与此同时，内容生态格局发生了巨大变化，内容创作的门槛进一步降低，出现了大量的自媒体从业者。他们在自主创作内容之外，也拥有强烈的变现需求，进而催生了服务于内容创作者的MCN①、自媒体交易平台等第三方机构。在趋于无限的内容供应面前，用户的内容消费行为变得碎片化，可以在平台之间、内容之间随时流转切换。

媒体平台化和内容碎片化已经成为营销面临的传播常态，使得营销传播需要在规模广度和互动深度上不断进行动态平衡和优化取舍。新的消费者注意力场景不断涌现，如何有效触达消费者，持续吸引消费者的注意力，成为数字营销亟待解决的新问题。

3. 营销渠道的转变

营销渠道策略是整个营销系统的重要组成部分，对降低企业成本和提高企业竞争力具有重要意义。随着经济与媒介环境的快速发展，企业的营销渠道不再局限于具体的地点或平台之上，传统营销的渠道模式已不能适应当前形势的变化。伴随着聚集、流动与互动，消费者进入更加多样化的场景中，营销渠道不断发生新的变革。

数字营销渠道与社交媒体深度融合。一方面，线上线下渠道的社交性日渐丰富，门店中的社交活动与电商平台中的社交模块都折射出渠道的社交化，新的渠道形态不断涌现并迅速发展。另一方面，社交平台中出现了更多直接转化的入口，经由社交中的人和社群，借助营销物料的创新与分发，社交互动与销售转化的结合更加密切，社交平台成为一种数字营销转化渠道。

数字营销提升了渠道的转化效能，同时赋予其高效交易和有效客户运营的多重价值，将潜在客户与忠诚客户聚拢起来，构建了一种集消费者转化、消费者运营于一体的新网络。

4. 营销技术的转变

目前，数字营销已形成较完整的营销技术体系，覆盖客户数据洞察、内容创意管理、营销智能投放、客户互动管理和营销效果分析五大关键技术模块，贯穿数字营销活动全流程。全面助力营销精准化和智能化。同样，数字营销也不断向营销技术提出新问题与新挑战，推动营销技术的发展。

伴随着市场上大数据、云计算、人工智能、区块链、VR和AR等新技术热点的不断涌现，传统的营销方式呈现出新面貌，促进了传统营销向数字营销的转型升级，影响和改变着整个营销行业。

伴随着营销技术的发展，数字营销逐步实现了线下广告的重构，推动了媒体资源的合理配置，使媒体效率最大化。同时，在技术创新的助推下，数字营销将迎来场景、内容、交互等多重革命。

---

① MCN（Multi-Channel Network）是一种多频道网络的产品形态，一种新的“网红经济”运作模式。这种模式将不同类型的专业生产内容（PGC）联合起来，保障持续输出，以实现稳定的商业变现。

行业洞察

微课：认识AI技术

AI赋能，数字营销“拥抱”新质生产力

2024年1月31日，习近平总书记在二十届中央政治局第十一次集体学习时提到：“发展新质生产力是推动高质量发展的内在要求和重要着力点。”“新质生产力是创新起主导作用，摆脱传统经济增长方式、生产力发展路径，具有高科技、高效能、高质量特征，符合新发展理念的先进生产力质态。”关于新质生产力，党的二十届三中全会也指出：“健全相关规则和政策，加快形成同新质生产力更相适应的生产关系，促进各类先进生产要素向发展新质生产力集聚，大幅提升全要素生产率。”

随着人工智能（AI）技术越来越成熟，新质生产力悄然融入数字营销之中。从技术特点来看，人工智能高度契合新质生产力“高科技、高效能、高质量”的特征，在带动传统产业转型升级的同时，大大提升了信息服务业的水平。在数字营销中，人工智能可应用于以下场景：

1. 分析与预测

在营销和销售过程中，每时每刻都会产生大量数据，如广告流量数据、产品销量数据、产品评价等。营销人员可利用人工智能进行大数据分析，预测市场变化，明晰客户需求，优化营销活动。相比于传统的数据分析，人工智能技术通过先进的算法和模型进行深度挖掘，使数据分析更加高效、精准。

2. 内容生成

目前，新媒体平台上很多内容，都出自人工智能之手。比如某饮料品牌利用人工智能和3D技术结合实拍，创作出一则短片，将世界名画融入广告剧情，展示了名画角色与该品牌饮料的互动场景；再比如，某品牌推出牛奶新包装，通过人工智能技术绘制了包装盒面上的水墨画，表现出烟雨入江南的朦胧美感。

3. 广告投放自动化

人工智能驱动的智能投放体系，实现了营销信息的精准匹配与高效分发：首先，人工智能基于复杂的算法模型，识别出最具有影响力的传播渠道；其次，通过自然语言理解技术，确保营销诉求的准确传达；接下来，利用图像识别和语义分析，实现快速而准确的内容审查；最后，通过智能竞价策略，结合机器学习预测模型，实时响应市场变化，自动调整竞价策略，确保广告曝光的最佳性价比。

4. 个性化营销与精准推送

人工智能可以根据用户的个人特征和偏好，实现个性化的营销和精准推送。通过分析用户的浏览记录、购买历史、兴趣爱好、地理位置等数据，人工智能可以为用户推荐符合其需求的产品和服务，提高广告的点击率和转化率。

人工智能对数字营销的影响是深远的，并且在未来几年将变得更加显著。企业应以更积极开放的心态迎接人工智能，“拥抱”新质生产力，实现数字营销的智能化，提高企业的市场竞争力。

1.1.4 数字营销的作用

数字营销的作用如下：

1. 缓解营销信息不对称问题

在传统营销活动中，同样的产品在不同的企业所售的价格会有所不同，有的甚至相差甚远。很多传统企业往往是先进行批量生产，再批发到各地商场，至于商场销售价格高低，企业并不知晓。这种模式很容易造成恶性竞争，不但影响企业的经济效益，而且会影响企业的发展和生存状态，降低企业的收入和利润，甚至会降低品牌价值。

数字营销能够将产品价格一致化，无论是在哪里销售，其价格都是一样的，这样就会给消费者形成一个良好的品牌形象，同时也能为企业带来更多的忠实客户。

2. 缓解市场失灵和不诚信问题

数字营销可以有效避免市场失灵和不诚信问题。因为数字营销可以更加精准化地进行信息投放，消费者能够在第一时间了解到正品产品相关信息，与生产商直接联系。

除此之外，通过共享机制和技术手段的应用，数字营销能够从根本上让企业把精力集中在产品质量和服务质量上，提高企业聚客能力和品牌力，淘汰服务质量不达标或产品品质有问题的企业。

博文约礼

诚信是中华民族的传统美德，是中华民族共同的心理归趋

党的二十届三中全会指出："构建中华传统美德传承体系，健全社会公德、职业道德、家庭美德、个人品德建设体制机制，健全诚信建设长效机制，教育引导全社会自觉遵守法律、遵循公序良俗，坚决反对拜金主义、享乐主义、极端个人主义和历史虚无主义。"在我国，诚信一直都是社会和谐的纽带，在人际交往、社会发展、治国理政等方面都发挥着十分重要的作用。孔子说："人而无信，不知其可也。"孟子说："诚者，天之道也；思诚者，人之道也。"可见，诚信是个人安身立命的根本和为人处世的基本道德准则。

诚信不仅是我国古代道德体系的基础，也是我国当代道德体系的根本价值取向，更是社会主义核心价值观的基石之一。在社会主义市场经济条件下，诚信是企业在从事生产、经营、管理活动中处理各种关系的基本准则。在数字经济大背景下，消费者更加注重品质消费和理性消费，企业只有树立诚信意识，弘扬诚信文化，健全诚信建设长效机制，才能在市场竞争中脱颖而出，受到消费者的青睐。

3. 提高广告效率，节约资金投入

广告投放虽然花费较高，但能够让更多人看到企业的产品和服务，提高品牌的认

知度。很多企业发现，并不是投放了广告就能收到效果，很多广告投放效果已经大大降低，甚至给企业带来负面影响。长此以往，对企业发展非常不利。数字营销的优势在于能够根据客户需求提供有针对性的广告，避免出现滥发广告的情况。而且，根据对消费者群体的分析，能够明确消费者的喜好，避免无效广告和资金浪费。

1.1.5 数字营销的价值

数字营销的价值包括：

1. 社会价值

（1）数字营销成为经济发展的新引擎。根据第 55 次《中国互联网络发展状况统计报告》，截至 2024 年 12 月，我国网民规模达 11.08 亿人，互联网普及率升至 78.6%。数字营销作为数字经济的重要组成部分，在促进消费市场蓬勃发展方面正发挥着日趋重要的作用。

2024 年，数字产业重点监测的核心指标中九成以上实现了同比提升，数字产业完成业务收入 35 万亿元，同比增长 5.5%。其中，数字产业直接从业人员数达 2060 万人。根据《数字中国建设 2025 年行动方案》中的具体要求，“到 2025 年底，数字中国建设取得重要进展，数字领域新质生产力不断壮大，数字经济发展质量和效益大幅提升，数字经济核心产业增加值占国内生产总值比重超过 10%”，数字营销作为数字经济的重要组成部分，将助力新一轮经济周期中的产业升级，成为经济发展的重要引擎。

（2）数字营销发展催生了新职业。伴随着数字经济的深入发展，诸多传统行业的商业逻辑发生了改变，出现了大量新的就业机会。近几年，我国人力资源和社会保障部联合国家市场监督管理总局、国家统计局向社会发布多批新职业信息，与数字营销相关的新职业如表 1-1 所示。

表1-1　与数字营销相关的新职业

批次	职业名称
第一批	人工智能工程技术人员、大数据工程技术人员、云计算工程技术人员、数字化管理师等
第二批	连锁经营管理师、供应链管理师、人工智能训练师、全媒体运营师等
第三批	互联网营销师、社群健康助理员等
第四批	电子数据取证分析师、二手车经纪人等
第五批	数字化解决方案设计师、商务数据分析师等
第六批	生成式人工智能系统应用员、用户增长运营师、网络主播、文创产品策划运营师等

清华大学关于数字经济的相关研究报告从产品与服务价值链供应端的数字化转型角度出发，将数字人才的职能类别分为数字战略管理、深度分析、产品研发、先进制

造、数字化运营和数字营销。其中，数字营销人才的职能主要涉及产品、服务营销与商务服务等方面，特别是通过互联网和社交媒体等新兴渠道进行营销和推广工作的人员。

2. 企业价值

在大企业迫切进行转型、中小企业不断成长的环境下，如何抓住时代机遇，打破认知天花板，拓展服务边界，是企业实现升级乃至蜕变的关键。数字营销以技术和数据为依托，积极主动赋能和服务企业数字化，在企业数字化转型过程中扮演着更多且更重要的角色。

目前，数字营销对企业的价值主要体现在以下六个方面：

（1）基础流量。数字营销的目的是帮助企业解决营销当中存在的实质性销售问题，帮助企业或品牌对基础流量更好地进行维护和建设，使其保持稳定，并实现稳步增长。

（2）用户增长。数字营销通过大数据分析等技术进行精准化、个性化的信息推送，最终实现营销目的。在此过程中不断扩大品牌声量，拉动用户增长，扩大品牌的消费者体量。

（3）私域流量。随着流量红利逐渐消失，公域流量的获客成本越来越高，私域流量获得了全方位的关注。利用数字营销的一些方式方法，如直播带货、小程序营销等，可以将公域流量转变为私域流量，形成属于品牌本身的私域流量池，从而进行更好的用户维护和运营，挖掘用户的长期价值。

（4）数据分析。数字营销与数据息息相关，没有大数据作为坚实的基础和支持，数字营销的精准性就无从谈起。因此，在数字营销过程中，数据量和分析技术至关重要。通过对大量数据进行的有效分析，能够清晰洞察和判断消费者的兴趣、爱好、行为等，为后期的个性化品牌传播与营销奠定了基础。

（5）内容营销。在碎片化信息环境下，信息的内容价值显得更加重要。因此，越来越多的品牌开始将“内容营销”作为品牌的核心营销战略之一。无论是品牌本身还是代理公司，都在思考如何进行内容营销，如何讲述品牌故事，而数字营销通过直观的数据分析和洞察，能够为内容营销的价值点提供充足的支撑和支持，从而为品牌内容营销提供坚实的条件和基础。

（6）活动运营。数字营销能为品牌活动运营提供更多维的数据支撑，从而推动活动运营的顺利开展。总体而言，数字营销对传统企业的数字化建设与升级具有重大价值，不仅能为企业提供更好的营销策略与服务，而且能为企业的数字化转型与升级提供更多参考。

对于众多企业而言，数字营销展现了超强的活力，也赋予企业及品牌更多的可能性。与企业数字化转型升级的路径相同，随着技术、方式、方法的升维与迭代，数字营销需要进行更多的创新，确保能持续引领企业和品牌的发展。

博文约礼

国家大力支持瞪羚企业和独角兽企业的发展

2024年7月30日，中共中央政治局召开会议，分析研究当前经济形势，部署下半年经济工作。会议指出，要培育壮大新兴产业和未来产业，有力有效支持发展瞪羚企业和独角兽企业。

瞪羚企业，是指跨过创业初期后，在较短时间内以超常规速度发展，并且无论在技术、商业模式还是产业组织形式上都有强大创新能力的企业。这类企业犹如非洲草原上具有极强奔跑和跳跃能力的群居动物瞪羚，虽然个头不大，但是跑得快、跳得高，被普遍认为极具发展成为独角兽企业的潜质。

独角兽企业，一般指成立时间不超过10年、估值超过10亿美元且具备独有核心技术、独特竞争优势和市场潜力的未上市公司。

瞪羚企业和独角兽企业都是创新型企业的突出代表，是发展新质生产力的重要力量。近年来，伴随着我国整体科技创新实力的稳步提升，创新体系的日益完备，围绕新技术、新产业、新业态、新模式，我国的瞪羚企业、独角兽企业如雨后春笋般涌现。为了让“瞪羚”跑得更快、跳得更高，让“独角兽”成长的竞争环境更优良，我国正在建立梯度培育体系，从政策扶持到金融赋能，为企业发展营造更加优越的创新生态。数字营销作为关键驱动力，也将助力瞪羚企业和独角兽企业实现品牌影响力的迅速提升、市场份额的快速增长，以及业务模式的持续创新。

3. 消费者价值

数字营销不仅是单方面将信息推送给潜在消费者，而是与消费者建立“对话”。这意味着企业既是信息提供者，也是信息接收者。通过数字营销，消费者可以在购买的各个阶段与企业进行互动。

（1）购物便利。随着数字营销技术的发展，推荐引擎和搜索引擎越来越理解用户需求，不仅能基于消费者行为分析进行个性化推荐，而且能基于消费者搜索行为进行有效展示。消费者可以根据自己的兴趣和爱好大范围地搜索和选择商品，数字营销缩短了消费者购买路径，提供了更多、更便利的购买场景。

（2）价格实惠。一方面，数字营销基于大数据能够实现广告的精准投放，降低商品的推广成本，因此降低商品价格；另一方面，消费者可以方便地利用网络获取商品信息和比价，使同类商品价格显性化、透明化。因此，消费者可以获得更加实惠的价格。

（3）促销手段多样。数字营销技术的应用，使各种场景下促销活动的种类越来越丰富。消费者可以根据自己的需求，选择最有利的促销方案。例如，可以通过关注店铺获取优惠券，也可以参加跨店铺满减活动，还可以选择拼团、转发分享优惠等。

（4）提升消费者体验。随着消费形态的迭代更新，企业把消费者视为核心并以此布局，营造优质的消费体验，既让品牌高速增值，也不断提升消费者的购物体验。例如，以互联网为依托，通过运用大数据、人工智能等先进技术手段，对线上服务、线下体验，以及现代物流进行深度融合，消费者可以线下体验，线上购买。

（5）满足、创造消费者需求。数字营销不但能够满足消费者需求，而且可以创造消费者需求。通过对用户行为的数据分析，智能判断、精准直达用户内心，甚至可以做到比用户本人还了解用户。数字营销融合企业的服务和产品，与用户的需求自动匹配，进行用户连接，创造更深层次的消费需求。

1.1.6 数字营销的演变

数字营销的演变分为以下四个阶段，这四个发展阶段并不是后者覆盖前者的过程，而是前一阶段和后一阶段在迭代过程中共存共生、互相影响的过程。

1. 数字营销 1.0 时代：基于 Web1.0 的单向营销

在 Web1.0 时代，虽然各个网站采用的手段和方法不同，但它们有诸多共同的特征：Web1.0 采用的是技术创新主导模式，信息技术的变革和使用对网站的诞生和发展起到了关键作用。

Web1.0 时代的互联网是静止的、单向的，用户被动接受内容。在 Web1.0 时代，数字营销主要采取撒网式的营销策略向消费者单向传递大量的广告信息。当时常用的数字营销方式有：搜索引擎营销、电子邮件营销、即时通信营销、论坛营销等。因为消费者处于被动接受信息的状态，所以营销针对性不强，效果不确定。

世界上第一个互联网广告出现于 1994 年，而中国第一个商业性互联网广告出现于 1997 年 3 月，由英特尔公司（Intel）和国际商业机器公司（IBM）共同出资投放于比特网（China Byte）网站。因此，Intel 和 IBM 成为国内最早在互联网上投放广告的广告主。

早期的互联网广告以单向传播为特征，广告表现形式较为单一，主要为展示类的横幅广告，主要以销售商品为目的。这一阶段从 1994 年开始，可称为数字营销 1.0 时代。

2. 数字营销 2.0 时代：基于 Web2.0 的互动营销

Web2.0 是指利用网络平台，由用户主导而生成内容的互联网产品模式，为了区别于由网站雇员主导生成内容的传统模式而定义为第二代互联网。随着互联网发展至 Web2.0 时代，网络应用服务不断增多，数字营销方式也越来越丰富，包括博客营销、社会化网络营销、创意广告营销、口碑营销、体验营销、趣味营销、知识营销、整合营销、事件营销等。其中，口碑营销虽然并非这一时期才出现，但是在数字营销 2.0 时代表现得更为明显、重要。

Web2.0 是以用户为核心的互联网。这一阶段，用户在互联网上的作用越来越大。他们贡献内容、传播内容，提供了这些内容之间的链接关系和浏览路径。由于社交媒体具有互动性、社交性、即时性等特点，用户不只是被动地接收信息，还可以与其他用户或商家互动，自由发表观点。企业可以通过社交媒体拉近与消费者之间的距离，更深入地走进消费者的内心，从而发挥营销活动的最大效果。这一阶段从 2002 年开始，可称为数字营销 2.0 时代。

3. 数字营销 3.0 时代：基于大数据的精准营销

Web3.0 是在 Web2.0 的基础上发展起来的，能够更好地体现网民的劳动价值，并能够基本实现价值均衡分配。总体而言，Web3.0 不仅是一种技术上的革新，而且是以统一的通信协议，通过更加简洁的方式为用户提供更为个性化的互联网信息定制服务的一种技术整合。它是互联网发展中由技术创新走向用户理念创新的关键一步。随着网络应用的普及和网络技术的提高，消费者的网上生活更加丰富多彩，也积累了大量数据资源。

2012 年以来，大数据（big data）一词越来越多地被提及，2013 年被称为“大数据元年”。人们用它来描述和定义信息爆炸时代产生的海量数据以及与之相关的技术发展与创新。社会学家认为这是一场革命，因为庞大的数据资源使得各个领域都开始了量化进程。

营销行业在大数据的推动下迈入崭新的时代。大数据精准营销基于大数据分析技术，对各类情况进行分析，生成客户画像，对客户需求进行预测，指引客户的消费行为，从而帮助企业制定有针对性的营销策略。这一阶段从 2013 年开始，可称为数字营销 3.0 时代。

4. 数字营销 4.0 时代：基于人工智能的智慧营销

从大数据精准营销到人工智能应用，人类向未知领域探索的脚步一直没有停下。随着科技的发展，人工智能已不再是一个新鲜概念，它在商业领域的应用已经逐渐扩大。人工智能的价值，尤其是在效率提升方面的价值，已得到很多企业的认可。在它的辅助下，企业已经能够从复杂的工作中解脱出来，集中精力去做重要的创新工作。

如今，已经有很多企业将人工智能应用到营销中，利用人工智能技术匹配用户需求，以实现智慧营销。例如，企业可利用智能机器人，根据设定的规则对客户资料进行智能分类，有效筛选出意向客户并快速跟进，助力企业降本增效。人工智能的智能化和自动化使数字营销的便利性和有效性大大提升。从 2017 年开始，数字营销进入了崭新的 4.0 时代。

行业洞察

数智技术赋能智慧营销

党的二十届三中全会提到“支持企业用数智技术、绿色技术改造提升传统产业。”

数智技术是数字化和智能化的有机融合，是在数字化基础上融合应用机器学习、人工智能等智能技术的过程。数智化是新型工业化的鲜明特征，是形成新质生产力的重要途径。

基于数智技术的发展，智慧营销逐渐在营销领域展现出其独特的优势。智慧营销是一种利用先进技术和数据分析手段，通过深入了解消费者行为、偏好和需求，实现精准营销、个性化服务和持续优化营销策略的现代化营销方式。它融合了人工智能、大数据、云计算、物联网等数智技术，帮助企业在激烈的市场竞争中，更加高效地触达目标客户群，提升品牌影响力，增强客户忠诚度，并最终实现业务增长和盈利优化。智慧营销强调数据驱动决策，注重与消费者的互动与连接，旨在构建更加智能、人性化、高效的营销生态。

1.2 数字营销的构成要素

1.2.1 数字营销的主体

在数字传播背景下，随着广告形态的改变，数字营销的价值链也发生了变化，进而推动了整个数字营销产业的重构与升级。目前广告主、数字营销公司、数字媒体是数字营销的主要构成要素，也是数字营销价值链各个环节中的运营主体。

1. 广告主

广告主是指为推销商品或者提供服务，自行或者委托他人设计、制作、发布广告的法人、其他经济组织或个人，是市场经济及广告活动的主要参与者。广告主可以是法人，也可以是自然人。通俗来说，广告主是广告的发布者，是在网上销售或宣传自己产品和服务的企业，是营销广告的提供者。任何推广、销售产品或服务的商家都可以是广告主。广告主发布广告并按照约定向数字营销公司支付费用，负责提供市场及商品资料给数字营销公司，监督数字营销公司的运作过程并验收广告成品。按性质不同，广告主可以分为：企事业单位、其他组织和个人。按经营规模和范围不同，广告主可以分为：跨国、全国、区域和地区广告主。

在数字营销主体中，广告主处于链条的上游位置，是数字营销产业链的源头。因为一切广告活动的开展都是源于广告主对广告的需求，他们要通过广告达到营销目的。对于数字营销公司来说，广告主开发的产品、服务及其所掌握的产品、服务信息是最重要的广告资源。从这个角度来看，广告主是广告资源的供应商。

2. 数字营销公司

数字营销公司，也称数字营销代理商，是指专门从事数字营销业务活动的企业。有别于传统广告公司，数字营销公司利用数字技术为广告主提供广告调查、策划、设计、制作、发布等多项服务并从中获取收益。而传统广告公司也正在积极进行数字化改造与转型，不断扩大数字营销团队的规模和数字业务量。

数字营销公司是数字广告市场的主体，它利用广告主提供的广告资源进行数字广告的生产，也负责数字广告在媒体上的发布，是连接广告主与媒体的重要纽带。因此，在数字营销产业链中处于中间位置。数字营销公司有综合性和专业性之分，专业性的数字营销公司会因所处专业领域的不同，而与处于产业链中游的综合性数字营销公司形成不同的关联形态。

数字营销公司要想在数字传播时代更好地满足广告主的营销需求，就必须精通更多的数字营销技术，进行数字媒体广告平台和资源的开发，这样才能获得可持续发展的空间。从消费者角度出发，数字营销公司要探索如何在数字媒体搭建的平台上运营内容，满足数字传播时代消费者对广告信息化和交互性的需求。

博文约礼

《中华人民共和国数据安全法》

第十三届全国人民代表大会常务委员会第二十九次会议于2021年6月10日通过了《中华人民共和国数据安全法》(简称《数据安全法》)，自2021年9月1日起施行。这是我国第一部有关数据安全的专门法律。

随着《数据安全法》的出台，我国在网络与信息安全领域的法律法规体系得到了进一步完善。按照国家安全观的总体要求，《数据安全法》明确数据安全主管机构的监管职责，建立健全数据安全协同治理体系，提高数据安全保障能力，促进数据出境安全和自由流动，促进数据开发利用，保护个人、组织的合法权益，维护国家主权、安全和发展利益，让数据安全有法可依、有章可循，为数字经济的安全健康发展提供了有力支撑。

《数据安全法》第十九条规定：国家建立健全数据交易管理制度，规范数据交易行为，培育数据交易市场。第三十三条规定：从事数据交易中介服务的机构提供服务，应当要求数据提供方说明数据来源，审核交易双方的身份，并留存审核、交易记录。这是我国首次在法律中提及数据交易市场和中介机构，对于规范数据交易市场具有里程碑式的重要意义。

3. 数字媒体

数字媒体是数字广告传播的载体，也是受众接触广告信息的终端。任何广告信息只有到达目标受众才能实现其传播价值，其中，数字媒体的渠道作用不可或缺。因此，数字媒体是数字营销产业链的价值实现环节。数字媒体作为数字广告传播的载体，将广告信息“分销”给受众，在产业链中居于下游环节。

数字媒体已经成为数字营销行业未来发展的重要驱动力，它通过对消费者行为的深刻影响，推动多个领域的发展与改造。当前，数字媒体在持续发展的道路上面临着全新的问题，即如何利用数字媒体的技术创新与产品服务使数字营销效果最大化，使数字媒体与广告主、数字营销公司等构成要素在数字营销市场中得以重新定位，并利用自身优势拓展全新的市场。

常用的数字媒体主要有微博、微信、App、社群及电子商务平台等，这些数字媒体的出现与发展让更多的中小企业享受到了数字营销的便利，也极大地促进了数字营销技术的发展。随着数字技术的飞速发展，信息传播的环境已经得到极大改善。在数字传播环境下，数字广告产业的信息服务业本质属性逐渐体现出来，通过信息生产、信息传播和信息服务实现盈利，成为信息服务业中的重要组成部分。而数字媒体作为数字广告的载体，自然也变得越来越重要。

1.2.2 数字营销的客体

数字营销的客体是数字营销的重要组成部分，主要包括品牌和高质量信息。数字技术的蓬勃发展使传统的品牌营销和内容营销发生了巨大变化，“品效合一”和“信息质量”是数字营销的关键所在。

1. 品牌

（1）品牌的概念。关于品牌，主要有以下三种理论：

① 符号论。在符号论中，品牌是用以识别一个或一群产品或服务的名称、术语、象征、记号或设计及其组合，以和其他竞争者的产品或服务相区别。

营销理论流派认为，品牌是一种名称、术语、标记、符号或设计，或是它们的组合运用，其目的是借以辨认某个销售商或某群销售者的产品或服务，并使之与竞争对手的产品和服务区分开来。

② 形象论。在形象论中，品牌是一种错综复杂的象征，是品牌的属性、名称、包装、价格、历史、声誉、广告风格的无形组合。

③ 关系论。在关系论中，品牌是某个品类的代表，建立品牌就是要实现品牌对某个品类的主导，使消费者一想到某个品类时，立即就能想到该品牌。

品牌战略管理专家凯文· 凯勒于 1993 年提出了著名的基于客户的品牌资产模型（CBBE，Customer-Based Brand Equity），对品牌与客户的关系，品牌资产的来源、建设路径等进行了系统阐述。凯文· 凯勒指出，品牌的力量存在于消费者心中。构建起在消费者心目中强烈、独特、美好的品牌知识，进而使消费者对品牌发起的营销动作产生积极响应，从而达成持续销售、兑现品牌溢价、实现品牌可持续发展等目标，是开展品牌管理的核心动机和终极目的。

（2）数字化品牌建设演变。在当下的数字传播时代，消费者需求呈现多变和复杂的状态，伴随着商品的爆发性增长和信息传播介质的不断增加，消费者与商品、品牌的触点变得丰富起来，品牌的认知路径和决策过程也变得更加复杂，呈现出跳跃式和无序化趋势。数字化品牌建设主要经历了以下三个阶段：

第一阶段，线上转移。企业营销费用向线上转移，但主要仍沿用线下的投放方式。

开始区分品牌建设型广告（重视抢占用户心智）和效果导向型广告（重视结果表现）。

第二阶段，效果可视。深入追踪品牌的营销表现，包括触达次数、受众画像、消费全链路的行为表现（认知、兴趣、购买、忠诚等）。强调数字营销的投入产出比，如点击次数、转化率等。

第三阶段，品效合一。更多的数字营销形态开始出现，期望达成品牌建设和效果表现之间的平衡。从侧重单次营销的表现，转向对消费者持续性影响的追踪。

行业洞察

品牌强国工程

品牌价值已经从单一的经济价值逐步扩展到包含政治、社会、技术等多方面效益的价值。自主品牌的塑造与传播是一个国家国际影响力和竞争力的重要表征。面临品牌竞争空前激烈的国际市场，我国在品牌塑造方面正在寻求新的渠道和路径，打造能够走向世界的优质品牌。

2019年8月28日，中央广播电视总台启动“品牌强国工程”。“品牌强国工程”分为强国品牌、TOP品牌、领跑品牌、国资典范品牌四个层级。该工程依托中央广播电视总台及各级平台，通过全媒体传播品牌强国战略，助力培育能代表中国参与全球经济文化交流的新时代国家级品牌。“品牌强国工程”的推出，本质上是借力中央广播电视总台的主流媒体影响力传递信任度，为品牌的信息传播和形象塑造保驾护航，让企业尽可能在权威传播平台上获得展现机会。

2023年10月12日，中央广播电视总台举办2024年“品牌强国工程”发布活动，主题为“奋楫劈波浪，携手共远航”。许多企业表示：“品牌强则企业强，企业强则国家强。”“媒体有使命、企业有梦想、品牌有信仰、市场有榜样。”

2024年，中央广播电视总台“品牌强国工程”进行大力度创新，为合作企业提供更为系统和强劲的文化传播、叙事传播和价值传播服务，在新的一年焕发出更大光彩，释放出更多能量。

中央广播电视总台“品牌强国工程”自推出以来，通过为中国优秀企业提供全方位的融媒体传播服务，大幅提升了中国品牌的全球影响力和竞争力。“品牌强国工程”和中国优秀企业一起，用品牌的力量服务社会主义现代化建设，助力中国经济高质量发展。

2. 高质量信息

数字营销强调与用户的沟通和交流，从用户的角度来思考问题，为用户提供高质量信息，以此来吸引目标用户的主动关注和参与，最终实现品牌信息的有效传播和营销目标的达成。在这个过程中，高质量信息发挥着重要作用。高质量信息，是指在考虑成本效益原则的情况下，具有准确性、完整性、可理解性、可获得性、相关性和有效性的信息。

（1）高质量信息的稀缺性。高质量信息在数字营销中占据着重要地位，它是广告主与用户沟通交流的重要载体。

首先，传统媒体时代强调“声量为王”，高质量媒体资源的稀缺使电视、广播、报纸等传统媒体在营销传播中占据着举足轻重的地位，广告主往往以品牌信息的媒体曝光度来衡量营销传播效果。所以，“在哪儿说”“说了多少次”最重要，而“说什么”“怎么说”反而不被重视，即信息让位于渠道。而在数字营销时代，由少数高质量传统媒体占据传播主要渠道的局面被彻底打破，用户接收信息的渠道呈现出多元化格局，用户可以自主选择使用什么样的媒体渠道和接收哪些信息；媒体多元化让广告主在与用户沟通的渠道上有了更多选择。因此，“说什么”和“怎么说”显得尤为重要，为用户提供高质量信息就成为营销传播的重中之重。

其次，数字媒体的崛起使传播结构去中心化。在这种扁平化、开源化、平等化的数字媒体环境中，每个人都是中心，既是传播者又是受众，可以连接并影响其他传播节点。与传统媒体时代受众处于弱势地位不同，数字媒体时代用户逐渐掌握了信息传播的自主权，是主动的信息生产者和传播者，成为互联网信息传播的主导力量。但信息体量的充裕并不意味着信息质量的提升，高质量、有意义的信息变得越来越难以获取，使优质内容的稀缺性进一步提高。

最后，互联网对社会生产和生活的影响是全面而深刻的，影响着用户的思维方式、行为模式和阅读习惯。相关数据显示，在阅读场景分布中，碎片化阅读的趋势愈加明显。一方面，手机、计算机、平板电脑等电子终端设备的频繁使用导致用户习惯了“碎片化”地接收和阅读信息；另一方面，海量的信息也使用户越来越难以获取自己想要的内容，这都造成了用户注意力的稀缺。因此，广告主如何“讲好故事”，为用户传递高质量信息实现品牌信息的有效触达，就显得尤为重要。

（2）高质量信息的衡量标准。在数字媒体环境下，信息过载和用户选择性注意成为品牌与消费者有效沟通的障碍。如果广告主不能为消费者提供满足其需求的营销信息，消费者就难以花费时间和精力来浏览内容，关注广告主提供的产品和服务。长此以往，会削弱用户对品牌的信任度和忠诚度。因此，衡量和判断信息质量是非常重要的。

① 高质量信息是符合用户实际需求的信息。用户使用媒介来获取信息往往是从自身需求出发的，因而是否从用户角度出发、为其提供需求最为迫切的信息，是衡量信息质量的首要标准。有学者从用户角度出发，分析归纳了用户使用媒介获取信息的动机和需求，如图 1-2 所示。

企业在制作内容时要结合品牌调性和目标用户群体的需求特征综合考虑信息生产，从用户的需求出发，为用户提供问题解决方案，帮助用户解决实际问题，与用户形成深度互动。

② 高质量信息是具有聚焦性的内容。在进行信息规划时要具有聚焦性，企业和品牌应根据自己的调性、目标用户特征和产品服务相关度进行信息创作。

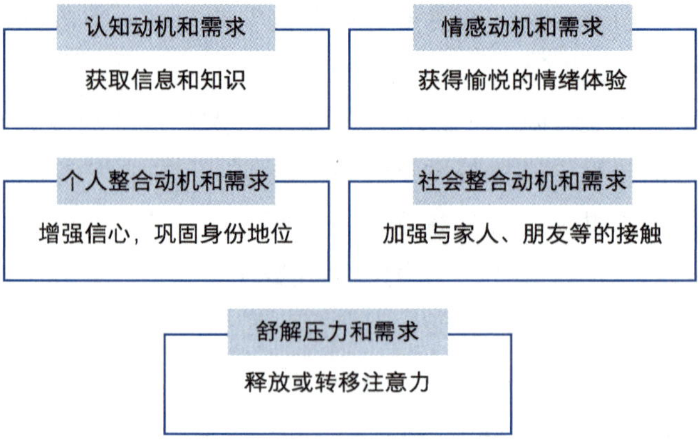

图1-2　用户使用媒介获取信息的动机和需求

首先，企业的品牌战略决定了内容营销战略，进而指导信息规划和生产。品牌自有媒体和社交媒体账号的视觉设计、日常运营等都应该符合品牌调性，只有在一致的品牌战略指导下进行内容营销，才能更好地传递品牌价值，给用户留下深刻的印象。其次，品牌信息生产应该与所销售的产品或服务具有高关联度，高质量信息是产品或服务的一部分。最后，品牌的信息生产要聚焦于品牌目标用户的群体特征，从目标用户的心理和行为特征出发进行创作。例如，年轻化的品牌需要使用年轻群体感兴趣的内容和方式进行信息的生产与传播，从而达到与目标用户的有效沟通。

③ 高质量信息具有良好的接收体验，能引发用户的情感共鸣。在数字营销时代，信息过载和用户注意力碎片化趋势日益明显，高质量信息是让品牌脱颖而出并有效抓住用户注意力的关键。这类信息具有良好的观看体验，可以改变以往用户对强制性贴片广告的厌恶和拒绝态度，让用户在主动选择和接受中传递品牌价值。理性诉求与感性诉求一直是营销传播的争议性话题，但无论是理性还是感性，都是人类情感世界的组成部分，也贯穿于人类生理、安全、社交、尊重和自我实现需求的始终。人们对亲情、友情、爱情等美好情感有着共同的追求，这就需要品牌能够洞察用户情感，通过高质量信息引发用户的情感共鸣。

1.2.3　数字营销的对象

1. 数字营销传播对象

数字营销传播对象，即为“目标受众”，又称目标顾客、目标群体或目标客群，是指某一个营销活动的目标群体。目标受众决定着传播渠道和传播活动形式，同时又为传播内容提供方向和依据。只有深入了解目标受众，才能清楚数字营销对象的需求，有效开展营销活动并顺利达成营销目标。

目标受众可以包括几个不同的人口群体，如不同年龄、性别、婚姻状况的群体组成的集合；也可以是某一个指定的人口群体，如所有 20~30 岁的男性。确定一个产品或服务的目标受众是市场调查中很重要的一部分。

目标受众的细化是根据特性和需求，将目标受众细分为更精确的群体。经验表明，受众更愿意对适合他们并与他们有关的信息做出反应。目标受众分类越细，就越能获得更多的用户价值信息，从而设计出更有针对性的信息内容，制定宣传战略和宣传鼓励措施，并由此获得更好的宣传效果。

基于目标受众的概念，从流量来源的角度可以将目标受众划分为已知受众和未知受众。

（1）已知受众。主要是指私域流量的目标受众。私域流量是指品牌或个人自主拥有、无须付费、可反复利用、能随时触达用户的流量。它并不是一个新生事物，在社交媒体未普及之前，私域流量就是客户的联系方式（手机号、邮箱、住址等），想要联系他们时可以打电话、发短信、发邮件、寄样品。这些客户信息都是公司宝贵的商业机密。

如今，私域流量存在于公众号、微信好友、微博、社群、朋友圈、头条号、抖音等渠道里，是企业可以随时掌控的个性化私有流量池，这个流量池里聚集的就是企业的目标受众。

（2）未知受众。主要是指公域流量的目标受众。公域流量指的是公共流量，也叫平台流量，主要是初次主动或被动进入开放平台的流量。比如，在搜索引擎中搜索某个关键词时，展示的是围绕这个关键词的自然排名或竞价排名；在电商平台或网站中搜索某个产品时，展示的是直通车广告、“钻展区”轮播图或商品的排名。这些都是公域流量的典型代表。

企业和商家要想从公域流量中获得客户，通常需要花费较高的广告成本（如要购买推广位置）。在公域流量中，目标受众不依附于企业而存在于平台方，企业无法获取客户信息，所以这部分目标受众又称未知受众。

2. 数字营销销售对象

通过数字营销传播寻找到目标受众并进行精准定位后，就要进行销售转化。

用户、消费者与客户都是对某种商品或劳务占有、使用并从中受益的团体或个人，他们都是销售的对象。用户、消费者和客户三者使用和接受商品的形式不完全相同，需要进行有效界定。

（1）用户。用户是指某一种技术、产品或服务的使用者，即使用产品或服务的客户。因此，用户未必参与产品或服务消费的具体过程，正在使用或者使用过产品和服务的人都属于用户。相较于消费者和客户，用户覆盖的对象范围最广。

（2）消费者。消费者的定义有广义和狭义之分，广义的消费者是指在不同时间和空间范围内所有参与消费活动的个人或组织；狭义的消费者是指购买、使用各种消费用品（包括服务）的个人和组织。

国际标准化组织（ISO）认为，消费者是以个人消费为目的而购买、使用商品和服务的个体社会成员。其中，对商品的消费既包括消费者购买商品用于自身的消费，也包括消费者购买商品供他人使用的消费，还包括使用他人购买商品的消费。同样，消费者对服务的消费不仅包括自己付费、自己接受服务，也包括他人付费、自己接受服务，还包括自己付费，他人接受服务。不论是商品的消费还是服务的消费，只要是有偿获得的商品和接受的服务，就属于消费者的范畴。消费者可以是用户，也可以是客户，还可以同时兼具多种身份。

（3）客户。客户是具有特定需要或欲望，而且愿意通过交换来满足这种需要或欲望的人。客户的概念是在商品交换中产生的，是承接价值的主体。客户是需求的载体或代表，从这个角度分析，满足客户需求就是营销的本质。对企业而言，客户是指对其产品或服务有特定需求的群体，满足客户需求是企业生产经营活动得以维持的根本保证。

在用户、消费者和客户三者里面，用户的范围最广。大多数传统企业一般针对消费者进行营销，然后将消费者转化为客户，对其提供服务；而互联网行业的大多数产品先服务用户，然后将用户层层转化，挖掘消费者，最后把消费者转化成客户，实现盈利。从某种程度上说，用户、消费者、客户是逐渐转化的过程，人数也会越来越少。

数字营销的复杂之处在于有时需要同时服务用户、消费者、客户中的两者甚至三者。只有照顾好每种角色，数字营销才会取得更好的效果。

1.3 数字营销路径

1.3.1 数字营销路径认知

为了应对数字营销环境，更好地利用数字营销工具，企业必须构建一个以数字为先的营销路径，形成以数字网络为主的营销网络，通过智能手机、平板电脑等数字设备，使消费者与数字世界互动。企业如果不能构建数字营销路径，就无法在消费者的数字生活中抢占消费者的时间与注意力。

结合数字营销环境，可以利用以下著名的品牌营销思维模型来构建数字营销路径。

1. 品牌营销思维模型

（1）基于消费者的品牌价值模型（Customer Based Brand Equity，CBBE）。这基于消费者的品牌价值模型，为自主品牌建设提供了关键途径。在该模型中，各个要素的设计力求全面，要相互关联并具有可行性。但是，该模型隐含了一个前提，即品牌力存在于消费者对品牌的认知、感觉和体验中。品牌力是一个品牌随着时间推移存在于消费者心目中的所有体验的总和。

因此，企业进行各项工作的目的就是保证消费者对品牌具有与其产品和服务特质相适应的体验，对企业营销行为持正面和积极的态度，以及对品牌形象具有正面的评价。

根据该模型，树立一个优秀品牌需要进行以下四个步骤：第一，建立正确的品牌标识；第二，创造合适的品牌内涵；第三，引导正确的品牌反应；第四，缔造适当的“消费者—品牌”关系。

同时，上述四个步骤又依赖于构建品牌的六个维度：显著性、绩效、形象、评价、感觉和共鸣。其中，显著性对应品牌标识，绩效和形象对应品牌内涵，评价和感觉对应品牌反应，共鸣对应品牌关系，如图 1–3 所示。

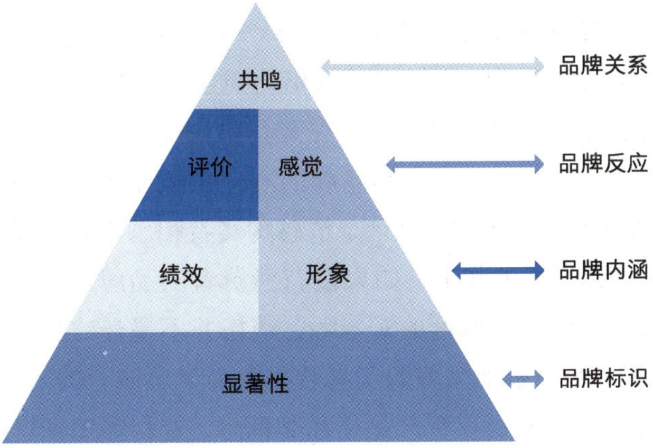

图1–3　CBBE模型的品牌维度

（2）品牌资产“五星”模型。该模型认为品牌资产是由品牌知名度、品牌认知度、品牌联想度、品牌忠诚度和品牌专有资产五部分组成的，如图 1–4 所示。

图1–4　品牌资产“五星”模型

① 品牌知名度。品牌知名度是消费者对一个品牌的记忆程度。一个新产品在上市之初，在消费者心中处于无知名度的状态。经过一段时间的传播，品牌在部分消费者心中有了模糊的印象，在提示之下能记忆起该品牌，就到了提示知名度阶段。之后在无提示的情况下，消费者能主动记起该品牌，这到了未提示知名度阶段。当品牌成长到在市场上处于“领头羊”的位置时，消费者会脱口而出或购买时第一个提及该品牌，这时就达到品牌知名度的最佳状态，即第一提示知名度阶段。

② 品牌认知度。品牌认知度是指消费者对某一品牌在品质上的整体印象。它的内涵包括功能、特点、可信赖度、耐用度、服务度、效用评价、商品品质、外观等。它是品牌差异定位和价值延伸的基础。研究表明，消费者对品牌品质的肯定，会给品牌带来较高的市场占有率和良好的发展机会。

③ 品牌联想度。品牌联想度是指通过品牌产生的所有联想，是对产品特征、消费者利益、使用场合、产地、人物、个性等的人格化描述。这些联想往往能组合品牌形象。

④ 品牌忠诚度。品牌忠诚度是消费者在购买决策中多次表现出来的对某个品牌有偏向性的行为反应，也是消费者对某种品牌的心理决策和评估过程。它由五级构成：无品牌忠诚者、习惯购买者、满意购买者、情感购买者和承诺购买者。

品牌忠诚度是品牌资产的核心，如果没有消费者的品牌忠诚，品牌就只是一个几乎没有价值的商标。从品牌忠诚度的观点看，销售并不是最终目标，而是消费者建立持久有益品牌关系的开始，是把品牌购买者转化为品牌忠诚者的机会。

⑤ 品牌专有资产。品牌专有资产是指品牌商标、专利等知识产权和品牌制造者拥有的能带来经济利益的资源（如客户资源、管理制度、企业文化、企业形象等）。

（3）品牌动力金字塔模型。该模型将品牌与消费者的关系分成五个阶段，如图 1–5 所示。

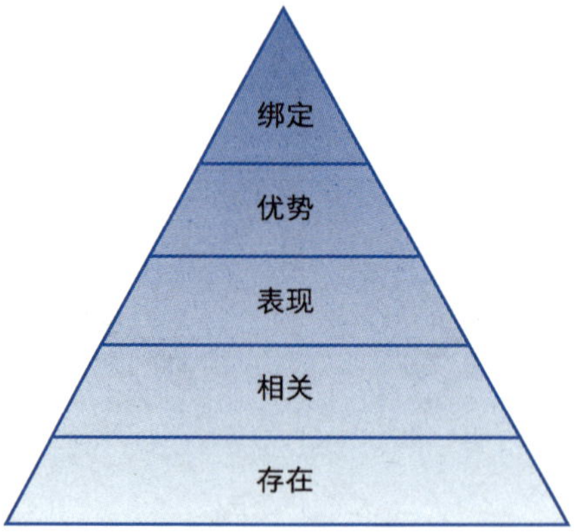

图1–5　品牌动力金字塔模型

第一阶段：一个品牌要在人们心目中存在，人们首先要认知这个品牌，并且知道它代表某种东西。

第二阶段：这个品牌与人的需求相关，对目标消费者有用，能够满足目标消费者的某种需求。

第三阶段：这个品牌在人们生活中表现出色，功能达到消费者的要求。

第四阶段：品牌相对于竞争对手具有优势，可以与竞争对手区分开来。

第五阶段：品牌必须与消费者建立某种情感联结，和消费者的情感绑定在一起，这是金字塔的塔尖。

第一阶段的“存在”相当于品牌资产“五星”模型的品牌知名度和 CBBE 模型的显著性。“相关”“表现”“优势”相当于品牌资产“五星”模型的品牌认知度和 CBBE 模型的绩效、评价；“绑定”则是品牌资产“五星”模型的联想度、忠诚度和 CBBE 模型的形象、感觉、共鸣。

2. 数字营销路径构建

上述三大品牌模型代表着品牌的基本知识和原理，在实践中，一般会一起使用，如图 1-6 所示。

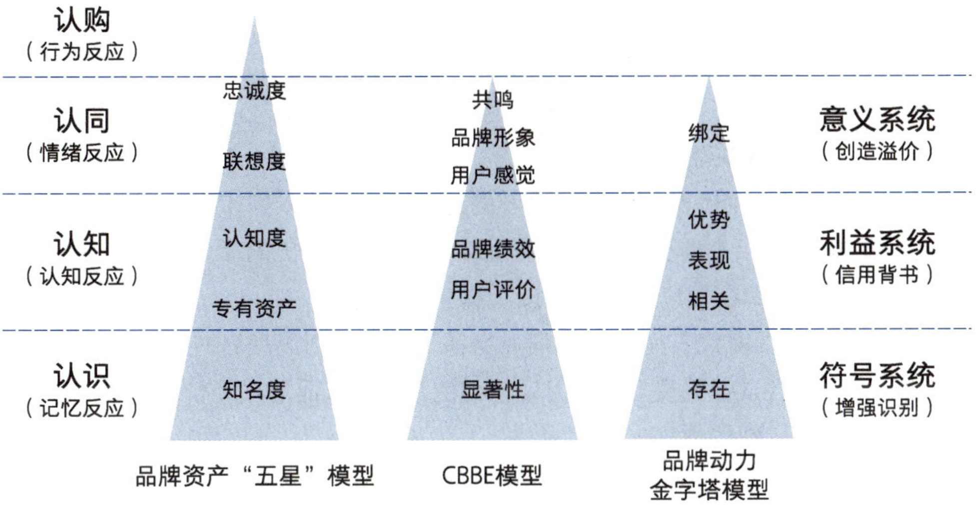

图1-6　三大品牌模型对比分析

品牌建立在人的一系列心理现象和活动之上，如记忆、学习、态度、感觉、知觉、动机、情感等，代表了顾客与产品之间的一种关系。在数字营销路径构建中，品牌首先寻求的是人的记忆反应（认识、记住——你是谁？），其次是认知反应（知道、了解——你是干什么的？），然后是情绪反应（认同、喜好——跟我有什么关系？），最后是行为反应（持续购买——为什么我要一直买你的？）。基于品牌的心理活动过程，数字营销的路径从建立品牌认知开始，通过强化品牌认同，促成品牌认购，如图 1-7 所示。

图1-7 数字营销的路径

1.3.2 数字营销路径分解

1. 建立品牌认知

在注意力稀缺的年代，品牌能极大地降低选择成本。因此，企业打造品牌的目的是制造差异化，满足消费者的固有偏好。使消费者形成品牌认知是企业进行数字营销时要实现的首要目标。品牌认知是品牌资产的重要组成部分，是衡量消费者对品牌内涵及价值认识和理解的标准。品牌认知是企业竞争力的一种体现，有时会成为一种核心竞争力，特别是在大众消费品市场，各家竞争对手提供的产品和服务品质差别不大，这时消费者会倾向于根据对品牌的熟悉程度来决定购买行为。

顾客不仅要知晓品牌，而且要理解品牌的内涵。认知的形成与品牌知名度不同，不能只依赖频繁曝光，更要注重品牌忠诚度的形成。

（1）品牌认知的基础元素。品牌认知的基础元素包括：

① 差异性。差异性代表品牌的不同之处，这个指标的强弱直接关系到营销利润率。差异性越大，表明品牌在市场上的同质化程度越低，议价能力越强。差异性不仅表现在产品特色上，还体现在品牌形象上。

② 相关性。相关性代表品牌对消费者的适合程度，关系到市场渗透率。品牌的相关性越强，意味着目标人群更能接受品牌形象和品牌所做出的承诺，主观上愿意尝试该品牌，也意味着品牌在相应的渠道建设上有更大的便利。

③ 尊重度。尊重度代表消费者如何看待品牌，关系到消费者对品牌的感受。当消费者接触品牌进行尝试性消费后，会印证他们的想象，从而形成评价，并进一步影响消费者的重复消费和口碑传播。

④ 认知度。认知度代表消费者对品牌的了解程度，关系到消费者的体验深度，是消费者在长期接受品牌传播并使用该品牌的产品和服务后，逐渐形成的对品牌的认识。

（2）品牌认知基础元素之间的关系。品牌认知的四个基础元素之间的相互关系，往往代表着品牌不同的市场状态。

① 差异性高于相关性。这表明品牌具有正确的发展方向和空间。差异性明显，议价能力良好；存在相关性，目标人群可以逐步了解品牌，而未来在保持差异性的同时，相关性可以进一步增强。

② 相关性高于差异性。这表明品牌的独特性在逐渐消失，可能被其他类似品牌替代。相关性越强，意味着该品牌越适合大众的需求，价格是影响销量的主要因素，降价促销成为保持市场的重要策略，品牌竞争力逐步下降。这正是许多品牌常犯的错误：缺乏对目标消费者更深入的分析，盲目地让品牌迎合大众的口味，最终因为追求短期

销量而丧失了品牌差异，被市场巨大的惯性同化。

③ 尊重度高于认知度。这表明消费者对品牌的评价很高，很喜欢该品牌并期待对该品牌增进了解，认知度会因此逐步上升。品牌处于这种状态是良性的。

④ 认知度高于尊重度。这表明消费者十分了解该品牌。但这也是品牌常犯的错误：在过多告知消费者品牌信息时，放松了品牌基础工作（如产品质量、客户服务等）的维护。

（3）品牌认知的三种情况。品牌发送的信息与消费者的原有认知有以下三种关系，这三种关系产生的结果是不同的。

① 与消费者原有认知一致。这意味着品牌的定位顺应了消费者的认知。在这种情况下，建立认知和原有认知有所关联，因为品牌获得消费者的认可就会容易一些。

例如，某国产奶粉想在消费者心中建立“该品牌更适合中国宝宝体质”的认知，这与消费者原有认知一致。因为在中国消费者的原有认知中，“一方水土养一方人”，宝宝是中国人，自然要喝适合中国人体质的奶粉。

② 与消费者原有认知不一致。品牌想要建立的认知与消费者的原有认知没有任何关联或者关联不大，需要在消费者心中建立一个新的认知。在这种情况下，品牌获取消费者认可的难度较大。

③ 与消费者原有认知冲突。在这种情况下，品牌获取消费者认可的难度会更大。

2. 强化品牌认同

强化品牌认同包括品牌认同的含义和品牌认同的基本步骤。

（1）品牌认同的含义。品牌认同是指用户通过对某件产品或某项服务的品牌价值进行判断和评价，从而对该品牌产生的认同程度。用户的品牌认同度越高，对于品牌的忠诚度和依赖度就会越高，企业越可以使品牌价值实现最大化。品牌认同分为两个部分，即品牌基本认同和品牌延伸认同。

① 品牌基本认同是指一个品牌的“本性”，这种“本性”不会因时间的流逝而消失或改变。一个品牌所透露的内涵以及这个品牌是否能够成功，都和品牌基本认同息息相关。当这个品牌想要跨入别的产品或市场时，这样的认同依然会存在。

② 品牌延伸认同是指利用现有品牌名进入新的产品类别，推出新产品的做法。品牌延伸认同能够让企业以较低的成本推出新产品，是企业推出新产品的主要手段。品牌延伸认同为品牌带来更丰富的内涵，也让品牌认同更加完整，品牌理念更加清晰。

一个强势品牌的基本认同比延伸认同更经得起考验。由于品牌的定位和宣传策略可能随时会调整，品牌延伸认同也可能变化。但是，品牌基本认同并不会随之改变。要创造强势品牌，关键是定位并维护品牌的核心价值。品牌的定位不是宣传产品，而是发掘出能兼容具体产品的品牌理念。

（2）品牌认同的基本步骤。品牌认同包括三个步骤：

第一步，品牌价值化。面对多元的碎片信息，要实现价值认同，首先要确保品牌诉求简单，找到业务焦点，提炼优势。简单清晰的核心价值是实现品牌价值认同的第一步。

第二步，价值识别化。数字经济时代的商业是高度繁荣和复杂的，每个行业都充斥着不同的品牌，消费者的认知受到前所未有的挑战，想从中突围就必须谋求识别差异化。完成第一步后，系统构建了一个可视化的品牌识别系统，在话语识别和视觉识别上创造富有魅力的可视化，这也是价值识别化的核心内容。价值识别在很大程度上依赖于符号载体，符号的提炼和塑造是品牌识别的“超级密码”，因为符号是消费者心智中的客观存在，是引爆认知的触点。

第三步，品牌传播。企业应重视品牌传播，发挥产品的媒介属性。一是了解目标群体的心理状况，利用群体心理特征实现品牌的“人传人”；二是寻找或借助一个合适的“引爆点”，在合适的时间、合适的地方实现品牌在群体间的爆发式传播。

（3）品牌认同建立的途径。相关学者基于对社会认定理论的研究，认为个体对企业组织的认同感是通过自我延续、自我强化、自我辨别三种途径来建立的。

① 自我延续。自我延续指的是个体的自我概念与团体特性具有一致性而产生的心理上的联结。品牌能够被消费者认同的首要条件是品牌传递出的核心价值与消费者的自我概念一致。

② 自我强化。个体具有提升自尊的基本倾向，也就是提升对自我的整体评价。因此，当某团体能够协助提升个人对自我的看法时，就会产生自我强化的效果。这种情况通常发生在该团体具有良好的社会声誉时。拥有较高社会评价的品牌能够通过这种方式强化认同感。

③ 自我辨别。自我辨别是指身为某团体的成员，能够感受到与其他团体有所不同，产生内团体及外团体的区别。好的品牌拥有独特的文化价值观和管理策略，能得到消费者的认同，让消费者感受到自己归属于一个特定群体。

3. 促成品牌认购

营销的最终目标是促成购买。品牌认购是企业通过数字营销使消费者建立品牌认知、强化品牌认同后，最终促成的购买行为。品牌认购的达成需要密切关注消费者购买决策过程中的各个触点。

（1）消费者购买决策的过程。对于企业来说，如果能够掌握消费者购买决策过程、影响因素和影响机理，就可以制定有针对性的营销策略。消费者购买决策过程如图 1-8 所示。

图1-8　消费者购买决策过程

① 确认需求。消费者认识到自己有某种需求时，是其决策过程的开始，这种需求

可能由内在的生理活动引起，也可能是因为受到外界的某种刺激。营销者应注意不失时机地采取适当措施，唤起和强化消费者的需求。

② 收集信息。消费者的信息来源主要有四个方面：一是个人来源，包括家人、朋友、邻居、熟人等；二是商业来源，包括广告、推销员、经销商、包装、展览会与展示等；三是公共来源，包括大众媒体，评价机构等；四是经验来源，包括产品的使用等。

这个阶段，企业营销的关键是要掌握消费者在收集信息时会求助于哪些信息源，哪些信息源能有效实现消费者的消费目的，并能通过这些信息源影响消费者。

③ 评价方案。消费者得到的各种有关信息可能是重复的，甚至是互相矛盾的，因此还要进行分析、评估和选择，这是决策过程中的决定性环节。在消费者的评估和选择过程中，有以下几点值得注意：产品性能是消费者所考虑的首要问题；不同消费者对产品的各种性能给予的重视程度或评估标准不同；多数消费者的评估和选择过程是将实际产品与自己理想中的产品相比较。

在评估过程中，消费者常常要考虑多种因素。因此，企业如果能够搞清楚不同因素在消费者心中所占的比重，通过营销手段强化消费者看重的主要因素，弱化次要因素和消极因素，就能更多地获得消费者的青睐。

④ 决定购买。消费者对可供选择的商品进行评价并做出选择后，就能形成购买意图。正常情况下，消费者通常会购买他们最喜欢的品牌，有时也会受他人态度和意外事件的影响而改变购买决定。

⑤ 购后行为。购后行为主要包括购后满意程度和购后活动。消费者的购后满意程度取决于消费者对产品的预期性能与产品使用中的实际性能之间的对比。购后满意程度决定了消费者的购后活动。例如，消费者是否会重复购买该产品及对该品牌的态度。这会影响到其他消费者，形成连锁效应。若消费者购买以后获得了满足，这会鼓励他今后重复购买并向别人推荐该产品。相反，如果消费者不满意，则可能要求退货、换货，可能诉诸法律，可能弃之不用等。

（2）消费者购买决策的影响因素。消费者购买决策的影响因素包括个人因素、心理因素和社会因素。

① 个人因素的影响。主要包含稳定因素和随机因素。

第一，稳定因素。稳定因素主要指个人的某些特征，如年龄、性别、收入、家庭、生活周期、职业等。稳定因素不仅能影响决策结果，还能影响人们的决策速度。例如，在收集信息阶段，一个人的年龄和收入会影响信息来源的数量、类型，以及采集信息的时间。稳定因素也能影响消费者对某产品适用范围的判断。

第二，随机因素。消费者购买决策有时是在未预料的情况下做出的，随机因素主要指消费者进行购买决策时所处的特定场合和具备的一系列条件。例如，一个正在考虑购买计算机的消费者可能会因为随机因素转而购买平板电脑，或直接放弃此次购买。

② 心理因素的影响。心理因素主要包括感觉、信息、动机、经验、态度、个性等方面。

第一，感觉。不同的人用不同的方法同时看到同一事物的结论是不一样的。同样，同一个人在不同时间用不同方式看同一事物，结论也是不同的。感觉是为了获得结果，对输入的信息进行识别、分析和选择的过程。

第二，信息。输入的信息是通过各种感官获得的。例如，消费者看到一个广告，见到一个朋友，摸到一个产品的时候，都获得了信息。这虽然立即获得了大量零碎的信息，但只有一部分成为知觉。

第三，动机。动机是激励一个人的行动朝一定目标迈进的一种内部动力。购买者一般受多种动机影响，但这些动机在不同时点是不同的，在同一时间的动机强烈程度也是不同的。

第四，经验。经验包括由于信息和经历所引起的个人行为的变化。个人行为的结果强烈影响着经验积累的过程。如果个人活动带来了满意的结果，那么他以后在相同的情况下会重复以前的做法；如果没有带来满意的结果，那么将来他可能采取完全不同的做法。

第五，态度。态度由知识和对目标的积极或消极的情感构成。个人态度产生的影响有强有弱，消费者对公司和产品的态度影响着公司营销战略的成败。

第六，个性。有的个性不一定引人注目，但每个人都有个性。个性是和人的经验与行为联系在一起的内在本质特征。源于不同的遗传和经历，每个人的内心世界、知识结构、成长过程都不同。营销人员要努力发现这些特点和购买行为之间的关系，因为人的个性会影响其对商品品牌和类型的选择。营销人员可以把广告定位在某些目标受众共有的个性特点上，通过宣扬积极的、有价值的个性特征来进行促销。

③ 社会因素的影响。社会因素主要包括角色和家庭、相关群体、社会阶层、文化四个方面。

第一，角色和家庭。每个人都在一定的组织或团体中占有一定位置，和每个位置相联系的就是角色。由于人们占据多种位置，所以同时也会扮演多种角色。例如，一个男子不仅扮演父亲和丈夫的角色，而且扮演公司主管、体育教练等社会角色。个人角色不仅影响一般行为，而且影响购买行为。

第二，相关群体。相关群体对个人来说可以起到参照物和信息来源的作用，客户的行为可以变得和群体成员的行为和信念一致。相关群体对购买决策的影响程度，依赖于个人对相关群体影响的敏感性，个人与相关群体结合的强度。营销者需要努力利用相关群体在广告中的影响，进行有针对性的宣传。

第三，社会阶层。社会阶层的主要因素包括：职业、教育、收入、地区等。在一定程度上，同一个社会阶层内的成员采取的行为模式高度相似，他们具有相似的态度、价值观念和语言方式。由于社会阶层对人们生活的许多方面都有影响，所以同样可以影响购买决策。

第四，文化。文化指人类所创造的物质财富与精神财富的总和，包括整个社会所能接受的价值和各种行为。文化对购买行为有广泛的影响，因为它渗透在消费者的日常生活中。文化既能影响如何购买和使用产品，又能影响消费者从中得到的满足。文化在某种程度上决定了购买和使用产品的方式，从而影响到产品的开发、促销、分销和定价。

行业洞察

中国品牌，世界共享；国货潮牌，品筑未来

为了推动中国产品向中国品牌的转变，2016年6月10日，《国务院办公厅关于发挥品牌引领作用推动供需结构升级的意见》，提出设立“中国品牌日”，强调要“大力宣传知名自主品牌，讲好中国品牌故事，提高自主品牌影响力和认知度”。2017年4月24日，国务院批复同意自2017年起，将每年的5月10日设立为“中国品牌日”，并要求国家发展和改革委员会等部门组织实施有关活动。2018年3月21日，国家发展和改革委员会等七部门联合发布中国品牌日标识——由篆书“品”字为核心的三足圆鼎形中国印，如图1-9所示。

图1-9　中国品牌日标志

2024年5月10日，中国品牌日活动在上海开幕，活动主题是“中国品牌，世界共享；国货潮牌，品筑未来”，采取线下线上同步办展的方式。线下，在约7万平方米的展厅中展出了序厅、专题展区、地方展区、企业展区和品牌美好市集五大板块，汇聚近1800家品牌企业。线上，央视网搭建了云上中国品牌博览会，让观众可以在云上逛展。

中国品牌建设的累累硕果，在此次品牌日活动上得到了充分展示和弘扬。航空工业展台最前侧，“威龙”歼-20隐身战斗机模型担当“C位”。展台中部陈列着“鲲鹏”运-20模型与“鲲龙”AG600M模型，另一侧直20“神雕”、直10“霹雳火”等直升机，与AC313A、AC332等“吉祥鸟”系列直升机组成了密集编队飞行画面，让航空爱好者流连忘返。

如果说大国重器是闪耀而坚实的科创基石，消费品牌则百花齐放，积极展示其在新赛道、新动能、新消费、新场景等领域的科创成果，以展品释放科技创新魅力和中华美学魅力。

在地方展区中，山东淄博、甘肃天水等网红城市特产也纷纷亮相中国品牌日，引发观众打卡热潮。在“知音湖北”，遇见三江三山的风光，遇见千年荆楚的厚重；在“业精于秦，未来陕耀”陕西馆，体验从古到今的文明跃迁；在上海馆则展现了在这座海纳百川的繁花之城里，在日新月异的发展与烟火气息的迷人之间，如何遇见一场美好生活……

2025年第9个中国品牌日将“中国品牌，世界共享”作为长期不变的活动主题。越来越多品牌走向大市场，在世界舞台上擦亮中国名片。兼具文化味与时尚范的国货新品立足本土，展望国际市场，彰显了中国品牌走出国门、走向世界的坚定决心与坚实步履。

1.4 数字营销岗位认知

1.4.1 企业营销组织结构

数字经济是将信息化视为一种全新生产力的经济模式。品牌的数字化转型远不止营销与传播，而与整体的价值链和供应链重建休戚相关，管理权限的变革决定了品牌数字营销的走向，需要企业在既有营销体系之下整合数字部门，重塑内部的营销生态系统。

企业数字营销部门是执行数字营销计划、服务市场购买者的职能部门。数字营销部门的组织形式受宏观市场营销环境，企业市场营销管理哲学，以及企业自身所处的发展阶段、经营范围、业务特点等因素的影响。具体的数字营销部门组织结构如图 1-10 所示。其中，创意策划、流量优化、视听运营、直播运营为人社部第二批全媒体运营师数字职业中的工种，平台管理员、视频创推员、选品员为人社部第三批互联网营销师数字职业中的职业工种，用户增长运营师为人社部第五批数字新职业。

1.4.2 数字营销岗位职责

通过对专业招聘网站采集到的 30 万条数据进行智能语义识别和数据清洗，再借助企业访谈进行修正，中国商业联合会归纳总结出企业数字营销所需的六大类岗位：App 运营类岗位、互动营销类岗位、品牌运营类岗位、广告推广类岗位、内容策划类岗位、营销策划类岗位。

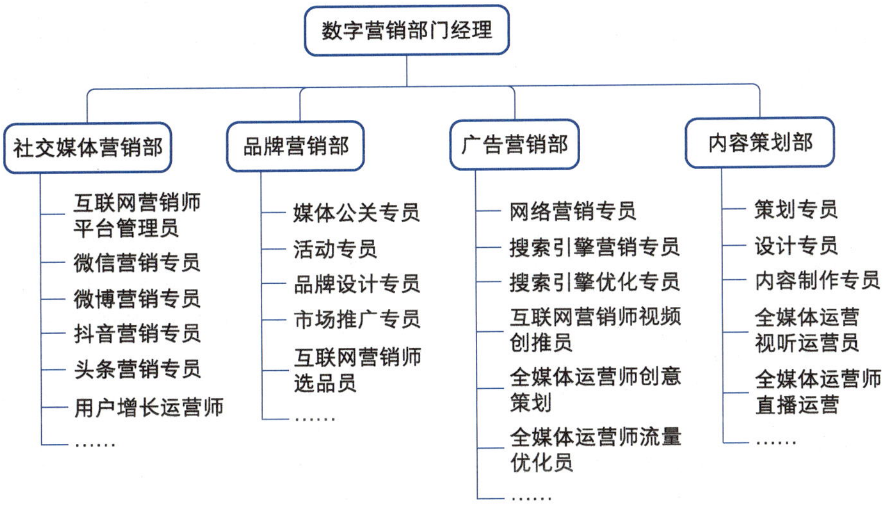

图1-10　数字营销部门组织结构

1. App 运营类岗位职责

App 运营类岗位主要面向 App 内容运营、App 活动运营及小程序运营三大工作领域。App 运营类岗位职责如表 1-2 所示。

表1-2　App运营类岗位职责

工作领域	岗位职责
App 内容运营	① App 的专题栏目内容运营和专题策划，可围绕时下热点内容进行专题策划及创作。 ② 负责社交平台内容运营和管理，优化 UGC 内容，积极与用户互动，鼓励并引导用户创作内容。 ③ 协调内外部资源，解决内容层面的用户体验痛点。 ④ 优化用户体验，参与规划社交社区版块和产品功能设计，分析和学习竞品运营策略
App 活动运营	① 策划并推进各类 App 线上活动、话题、专题等，提升用户活跃度并拉动用户增长。 ② 根据各方资源制定富有创意、迎合热点及节日的活动或专题策划。 ③ 负责推进营销活动，统筹协调活动资源，收集活动反馈并进行跟踪分析总结；对活动效果负责，完善活动方案
小程序运营	① 负责小程序的活动策划、产品运营、用户运营、数据分析。 ② 负责各场景、各品类差异化的梳理及沉淀，提升私域流量。 ③ 负责微信小程序矩阵的推广运营及购买转化，能够制定符合小程序用户增长的活动运营策略，增加用户黏性，打造有活力的高质量用户群。 ④ 制定分销机制，完善社群激励机制，挖掘核心粉丝并维护客户关系，提升核心用户的留存率和转化率。 ⑤ 负责小程序销售数据、商品规划数据、店铺日常数据等的监管及分析

2. 互动营销类岗位职责

互动营销类岗位主要面向社群营销、用户运营及客户关系管理三大工作领域。其中，人社部第五批新职业中的用户增长运营师具体就是指运用数字化工具，从事企业或机构用户增长、管理及运营等工作的人员。互动营销类岗位职责如表 1-3 所示。

表1-3　互动营销类岗位职责

工作领域	岗位职责
社群营销	① 锁定精准用户，通过微信、微博、论坛等工具带动社群扩展，有效实现用户拉新。 ② 组织策划社群主题活动，提升社群用户黏性及活跃度，搭建用户成长体系。 ③ 负责用户信息管理，保证沟通及时有效，通过对用户需求和反馈的收集整理推动产品改进，不断提高用户满意度。 ④ 负责其他渠道新用户在社群内的分流与沉淀，提升社群客户黏性，定期形成社群运营分析报表
用户运营	① 负责核心用户和种子用户的运营，及时发现、挖掘、管理优质用户。 ② 设计运营活动方案，引入目标用户，提升用户活跃度，促进用户购买产品。 ③ 制定并实施清晰的用户互动策略，通过持续互动转化潜在用户，提升公司及产品的口碑。 ④ 负责收集用户的线上反馈意见，及时发现并处理问题。 ⑤ 完成“种子用户”人群画像库的建立
客户关系管理	① 建立并完善服务体系；对客户的触点页面和流程体验进行分析，结合客户洞察，定位挑战和机遇，提出优化和改进建议。 ② 负责开展客户体验调研，发现客户问题。调研形式包括但不限于问卷调研、客户及员工访谈、同业调研、数据分析等。 ③ 负责参与公司客户体验管理指标体系搭建，监控公司客户体验指标变化，落实客户体验指标管理。 ④ 参与客户关系管理体系的规划建设，包括体系架构、实施方案、系统建设的规划设计等；参与建立、优化、整合客户关系的相关流程，在系统层面落地并执行推广。 ⑤ 策划客户服务活动方案并负责方案的落地实施

3. 品牌运营类岗位职责

品牌运营类岗位主要面向品牌管理、品牌传播及品牌推广（营销）三大工作领域。其中，品牌推广工作领域的内容对接了互联网营销师视频创推员、选品员的职业技能要求。品牌运营类岗位职责如表 1-4 所示。

表1-4　品牌运营类岗位职责

工作领域	岗位职责
品牌管理	① 根据公司品牌的不同发展阶段，提供品牌的整合营销及品牌建设战略规划，制定、实施阶段化品牌推广目标和方案。 ② 负责品牌与竞品的市场调研，把握行业及竞争对手的最新动态，制定应对策略。 ③ 拓展和策划各个主流广告平台的市场品牌活动，包括但不限于搜索引擎、信息流投放、小程序广告等付费或免费合作渠道，制定投放或合作方案和计划；监控投放渠道的流量和转化数据并开展分析，根据数据表现调整和优化投放
品牌传播	① 协助制定传播方针和政策，为部门管理与开展工作提供数据支持，保证部门稳定、高效、专业化运行。 ② 负责新媒体资源整合优化、资源谈判及购买、媒体关系维护等工作，保证媒体资源满足策略计划，达到预期效果。 ③ 组织实施媒体传播项目，协助沟通引入第三方监控资源，对媒体投放进行监控，保证投放的准确性并及时调整，确保年度媒体传播项目有序进行。 ④ 在部门总预算的基础上，制定季度、月度媒体投放总结和预算调整计划。 ⑤ 按照精准投放预算，协助完成精准投放计划
品牌推广（营销）	① 根据品牌定位，协助上级制定年度宣传推广方案。 ② 负责建立和维护品牌推广的主要合作资源，负责各种推广类内容的策划、设计、撰写及发布。 ③ 调查及掌握品牌营销领域的最新动态，了解行业市场信息，能够根据线上线下市场活动进行分析，定期形成分析报告。 ④ 收集产品信息，确定品牌推广产品，分析营销卖点。 ⑤ 集合视频生成等智能化工具，策划并执行品牌短视频及直播营销方案，结合产品特性与用户需求，制定短视频内容策略，协调直播流程。 ⑥ 搜集整理互联网推广渠道，能用推广工具增加视频观看、互动等指标，增加品牌，提升品牌曝光与用户互动

4. 广告推广类岗位职责

广告推广类岗位主要面向 SEO（搜索引擎优化）、SEM（搜索引擎推广）、信息流推广、App 推广四大工作领域。广告推广类岗位职责如表 1-5 所示。

表1-5　广告推广类岗位职责

工作领域	岗位职责
SEO	① 负责公司网站 SEO（百度、360、抖音等）；能够根据公司战略发展要求制定全面的搜索引擎优化策略，提升品牌词、核心词、长尾词的搜索引擎收录及自然排名；负责以搜索引擎优化为主的网络营销研究、分析与服务工作。 ② 负责网站的外部链接组织与软文宣传（包括微博、微信公众号，以及其他第三方平台）。 ③ 负责研究竞争站点，深入挖掘用户搜索需求，改进 SEO 策略，不断提升业务关键词排名与整体搜索流量。 ④ 负责站内优化，制定行业网站各频道的 SEO 标准及策略，并形成相应要求的文档，监督网站编辑执行并进行实时监控
SEM	① 负责搜索引擎推广账户的日常优化及管理工作。 ② 运用搜索引擎排名机制提高网站流量。 ③ 控制账户消费金额，通过合理运用账户资金，实现广告预期效果。 ④ 统计每日的消费、流量数据，根据数据报告制定关键词优化策略和投放策略。 ⑤ 根据运营要求，灵活控制推广力度和资金投入，提高投资回报率
信息流推广	① 负责广告投放策划和优化策略的定制及执行，对投放数据进行监控和分析，并优化投放效果。 ② 熟练操作信息流等推广后台。 ③ 定期与搜索媒体沟通，了解产品变化并应用到推广方案中。 ④ 定期提供数据分析报告并找出相应的改进方法，保证信息流广告正常有效的推进。 ⑤ 监控和研究竞争对手及其他网站的信息流推广策略，提前调整方案，不断优化账户，提高投资回报率（ROI）
App 推广	① 负责应用市场优化（App Store Optimization，ASO）。 ② 负责 App 的渠道推广工作，以提升 App 用户下载量和激活量。 ③ 根据公司要求制定有效的 App 渠道推广计划并实施。 ④ 定期统计推广数据并进行有效分析，不断优化推广方案

5. 内容策划类岗位职责

内容策划类岗位主要面向文案内容策划和视频内容策划两大工作领域，具体岗位职责对接了全媒体营销师创意策划、视听运营工种和互联网营销师视频创推员等工种的职业技能要求。内容策划类岗位职责如表 1-6 所示。

表1-6 内容策划类岗位职责

工作领域	岗位职责
文案策划	① 结合市场舆情和变动，主动挖掘公司产品的宣传卖点，策划合适的选题稿件。 ② 撰写日常宣传文案、推广文案、活动文案等营销文案。 ③ 能结合市场变化、客户需求和行业发展趋势，及时提出具有实际执行意义的方案。 ④ 配合市场部门的营销执行计划，完善文案创意，完成创意执行的具体工作。 ⑤ 负责整体创意文案的撰写工作，包含社交媒体账号内容发布、活动主题与标语设计、论坛软文创作等。 ⑥ 能使用人工智能生成内容工具进行文案生成，并对生成的文案进行审核和校对
视频内容策划	① 根据视频平台的产品特性，进行视频内容创作与筛选，能够跟踪与分析相关数据，不断为视频内容提供符合渠道传播的创意。 ② 有敏锐的市场嗅觉，能够跟踪与分析目标用户和竞品的变化趋势。 ③ 研究视频热点话题和网络流行趋势，关注底层逻辑，深挖用户需求，拆解并提炼热门视频的亮点与框架。 ④ 深挖产品卖点，定位目标用户，并洞察需求，创作以市场导向为核心的创意脚本。 ⑤ 与视频团队协同完成视频制作，跟进后期发布与投放。 ⑥ 能分析视频平台数据（如热门标签、用户偏好），优化视频选题与内容结构。 ⑦ 熟练使用人工智能生成内容的工具辅助视频脚本创作与创意发散，提升内容生产效率

6. 营销策划类岗位职责

营销策划类岗位主要面向内容营销策划和品牌营销策划两大工作领域。营销策划类岗位职责如表 1-7 所示。

表1-7 营销策划类岗位职责

工作领域	岗位职责
内容营销策划	① 根据品牌调性和不同平台的运营策略，搭建社交媒体内容矩阵，规划发布内容。 ② 独立输出营销内容，如选题、策划、文案、视频脚本、公众号文章等。 ③ 配合运营团队，根据平台运营活动节奏策划活动主题，跟进活动落地。 ④ 深入洞察消费者，分析运营数据和用户数据，及时复盘调整，提升用户量、阅读量和互动量
品牌营销策划	① 根据品牌策略独立策划品牌活动，整合内部资源以确保活动顺利落地，把控时间节点，按时完成工作进度。 ② 结合品牌年度规划、实时热点和行业趋势，围绕品牌定位输出创意内容，形式包括但不限于文字、图片、视频等。 ③ 进行跨品牌合作洽谈，制定符合品牌定位的可落地执行的合作方案。 ④ 追踪媒体投放效果，进行传播效果分析

1.4.3 数字营销能力体系

为了进一步完善我国数字营销领域的人才评价体系，推动行业高质量发展，本书编写团队在中国广告协会学术委员会联合腾讯广告共同起草的《中国数字营销人才能力评估标准》的基础上，广泛调研并结合公司招聘需求、行业发展现状，并充分结合了互联网营销师、全媒体运营师、用户增长运营师等新职业的能力要求和人工智能、大数据等新技术背景下行业岗位对数字营销人才能力的新要求，制定了“数字营销人才能力评估体系”。

1. 数字营销人才能力评估指标体系

本书将数字营销人才能力评估体系划分为营销通用能力、数字营销专业能力、营销合规能力、职场通用能力 4 个一级能力指标及 16 个二级能力指标的完整评估体系，如图 1–11 所示。

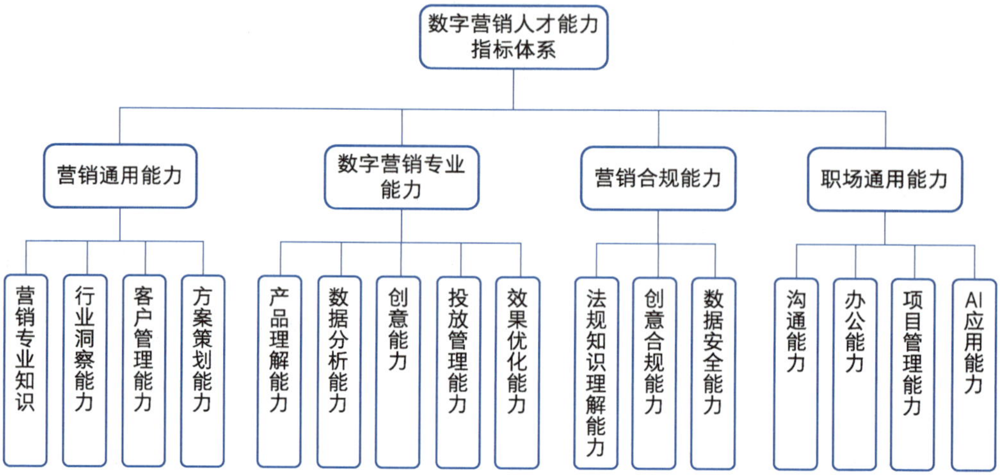

图1–11　数字营销人才能力评估指标体系

2. 数字营销人才分级能力要求

根据知识及能力要求的复杂程度，数字营销人才能力可以分为入门级、初级、中级和高级四个层次。

（1）数字营销人才入门级能力要求如表 1–8 所示。

表1–8　数字营销人才入门级能力要求

一级指标	知识与能力要求
营销通用能力	① 营销专业知识：了解营销专业的通用知识，包括营销的基本概念、市场调研与分析、广告策划与投放的基本方法等。 ② 行业洞察能力：搜集行业和市场发展的相关信息，能基本分析出本行业市场的主要机会与问题。 ③ 客户管理能力：按照客户需求提供周到的服务。 ④ 方案策划能力：具备营销策划的基本逻辑，能够运用 AI 辅助工具进行市场分析和方案框架搭建，能够协助完成局部市场或特定项目的策划工作

续表

一级指标	知识与能力要求
数字营销专业能力	① 产品理解能力：了解所推广的产品或服务；了解所投放媒体的全流量广告资源的知识框架，了解所投放媒体的主要广告资源位置和创意形态，能够清晰梳理资源使用的投放目标，了解各类资源渠道。 ② 数据分析能力：了解标签体系，掌握标签的交叉应用，提升人群定向的精准度，提高推广效果。 ③ 创意能力：了解创意、落地页及其形式对广告投放效果的影响，了解优质广告创意和落地页的必备要素和类型，了解广告创意和落地页的制作工具，了解 AIGC 工具的基础应用 ④ 投放管理能力：了解各类投放平台的特点及优势，了解广告投放的基本思路和步骤，了解定向体系和广告竞价的基本机制及曝光影响因素，了解广告曝光的提升方法，能够操作广告投放平台的账户，创建、修改和调整广告。 ⑤ 效果优化能力：能够查看效果数据，了解并简单分析广告优化的基本原理和分析思路
营销合规能力	① 法规知识理解能力：掌握《中华人民共和国广告法》（简称《广告法》）及 AI 相关法规的基本理论知识、基本内容和最新变化。 ② 创意合规能力：了解基本的创意合规性；了解 AI 生成内容的标识规范及审核标准。 ③ 数据安全能力：掌握数据的重要性，有整体提升数据安全防护的意识和能力
职场通用能力	① 沟通能力：具备基本的沟通技巧，清楚岗位的角色定位，能够准确判断客户需求，并与广告主及相关协同人员进行良性沟通。 ② 办公能力：具备 office 系列软件操作和日常办公技能等。 ③ AI 应用能力：能够利用 DeepSeek 等通用大模型和智能体提高工作效率。 ④ 项目管理能力：能够严格按照规划实施项目并及时反馈问题和信息

（2）数字营销人才初级能力要求如表 1-9 所示。

表1-9　数字营销人才初级能力要求

一级指标	知识与能力要求
营销通用能力	① 营销专业知识：能够灵活运用本职工作范围内的营销知识解决一般性专业问题，了解 AI 等新技术对营销的影响，能够发现工作中的瓶颈并提出合理优化建议。 ② 行业洞察能力：能够理解市场环境以及客户所在行业的现状；能够结合数字化手段准确、全面地进行市场潜力分析、需求分析和竞争分析。 ③ 客户管理能力：能够理解并梳理客户的推广需求，能够为其匹配合适的营销方式。 ④ 方案策划能力：能够理解方案策划的基本逻辑，根据广告主的需求，运用 AI 辅助工具协助上级制定适合广告主的系统性营销策划方案

续表

一级指标	知识与能力要求
数字营销专业能力	① 产品理解能力：理解所推广的产品或服务，能够提炼出关键价值点并体现在客户的营销方案中；能够掌握所投放媒体各流量广告的资源位置、创意形态、适用的投放目标及广告主类型、数据表现等。 ② 数据分析能力：了解兴趣人群的定向逻辑，熟悉数据管理平台（Data Management Platform，DMP）的投放方法。 ③ 创意能力：能够明确分析出创意、素材、落地页的优劣势并定位优化点，理解优质创意和广告落地页的必备要素与类型，能够针对落地页设计提供有价值的建议，了解 AIGC 工具在创意生产中的应用，协同技术人员打造优质落地页。 ④ 投放管理能力：熟悉竞品，面对竞品问题能够有应对策略，理解广告投放的基本思路、步骤和关键要素，理解常见术语和概念；能够掌握相似人群扩展（lookalike）的原理及使用方法，能够应用该原理帮助广告主有效拓量；能够掌握优化广告投放的原理及使用方法，对于使用中的常见问题有解决思路；能够熟练操作广告投放平台，熟悉账户所有界面及常用功能；能够熟练指导广告主进行操作。 ⑤ 效果优化能力：理解投放平台账户搭建的基本方法，能够为广告主量身定制适合的效果类投放方案；理解投放媒体的广告资源，能够基于广告主的需求，推荐合适的品牌类资源，为广告主量身定制合适的品牌类投放方案
营销合规能力	① 法规知识理解能力：熟悉《广告法》及其实施细则，熟悉 AI 相关法规，能对违反这些法规的行为做出判断。 ② 创意合规能力：能够敏锐、准确地判定创意是否违反相关广告法律法规和平台审核规范。 ③ 数据安全能力：能够规范使用数据并保证数据安全，主动保护和防护已有数据及广告交易数据
职场通用能力	① 沟通能力：能够和广告主就投放目标、方案达成一致，具备建立良好客户关系的能力。 ② 办公能力：具备使用 Excel 表格统计、分析效果数据、制作数据报表的能力。 ③ AI 应用能力：能够利用行业垂直领域大模型和智能体提高工作效率。 ④ 项目管理能力：在有限的指导下，能够组织实施一般难度的策划项目，对于具体运作有丰富的经验，能够按照总体计划制订阶段性计划并确定监控点，按监控点检查和修正项目

（3）数字营销人才中级能力要求如表 1–10 所示。

表1–10　数字营销人才中级能力要求

一级指标	知识与能力要求
营销通用能力	① 营销专业知识：掌握全面的营销知识，能够灵活运用必要的营销知识独立解决有一定难度的专业问题。 ② 行业洞察能力：熟悉市场环境以及客户所在行业，能够运用大数据分析工具把握市场趋势，能够准确抓住市场的机遇与问题，输出关于行业的观点和见解。 ③ 客户管理能力：能够引导和挖掘客户需求，并结合 AI 推荐算法为其匹配合适的营销方式。 ④ 方案策划能力：能够借助 AI 辅助工具完成某一产品或品牌的策划工作，能够根据广告主不同阶段的需求，熟练制定营销解决方案

续表

一级指标	知识与能力要求
数字营销专业能力	① 产品理解能力：能够理解所推广的产品或服务，能够掌握挖掘客户需求的方法；在准确分析需求的情况下，能够根据广告主的营销目标，合理组织各类资源进行广告投放与管理。 ② 数据分析能力：熟悉数据驱动营销升级的观念以及常见数据平台接入与应用的原则，熟悉并应用数据进行营销洞察与效果衡量，熟悉市场营销应用程序接口的主要功能、价值与应用场景，熟悉营销人员的角色分工，能够有效对接资源，熟悉数据管理平台的投放方法，并能够进行综合运用。 ③ 创意能力：熟悉创意价值，能够掌握创意洞察方法、创意流程，以及创意实战的方法和要领，熟悉优质创意和广告落地页的创作生产流程与方法；掌握 AIGC 内容生成工具的应用，能够基于对行业、广告主、产品及服务的理解，通过有效的数据分析，制作创意方案，并对创意制作过程进行有效管理和优化。 ④ 投放管理能力：熟悉广告竞价发展历程，能够通过优化智能出价（oCPX）满足不同诉求，掌握优化策略；能够基于品牌类营销资源进行投放项目的管理与监控，并在各关键环节进行质量把控。 ⑤ 效果优化能力：熟悉广告在不同投放阶段的效果优化策略和方法，并在大型项目中有效运用，不断提升营销效果
营销合规能力	① 法规知识理解能力：能够根据《广告法》及其实施细则及 AI 相关法规分析违法问题出现的原因并进行优化处理，规避法律风险。 ② 创意合规能力：精通与广告审核相关的法律法规，针对违反审核规范的创意，能够提出相应的修改意见。 ③ 数据安全能力：能够建立和维护数据管理体系，对相关人员的责任义务进行分配，定期组织数据安全培训
职场通用能力	① 沟通能力：能够与客户建立长期良性沟通关系，提升客户黏性，引导客户需求。 ② 办公能力：高效运用 office 办公软件、PS 及 AI 等工具，在配色、设计、结构和图形化方面具备综合设计能力。 ③ AI 应用能力：能利用行业垂直领域大模型及专业智能体提高工作效率。 ④ 项目管理能力：能够独立负责中型项目的实施和运作，有能力亲自解决中型项目中的大部分问题；能够预见可能出现的问题，并提前制定相应的防范应对措施

（4）数字营销人才高级能力要求如表 1-11 所示。

表1-11　数字营销人才高级能力要求

一级指标	知识与能力要求
营销通用能力	① 营销专业知识：能够灵活运用营销知识独立解决复杂的专业问题，能够发现工作中的瓶颈问题并采取有效措施改进。 ② 行业洞察能力：洞察市场环境以及客户所在行业，能够运用预测算法和商业智能工具，准确分析、预测出市场的发展潜力、市场格局及竞争对手的策略手段。 ③ 客户管理能力：能够根据产业发展情况，引导和影响客户需求，通过创新的营销方式为客户持续创造价值。 ④ 方案策划能力：能够主导 AI 赋能的整合营销策划，能够独立完成广告整体策划工作和营销策略的制定，有一定的市场策略创新能力

续表

一级指标	知识与能力要求
数字营销专业能力	① 产品理解能力：精通所推广的产品或服务，能够创新性地策划匹配用户的营销方案，提升客户价值。熟悉合作媒体的广告资源，精通产品数字化全链路营销，能够构建 AI 赋能的智能营销矩阵，指导团队进行各类资源的合理配置。 ② 数据分析能力：精通数据驱动营销的工作原理，能够结合客户、媒体、行业的情况，为客户提供完善的数字化转型方案；除数字营销外，能够在客户运营、销售渠道、用户管理、私域业态建设等方面提供数字化的一揽子解决方案。 ③ 创意能力：能够有效管理各类数字营销创意生产过程，能够对创意数据分析、创意洞察、创意项目管理、创意效果评估优化等工作沉淀出对行业创意提效、提质产生深远影响的方法。 ④ 投放管理与效果优化能力：熟悉合作媒体的广告资源，能够指导团队进行各类资源的合理配置，以达到或超出广告主的投放预期，能够沉淀营销解决方案和投放管理优化方法。能够设计智能投放算法优化策略，构建自动化营销闭环系统，实现营销效率的指数级提升
营销合规能力	① 法规知识理解能力：能够在不违反《广告法》及 AI 相关法规的前提下充分展现广告创造力，实现客户利益最大化。 ② 创意合规能力：能够基于行业发展对广告创意审核相关规则的制定产生一定的影响。 ③ 数据安全能力：追踪和分析与数据相关的法规及政策，向内传递相关动态并调整数据管理规范体系
职场通用能力	① 沟通能力：对客户有较强的影响力，具备一定的谈判技巧、协调能力和资源拓展能力，并能够快速、顺利地推动工作完成。 ② 办公能力：具备大型客户提案回顾拜访、大型场合演讲竞标能力；精通多种工具软件，在数据分析、方案呈现、素材制作、效率提升方面有深入研究，能指导他人工作。 ③ AI 应用能力：能够利用行业垂直领域大模型及专业智能体提高工作效率。同时，能够基于工作场景的具体需求开发专业智能体。 ④ 项目管理能力：能够组织实施复杂的大型项目策划方案，对项目具体运作有丰富的经验，能够准确分析出影响项目成败的关键问题和机会点，能够预见和解决项目运作中出现的重大问题

行业洞察

技术驱动数字营销人才新需求

如今，数字营销已经成为数字经济中的重要一环。2024年上半年，互联网广告发布业务在各类媒体广告发布业务总量中占比近80%。

伴随着行业的蓬勃发展，人才供给“断层”日趋明显，行业人才缺口持续扩大。据人社部预测，到2025年我国仍有4 000万左右的数字营销人才缺口。伴随着品牌对营销转化率需求的提升，与之相应的效果类、数据类、策划类岗位人才供需矛盾尤为突出，这在一定程度上制约了行业的创新发展。广告主和广告代理商虽然在数字营销岗位设置上存在一定差异，但在人才需求上呈现出更广泛的共性。例如，营销师、优化师是各方最紧俏的人才资源，但招聘满意度整体较低。

随着大数据、人工智能、云计算等数字技术的发展，数字经济逐渐释放出强劲动能，技术驱动下的数字营销领域展现出了新的发展趋势，这些趋势也直接影响了数字营销人才需求的变化。在传统营销时代，营销手段和投放模式有限，对营销人的能力要求相对简单，拥有文案策划能力、广告创意能力、媒介策略能力即能胜任营销工作。但在数字经济时代，营销人员需要也在发生变化，以适应不断变化的营销环境、营销技术和媒体形态。在新环境下，数字营销人才除了要具有文案、策划、媒介能力，还需要掌握包括以数据洞察用户、使用智能化创意/内容工具、程序化广告投放、用户增长、跨媒介整合营销等在内的新技能。

1＋X证书同步测试

一、单项选择题

1. 以下不属于数字营销网络渠道的是（　　）。

A. 短信　　B. 社交媒体

C. 电子商务平台　　D. 搜索引擎

2. 能够有效跟踪客户的消费习惯和爱好，为其推荐相关性高的产品，这体现的数字营销的特点是（　　）。

A. 更丰富的产品信息　　B. 更精准的营销方式

C. 更个性化的营销服务　　D. 更优秀的集成方式

3. 以下关于数字营销路径，描述正确的是（　　）。

A. 品牌认知—品牌认购—品牌认同

B. 品牌认知—品牌认同—品牌认购

C. 品牌认同—品牌认知—品牌认购

D. 品牌认购—品牌认知—品牌认同

4. （　　）是数字营销 4.0 时代的典型特征。

A. 单向营销　　B. 互动营销

C. 智慧营销　　D. 精准营销

5. 品牌动力金字塔模型的“塔尖”是（　　）。

A. 绑定　　B. 优势

C. 表现　　D. 相关

二、多项选择题

1. Web1.0 时代，常用的数字营销方式有（　　）。

A. 搜索引擎营销　　B. 社会化网络营销

C. 论坛营销　　D. 电子邮件营销

2. （　　）是数字营销的主体。

A. 广告主　　B. 品牌

C. 数字营销公司　　D. 数字媒体

3. 品牌资产“五星”模型中，代表消费者对某一品牌在品质上的整体印象和记忆程度的是（　　）。

A. 品牌忠诚度　　B. 品牌知名度

C. 品牌认知度　　D. 品牌联想度

4. 数字营销人才能力评估体系涵盖了 4 个一级指标及 16 个二级指标，以下属于数字营销专业能力评估指标的有（　　）。

A. 数据分析能力　　B. 行业洞察能力

C. 投放管理能力　　D. 创意能力

5. (　　　)是影响消费者购买决策的社会因素。

A. 年龄　　B. 社会阶层

C. 经验　　D. 文化

三、判断题

1. 数字营销能拓宽销售范围进而增加促销投入，会有更多费用浪费。(　　)
2. 在 Web3.0 时代，互联网是静止的、单向的，用户被动接受内容。(　　)
3. 关于品牌，主要有三种理论：符号论、形象论、关系论。(　　)
4. 品牌知名度可分为无知名度、提示知名度和第一提示知名度三个阶段。(　　)
5. 品牌基本认同是指一个品牌的“本性”，这种“本性”会因时间的流逝而消失或改变。(　　)

综合实训

一、实训目标

通过本实训，加深对数字营销行业的感性认知，并能够由感性认知上升到理性分析，完成企业的数字营销调研报告。

二、实训背景

近年来，在新消费群体崛起、存量竞争加剧等趋势的作用下，营销行业迎来了一个崭新的阶段，数字营销成为企业转型升级的重中之重。知名度较高的华为、小米、vivo 等国产手机品牌，都充分利用数字营销优势，扩大了品牌知名度，提高了市场认可度。

请在华为、小米、vivo 三个手机品牌中，自行选择一个感兴趣的品牌作为本实训的调研样本，完成该企业数字营销调研报告的撰写。

三、实训要求

1. 以小组为单位，每个小组 3 人，自行确定本小组的负责人。
2. 确定调研企业，通过公司官网等网络资源及相关书籍等途径，深入了解其品牌定位及发展。
3. 通过网络或其他途径搜集近 3 年该企业有影响力的数字营销案例。
4. 分别从建立品牌认知、强化品牌认同、促成品牌认购三个方面对搜集到的营销案例进行分类。
5. 对归属于不同类别的营销案例，进一步分析其营销背景、营销效果及优缺点。
6. 基于以上搜集、分析的结果，撰写一份完整的数字营销调研报告。

四、实训评价与总结

1. 小组自评

组长根据各组员在调研报告工作中的贡献给出相应的评价（30%）。

2. 组间互评

各小组以 PPT 形式对撰写的调研报告进行展示介绍（30%）。

3. 教师对团队总评

根据各组成果的优缺点，有针对性地点评，启发学生的创新思维；对各组普遍存在的问题进行重点分析；针对各团队撰写的调研报告提出需要重点注意的问题（40%）。

第 2 章

数字营销原理与技术

学习目标

素养目标

- 把握数字营销理论与技术发展新趋势，培养与时俱进、能够利用新型劳动工具从事数字化商业活动的新型劳动者
- 培养能够推动人工智能科技创新与数字营销创新深度融合、具有自主创新能力和终身学习意识的高技能人才
- 通过数字营销技术增强学习者的民族科技自信，激励学习者发挥新时代青年在中国式现代化建设中的担当意识

知识目标

- 了解 4C 营销理论要素
- 了解 4P、4C、4R 营销理论的演变过程
- 熟悉 4P 营销理论的要素
- 熟悉各类数字营销技术
- 掌握 4R 营销理论要素

技能目标

- 能够使用数字营销原理分析企业的营销过程
- 能够阐述主要的数字营销技术在营销活动中的应用

思维导图

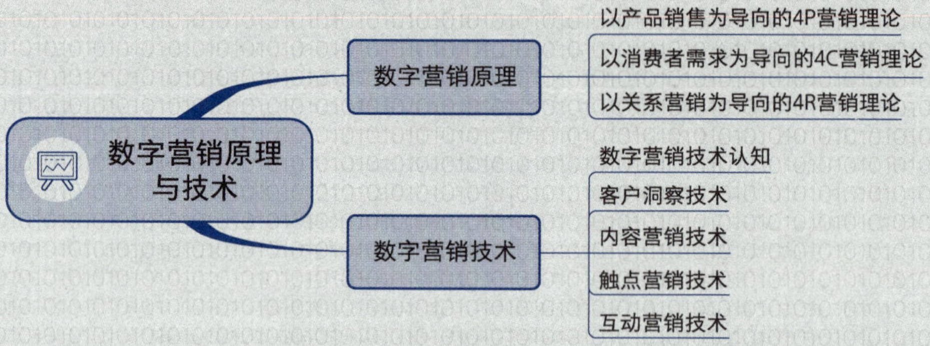

学习计划

素养提升计划

知识学习计划

技能训练计划

引导案例

营销新技术助力首发经济繁荣发展

首发经济是指企业发布新产品，推出新业态、新模式、新服务、新技术，开设首店等经济活动的总称，涵盖了企业从产品或服务的首次发布、首次展出到首次落地开设门店、首次设立研发中心，再到设立企业总部的链式发展全过程。在数字经济时代背景下，数字营销技术的创新发展为首发经济提供了强有力的支撑，使其展现出更强大的市场活力和创新动能。首发经济有时尚、品质、新潮等特征，符合消费升级趋势和高质量发展要求，是一个地区商业活力、消费实力、创新能力、国际竞争力、品牌形象和开放度的重要体现。首发经济不仅是经济增长的新形式，更是推动社会和经济结构变化的新力量，而数字营销则成为连接首发经济创新与市场需求的重要桥梁。

首发经济发展的痛点和难点之一是宣传推广。市场认知度低、用户接受度不确定、传统渠道适应性差，以及资源投入与回报的不确定性，在一定程度上阻碍了新产品、新业态、新模式、新服务、新技术向更广大市场的拓展。

数字营销通过精准定位目标受众、运用多样化的数字媒体平台、制作具有较强吸引力的广告内容，并进行实时的数据分析和策略优化，为首发经济的宣传推广提供了强有力的支持。人工智能、大数据、物联网、区块链等新技术的不断推陈出新，赋能数字营销的智能化发展，助力首发经济繁荣的效果更加明显。这些技术创新不仅提升了营销效率，而且重塑了营销模式，为首发经济注入了新活力。

1. 人工智能技术

通过深度学习用户行为、精准预测市场趋势，人工智能技术可以为营销活动提供定制化策略。此外，在广告内容生成、自动化广告投放、自动化客服中，人工智能也扮演着非常重要的角色，有效助力首发产品及首发门店的宣传推广。

2. 大数据技术

大数据技术通过对海量数据的挖掘与分析，为首发经济提供了精准的市场洞察。企业可以利用大数据技术深入了解消费者偏好和市场趋势，为产品研发、营销策略的制定提供科学依据。此外，大数据还能够帮助企业优化供应链管理，提高运营效率，确保首发产品销售闭环的顺利实现。

3. 物联网技术

物联网技术通过连接物理世界与数字世界，为首发经济带来全新的体验与互动方式。在首发经济中，物联网技术可以实现产品的智能展示、远程监控与实时反馈，为消费者提供沉浸式的购物体验。同时，物联网还能帮助企业实现生产过程的智能化管理，提高生产效率与产品质量，为首发经济的成功奠定基础。

4. 区块链技术

区块链技术以其去中心化、不可篡改的特性，为首发经济提供了信任保障与价值传递的新途径。区块链技术可以应用于产品溯源、版权保护等领域，确保产品的真实性与合法性，增强消费者的信任感。此外，区块链还能促进供应链的透明化，优化资源配置，提高整体运营效率，为首发经济的持续发展提供动力。

引思明理：

党的二十届三中全会关于全面深化改革提出了一系列新概念、新观点、新论断，如“新质生产力”“未来产业”“数智技术”“生成式人工智能”“首发经济”等。如今，它们已然悄无声息地融入了数字营销之中。数字营销技术正在从单纯的推广工具，进化为驱动首发经济发展的核心引擎。从引导案例中可以看出，在市场竞争愈发激烈、“酒香也怕巷子深”的今天，融入了更多新理念及新技术的数字营销，正以其独特的优势，迅速提升新品牌、新产品或新服务的市场认知度，全力推进首发经济的宣传推广，助力首发经济的繁荣发展。未来，数字营销还将融合更多新技术、新思维、新模式，为经济持续高质量发展提供新动能。

2.1 数字营销原理

4P、4C、4R 理论是市场营销学的重要组成部分，为当前营销体系的构建和整体营销策划的实施提供了重要的理论依据。

2.1.1　以产品销售为导向的 4P 营销理论

1. 4P 营销理论起源

4P 营销理论是随着市场营销组合理论的提出而出现的。“市场营销组合”这一术语，意指市场需求或多或少地在某种程度上受到所谓“营销变量”或“营销要素”的影响。

企业营销变量或营销要素可以归纳为四个基本策略的组合，即产品（Product）、价格（Price）、渠道（Place）和促销（Promotion），由于四个英文单词的首字母均为 P，故这一组合简称“4Ps”，即通常所说的 4P 营销理论。

具体而言，“4P”包括① 产品：强调产品的功能诉求，将产品功能与独特卖点放在首位；② 价格：依据企业自身的品牌战略和市场定位，制定相应的价格策略；③ 渠道：企业不直接接触消费者，注重培育经销商和建立自身的销售网络，通过分销商与消费者建立联系；④ 促销：企业通过短期销售行为的改变，刺激和促成消费者消费的增长，甚至影响其他品牌消费者的消费行为。

2. 4P 营销理论要素

4P 营销理论的提出奠定了市场营销的基础理论框架。该理论以单个企业作为分析单位，认为影响企业营销活动效果的因素有两种，如表 2-1 所示。

表2-1　影响企业营销活动效果的因素

因素类型	环境	内容
可控因素	内部	产品、价格、分销、促销
不可控因素	外部	社会、人口、技术、经济、环境 / 自然、政治、法律、道德

企业营销活动的实质是利用内部可控因素适应外部环境的过程，即通过对产品、价格、渠道、促销的计划和实施，对外部不可控因素做出积极动态的反应，从而促成交易的实现，并满足个人与组织的目标。换言之，如果公司生产出适当的产品，定出适当的价格，利用适当的分销渠道并辅之以适当的促销活动，那么该公司就会获得成功。所以营销活动的核心在于制定并实施有效的市场营销组合，4P 营销理论是对以下各种可控因素的归纳：

（1）产品策略。主要是指企业向目标市场提供各种适合消费者需求的有形产品和无形产品来实现其营销目标，包括对产品有关的品种、规格、样式、质量、包装、特色、商标、品牌，以及各种服务措施等可控因素的组合和运用。

（2）定价策略。主要是指企业按照市场规律制定或调整价格来实现其营销目标，包括对基本价格、折扣价格、津贴、付款期限、商业信用，以及各种定价方法和定价技巧等可控因素的组合和运用。

（3）渠道策略。主要是指企业选择分销渠道和组织商品实体运转的方式来实现其营销目标，包括对渠道覆盖面、商品流转环节、中间商、网点设置，以及储存运输等可控因素的组合和运用。

（4）促销策略。主要是指企业利用各种信息传播手段刺激消费者的购买欲望，以促进产品销售的方式来实现营销目标，包括对广告、人员推销、营业推广、公共关系等可控因素的组合和运用。

3. 4P 营销理论的局限性

市场是以数量满足为核心的典型卖方市场，消费者需求旺盛但比较单一，企业依靠大批量生产以降低成本，通过无差异化营销将产品售卖出去。

4P 营销理论存在以下局限性：

（1）4P 营销理论存在片面性。由于 4P 营销理论只从交易的卖方来考虑问题，侧重于营销者对消费者的干预，而不是从顾客或整个社会利益的角度来考虑问题，这实际上是生产导向观念的反映，没有体现市场导向或顾客导向。

（2）4P 营销理论是对市场营销组合概念的过分简化。在 4P 营销理论中没有明确的协调整合，也没有包括任何相互作用的因素。营销是交换关系的相互满足，而 4P 营销理论忽略了交换关系中大量因素的影响作用。

（3）4P 营销理论将营销定义成了一种职能活动。4P 营销理论将营销从企业其他活动中分离出来，授权给一些专业人员，由他们负责分析、计划和实施。企业设立营销或销售部门承担市场营销职能。市场营销人员不参与产品设计、生产、交货、顾客服务、意见处理及其他活动，组织的其他人员与营销脱钩。它缺乏对影响营销功能实现的组织内部任务的关注。

2.1.2 以消费者需求为导向的 4C 营销理论

1. 从 4P 到 4C 的演变

随着市场竞争日趋激烈，媒介传播速度越来越快，4P 营销理论已无法完全满足当今时代的要求，以 4P 营销理论指导营销实践已经越来越难以适应新经济的需要。从本质上讲，4P 营销理论思考的出发点是企业，是企业经营者要生产什么产品、期望获得怎样的利润而制定相应的价格，要将产品以怎样的卖点传播和促销，并以怎样的渠道销售。它忽略了顾客作为购买者的利益特征，忽略了顾客是整个营销服务的真正对象。

1990 年，罗伯特·劳特朋（Robert Lauterborn）提出了与传统的 4P 营销理论相对应的 4C 营销理论，促使 4P 营销组合向 4C 营销组合转变，具体表现为产品（Product）向顾客（Customer）转变，价格（Price）向成本（Cost）转变，渠道（Place）向便利（Convenience）转变，促销（Promotion）向沟通（Communication）转变。

4C 营销理论强调以顾客为中心，强调企业应该首先把追求顾客满意度放在第一位，产品必须满足顾客需求，降低顾客的购买成本。产品和服务在研发时要充分考虑顾客的购买力，充分注意到顾客购买过程中的便利性。还应该以顾客为中心实施有效的营销沟通。

4C 营销理论的提出进一步明确了企业营销策略的基本前提和指导思想，但从操作层面上讲，必须通过 4P 营销理论来具体运作，所以可以认为，4C 营销理论深化了 4P 营销理论。

2. 4C 营销理论要素

4C 营销理论的核心是顾客战略。而顾客战略也是许多成功企业的基本战略原则，例如，胖东来的基本经营理念是“保证让每一位顾客满意”。4C 营销理论的基本原则是以顾客为中心进行企业营销活动规划设计，主要包含以下基本要素：

（1）顾客。企业必须先研究顾客，根据顾客需求来提供产品。企业提供的不仅是产品和服务，更重要的是由此产生的客户价值。顾客需求有显性需求和隐性需求之分，满足显性需求是迎合市场，满足隐性需求是引导市场。

（2）成本。4C 营销理论的成本不仅涉及企业的生产成本，还包括顾客的购买成本。产品定价的理想情况应该是既低于顾客的心理价格，又能够让企业盈利。此外，成本还包括购买和熟练使用产品的时间成本、学习成本、机会成本、使用转换成本、购买额外配件或相关产品成本等的总和。

（3）便利。便利是指为顾客提供最大的购物和使用便利。4C 营销理论强调，企业在制定分销策略时要更多地考虑顾客的方便性。要通过良好的售前、售中和售后服务，让顾客享受到便利。便利是客户价值不可或缺的一部分，它的目标是缩短顾客与产品的物理距离和心理距离，提升产品被选中的概率。例如，生鲜可以送货到家，驾校提供上门接送服务，这都是便利性的体现。

（4）沟通。4C 营销理论认为，企业应通过与顾客进行积极有效的双向沟通，建立基于共同利益的新型顾客关系。这不再是企业单向的促销和劝导，而是在双方沟通中找到能够同时实现各自目标的方法。以顾客为导向更能使企业实现竞争的差异性，培养企业的核心竞争力。沟通更强调顾客在整个营销过程中的互动，在互动过程中，可以实现信息的传递和情感的联络。

4C 营销理论以顾客需求为导向，对市场营销组合涉及的四个基本要素进行重新界定，强调企业应当把顾客的满意度放在首位，降低顾客的购买成本，同时应当对顾客购买的便利性予以足够重视，还应当以顾客为中心进行高效与高价值的充分沟通。

3. 4C 营销理论的局限性

总体来看，4C 营销理论注重以顾客需求为导向，与市场导向的 4P 营销理论相比，4C 营销理论有了很大发展。但从企业的营销实践和市场发展的趋势来看，4C 营销理论依然存在以下不足：

（1）4C 营销理论是以顾客为导向，而市场经济要求的是以竞争为导向。现在的市场经济已经转向了市场竞争导向阶段。顾客导向与市场竞争导向的本质区别是：前者看到的是新的顾客需求；后者不仅看到了需求，而且注意到了竞争对手，以分析自身在竞争中的优劣势并采取相应策略，在竞争中谋求发展。

（2）4C 营销理论以顾客需求为导向，但顾客需求存在合理性问题。顾客总是希望产品质量好、价格低。若只关注如何满足顾客需求，企业必然会付出更高的成本，久而久之，会影响企业的发展。所以，从长远来看，企业经营要遵循双赢原则，这是 4C 营销理论需要进一步解决的问题。

（3）4C 营销理论被动适应顾客需求，但根据市场的发展，需要从更高层次以更有效的方式在企业与顾客之间建立起新型的主动性营销关系，如互动关系、双赢关系、关联关系等。

2.1.3 以关系营销为导向的 4R 营销理论

1. 从 4C 到 4R 的演变

随着时代的发展，以顾客战略为核心的 4C 营销理论也显现出局限性。当顾客需求与企业原则相冲突时，顾客战略不能很好地适应，从而 4R 营销理论应运而生。该理论以关系营销为核心，重在建立顾客忠诚。它阐述了四个全新的营销组合要素，即关联（Relativity）、反应（Reaction）、关系（Relation）和回报（Retribution）。

4R 营销理论强调：首先，企业应在市场动态变化中与顾客建立长久互动的关系，以防止顾客流失，赢得长期而稳定的市场；其次，面对迅速变化的顾客需求，企业应学会倾听顾客意见，及时寻找、发现和挖掘顾客的渴望、不满及其可能发生的演变，同时建立快速反应机制以应对市场变化；再次，企业与顾客之间应建立长期而稳定的朋友关系，从实现销售转变为实现对顾客的责任与承诺，以促进顾客再次购买，形成顾客忠诚度；最后，企业应追求市场回报，将市场回报当作企业进一步发展和保持与市场之间关系的动力与源泉。

2. 4R 营销理论要素

4R 营销理论是一种以关系营销为核心，注重企业和客户关系的长期互动，重在建立顾客忠诚的理论。它既从厂商的利益出发，又兼顾消费者的需求，是一种更为实际、有效的营销理论。4R 营销理论主要包括以下关键要素：

（1）关联。关联认为企业与顾客是一个命运共同体。在 4R 营销理论中，建立并发展与顾客之间的长期关系是企业经营的核心理念和重要内容。

（2）反应。在相互影响的市场中，对经营者来说，最难实现的问题不在于如何制订和实施计划，而在于如何站在顾客的角度及时倾听需求，高度回应需求。

（3）关系。在企业与顾客的关系发生了本质性变化的市场环境中，抢占市场的关键已转变为与顾客建立长期而稳定的关系。因此，营销理论产生了 5 个转向：① 从一次性交易转向强调建立长期友好合作关系；② 从着眼于短期利益转向重视长期利益；

③ 从顾客被动适应企业单一销售转向顾客主动参与到生产过程中；④ 从相互的利益冲突转向共同的和谐发展；⑤ 从管理营销组合转向管理企业与顾客的互动关系。

（4）回报。任何交易与合作关系的巩固和发展，都是经济利益问题。因此，合理的回报既是正确处理营销活动中各种矛盾的出发点，又是营销活动的落脚点。

4R 营销理论的最大特点是以竞争为导向，在新的层次上概括营销的新框架，根据市场不断成熟和竞争日趋激烈的形势，着眼于企业与顾客的互动与双赢。这要求企业不仅积极适应顾客的需求，而且主动创造需求，运用优化和系统的思想去整合营销，与顾客形成独特的关系，把企业与顾客联系在一起，形成竞争优势。其反应机制为互动与双赢，为建立关联提供了基础和保证。

在该理论中，回报兼顾了成本和双赢两方面的内容。追求回报，企业必然实施低成本战略，充分考虑顾客愿意付出的成本，实现成本最小化，在此基础上获得更多的市场份额，形成规模效益。企业为顾客提供价值和追求回报二者之间相辅相成。

与任何理论一样，4R 营销理论有其不足和缺陷。如与顾客建立关联关系，需要一定的实力基础，并不是任何企业都可以轻易做到的。

3. 数字时代的 4R 营销理论

在数字经济时代，新的数字营销方式对原有的营销模式进行了升级甚至是颠覆，新的概念、理论和科技应用不断涌现，数字营销人员既需要转换思维，又需要实操的营销工具和可以“落地”的理论支撑。

营销不仅要对“STP[①] +4P”的传统思维模式进行升级，还必须建立一套战略性的、可操作的、容易理解并可以精准概括的数字营销方法论。在此基础上，科特勒咨询机构以数字化为背景提出了数字经济时代的 4R 营销理论，它将营销的四大构成要素重新归结为：人群画像与分析（Recognize）、数字化信息触达（Reach）、客户关系连接（Relationship）和营销关系交易与回报（Return）。

该理论虽然是以关系营销为出发点，但它是一套基于互联网的数字化战略理论。该理论以互联网技术和市场数字化为前提，虽然有一定的局限性，但是对互联网发展趋势的把握和重视，值得现代企业借鉴和学习。

（1）人群画像与分析。人群画像与分析是第一步，数字经济时代之前主要是通过样本推测与定性研究的方法对目标消费者进行整体分析。而数字经济时代最大的变化在于可以通过大数据追踪消费者的网络行为，如对储存在用户本地终端上的数据（cookie）的追踪，对移动数字行为的追踪，对支付数据和购物偏好的追踪等，这些行为追踪可以形成大数据用户画像。例如，京东通过消费者画像，为其用户列出了 300 多个标签特征，而海尔的消费者画像则是一个包含 7 个层级、143 个维度、5 326 个节点的用户数据标签体系。

---

① STP 指现代市场营销理论中细分、目标和定位这三个核心要素。

再如，某智能音箱品牌一度认为其目标客户是白领。通过数据反馈才知道，其用户群体是家庭主妇。她们在做饭的时候，在花园里面享受阳光的时候，都会通过智能音箱播放音乐、菜谱或者与它对话。基于这个数据，该品牌迅速调整了营销战略，一度占领了智能音箱市场。

（2）数字化信息触达。数字化信息触达是第二步，也是绝大多数开展数字营销的企业实施 4R 营销理论的关键一步。触达消费者的手段在数字经济时代发生了变化，出现了 AR、VR、社交媒体、App、搜索、智能推荐、O2O（online to offline，线上到线下）等多种触达途径。这些途径很多是数字经济时代前所不具备的。如何基于消费者画像实施精准信息触达是企业进行数字营销的基础，让技术、数据与客户融合是触达的重点。

（3）客户关系连接。客户关系连接是第三步，它是信息触达的后续步骤。前两步只解决了瞄准、触达的问题，并没有实现客户资产转化，不能确保数字营销的有效性。最关键的一步在于数字营销“是否建立了持续交易的基础”，即社群的建立与发展。例如，小米活跃的品牌社群可以保证企业在“去中介化”的情境中与客户直接发生深度联系。客户关系连接就是帮助客户来实现自我，为企业积累客户资产。如何构建流量池和客户池，如何构建私域流量等，均属于客户关系连接范畴。

（4）营销关系交易与回报。营销关系交易与回报是第四步，也是最后一步，解决了营销的回报问题。数字营销 4R 营销理论的核心理念是通过数据连接客户，通过电商平台或者数据化平台每个页面的优化、改善，促成交易并获得回报。比如，可采用社群资格商品化、社群价值产品化、社群关注媒体化、社群成员渠道化、社群信任市场化等操作来实现客户资产变现。

根据该理论，数字营销最大的特点是企业运用数据智能来进行消费者运营——“洞察消费者心理”“影响消费者行为”“衡量消费者变化”，消费者逐渐成为企业的一部分，最终实现数据赋能。企业只有以消费者为中心，精准地进行价值主张、重塑营销模式，才能走得更远。

行业洞察

其他营销理论

除了经典的4P、4C、4R理论之外，还有一些其他的营销理论，同样可以为企业提供独特的营销视角和策略。

1．4V营销理论

4V包括差异化（Variation）、功能化（Versatility）、附加价值（Value）、共鸣（Vibration）。差异化是指企业应在市场中与竞争对手区别开，树立自己的独特形象；功能化是指提供一定功能和实用性满足用户需求；附加价值是指产品或服务除了提供基本功能之外，还可以提供额外的福利、服务或体验来增加其价值；共鸣是指品牌与消费者之间建立强烈的情感联系。

2. 4S营销理论

4S包括满意(Satisfaction)、服务(Service)、速度(Speed)、诚意(Sincerity)。满意是指消费者对产品和服务的整体评价，包括产品质量、功能、外观、价格及售后服务等方面；服务是企业向消费者提供的各种辅助价值，包括售前、售中和售后服务；速度是指企业在市场竞争中应对变化、满足消费者需求的响应速度；诚意是指企业在经营过程中所展现的真诚态度、坦率沟通等。4S营销理论强调企业以客户为出发点，提升客户满意度和企业口碑。

3. 4I营销理论

4I包括趣味(Interesting)、利益(Interests)、互动(Interaction)、个性(Individuality)。趣味是指营销内容必须具有一定的趣味性；利益是指营销活动要明确为目标受众提供的利益；互动是指不仅让消费者单向地接受信息，还要积极和消费者互动；个性是指营销应更加具备“个性化”，满足消费者的个性需求。

4. 4E营销理论

4E包括体验(Experience)、花费(Expense)、电商(E-commerce)、展现(Exhibition)。体验是指企业应提升消费者的体验感，让顾客在购买中体验到愉悦和满足；花费是指企业在制定价格时应考虑到消费者的实际花费，除了金钱以外还有时间及精力成本；电商是指企业要利用好电商平台进行营销和销售；展现是指企业应在产品设计、包装和宣传等“展现”方面下功夫。

2.2 数字营销技术

2.2.1 数字营销技术认知

互联网的发展是影响营销技术变革的重要因素，它打破了原有的边界，包括时间和距离。品牌可以不受限制地与消费者联系；消费者也可以通过互联网接触到不同的市场，在更广泛的产品中进行选择，准确找到他们所需要的商品。品牌可以同步获取消费者的信息，利用大数据技术更详细地了解消费者。技术的发展为营销行业带来了全新的机遇和挑战。

1. 营销技术的含义

营销技术（Marketing Technology, MarTech）也称营销科技，是术语“营销”和“技

术”的混合词，指当今高度数字化的商业世界中营销和技术的交集，可以简单定义为技术对营销的赋能，或者是营销人员通过大数据等技术手段解决企业营销问题的工具与方法的集合。

营销技术主要有对内和对外两种职能。对内通过技术手段管理企业内部的营销资源和合作方，如产品、定价、分销渠道等；对外则通过技术手段影响客户的购买决策。营销技术的具体功能是营销人员对数字工具的管理和使用，通过营销自动化能够让机器自动执行任务，制定数据驱动的决策，管理销售线索，完成客户联系、渠道分析等工作。

营销技术强调，营销方式应以技术为主，包括服务于市场的硬件、软件、平台及服务。进入数字营销时代，几乎所有涉及数字营销的人员都在与营销技术打交道，因为数字化的本质是基于技术的。可以说，数字营销是从营销人员的角度来看待技术，而营销技术在很大程度上是从技术人员的角度去看待营销。

行业洞察

技术普惠时代：DeepSeek如何让中小品牌实现精准营销跃迁

在数字化浪潮下，营销技术与人工智能的深度融合正在重构行业竞争格局。以DeepSeek为代表的AI大模型，凭借其技术优势和行业适配能力，成为推动营销效率革命的核心引擎。从技术底层到应用场景，从行业实践到未来趋势，这一变革正在深刻影响着企业的战略选择与价值创造。

DeepSeek通过混合专家（MoE）架构和FP8混合精度训练技术，在数学推理、代码生成等领域实现性能突破，这种技术优势直接转化为营销场景中的精准洞察能力，在场景化应用中展现出显著价值。在数据分析领域，其强大的数据分析能力，能够实时整合多源数据（包括社交媒体动态、用户行为轨迹、销售记录等），为营销人员提供精准的用户洞察。在内容生产领域，DeepSeek展现了其作为“创意引擎”的潜力。它能够根据简单的文字描述生成高质量的图片和视频脚本，甚至构思出吸引人的广告创意。DeepSeek对客服领域的革新同样显著。通过会话洞察功能，它能够分析用户咨询中的深层需求。

政策驱动与技术创新的双重逻辑，进一步加速了AI营销的规模化落地。国家层面的信创产业战略和地方算力补贴政策，为DeepSeek大模型一体机提供了广阔市场空间，与此同时，技术开源生态的完善降低了中小企业的应用门槛，如DeepSeek-R1模型支持本地部署和免费商用，这种技术普惠性正在重塑行业竞争格局，使中小品牌也能通过AI实现精准营销突破。

面对这场技术革命，企业需要构建“数据－算法－场景”三位一体的能力体系。一方面，要强化数据治理，通过全渠道数据整合，构建360度客户画像；另一方面，需要优化算法模型，利用强化学习实现营销策略的动态迭代；更重要的是，要深耕行业场景，将AI技术与业务流程深度融合。唯有如此，才能在AI时代的营销竞争中把握先机，实现从效率提升到价值创造的跨越。

2. 营销技术的发展动力

综观全球，营销技术快速发展的动力主要基于以下几个方面：

（1）营销内容过剩，造成消费者对营销的“免疫”。如今的消费者已经淹没在无处不在的图片、视频和软文等各种形式的营销内容中。相关数据显示，我国消费者平均每天接触到的广告数量为数百次，而消费者对绝大部分广告并没有感知和记忆。在高强度“轰炸”下，消费者对营销开始“免疫”。

营销内容过剩会导致精心制作的优质广告无法触达受众，迫使广告主更加倾向于制作碎片化的营销内容，甚至走向审美降级的极端。例如，写字楼的电梯间经常播放一种由大量群众演员不停大声重复某品牌口号的无美感广告。在这个变化下，营销人员对于营销技术的诉求是：能在正确的渠道，以正确的频率，传递正确的内容给正确的消费者，减少对消费者的过度骚扰和营销资源的浪费。

（2）营销效率不断降低，造成广告预算失控。过度营销不仅使消费者对营销“免疫”，也造成了营销效率的不断下降。以国内的搜索引擎为例，十年前只需要几毛钱就可以完成一次获客，而今天的费用可能是几元到几十元。营销效率低，导致广告主不得不增加营销预算，这会让消费者更不耐烦，进而使营销效率更低，这是正发生在广告预算方面的恶性循环。

（3）营销资源快速膨胀，需要更好地整合。在传统营销生态圈里，广告主在传递内容给消费者的路径中，只有广告公司和媒体这两个核心节点。

而营销进入数字时代后，除了传统营销生态圈中的角色和资源构成外，IT供应商、咨询公司、数据供应商、互联网公司、IP① 及自媒体等各种角色都在分享自己的独特资源，希望从数字营销这个庞大的市场中分得一份蛋糕。这种演变如图2-1所示。

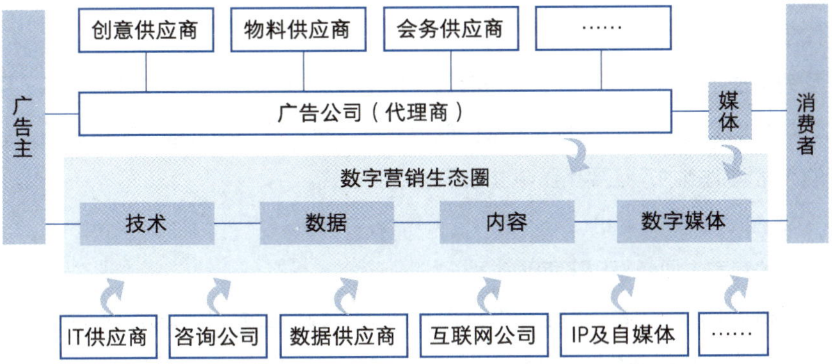

图2-1　从传统营销生态圈到数字营销生态圈

营销技术作为数字营销的技术资源，起到了整合数字营销中的数据、内容和触点

① 此处的IP为Intellectual Property的简称，指知识产权，为品牌营销中的重要概念。

这三种核心资源，连接广告主和消费者的作用，如图 2-2 所示。

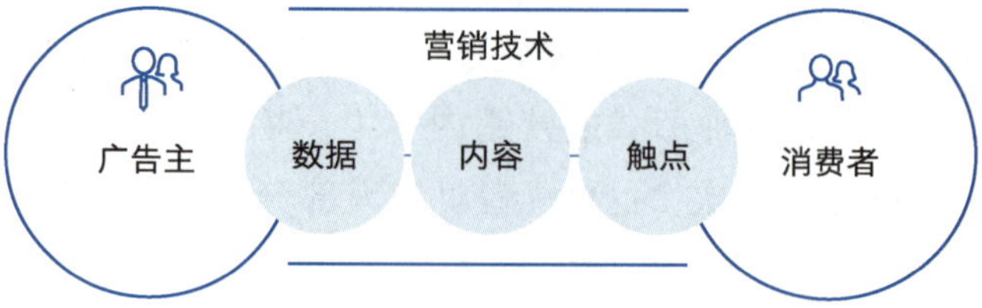

图2-2　营销技术连接广告主与消费者

（4）互联网巨头强势，逼迫广告主构建自己的数字营销体系。目前，大部分通过营销产生的流量都掌握在互联网巨头手中。互联网巨头掌握着市场上绝大部分流量，也掌握了整个行业的流量议价权。例如，电商平台通过各种活动收取高额的费用，然而却不给商家销量承诺。寄希望于营销技术，广告主尝试构建基于自己数据的数字营销体系，而把互联网巨头的定位仅仅放在“触点”（广告主和消费者互动的流量入口）上，终极目标是把流量的话语权拿在自己手中。

在上述四种因素的影响下，营销技术进入了发展的快车道。据预测，营销技术的市场规模将由 2024 年的 1 194.31 亿元增长至 2030 年的 1 990.35 亿元。相关数据显示，截至 2023 年底，已经使用 AI 营销的企业占比达 22%，未来会使用 AI 营销的企业占比达 47%。

职场透视

技术营销时代的营销职位变革

1. 首席营销技术官

在营销与技术结合的大趋势下，首席营销技术官应运而生，其工作内容包括：用营销技术帮助公司实现商业目标；作为技术部门的信息官，有效评估和选择技术供应商。此外，约有一半的首席营销技术官还要负责建立数字化商业模式。

2. 营销技术专家

营销技术专家主要包括以下四种类型：

（1）品牌/需求构建者，指能够熟练使用营销技术的市场营销人员，专注于在营销活动和项目中用营销技术来吸引、留住客户。

（2）运营协调者，指负责设计和管理营销部门工作流程、规则、报告和技术栈的专家。

（3）分析架构师，指深入研究数据结构和基础设施的建模师，为营销部门收集数据并将其用于商业智能。

（4）营销创客，指用代码开发定制应用程序和数字体验的创客。

3. 营销运营

具体来说，营销运营的主要职责包括以下几点：

（1）战略策划。这是企业的自我评估和目标设定，尤其是进行SWOT分析、确定市场战略，实施和衡量每项战略，包括预算管理、资产管理及营销技术管理等。

（2）品牌认知。通过内容分发战略提升品牌知名度。

（3）需求生成。寻找和培育销售线索，捕捉早期阶段的潜在客户并通过销售漏斗对其进行筛查。

（4）销售支持。通过更多合格的销售线索来促进销售并缩短销售周期，具体工作包括创建可重复使用的营销产品，使销售团队能够快速获得新客户并展示产品价值；创建一种规范的销售方法，获取销售资源支持，缩短销售周期，赢得新的交易。

（5）绩效评估。测量营销运营的有效性并设置相关指标，有助于在组织内部培养测量驱动的数字营销文化。

2.2.2 客户洞察技术

客户洞察是指通过对客户情报的收集、整理和分析，从而对客户形成深刻理解。客户洞察可以告诉企业客户为什么会这样做，从而指导企业做出更好的业务决策，在客户和品牌之间建立良好的关系，提升客户忠诚度。

企业通过数据分析进行客户洞察，制定更有效的客户管理策略，优化面向目标客户发起的营销活动和互动行动。数据是对状态、事件和行为的记录，蕴藏着大量有意义和有商业价值的信息。客户洞察分析全流程如图 2–3 所示。聚类、预测和推荐是其中最常使用的三种分析模型。

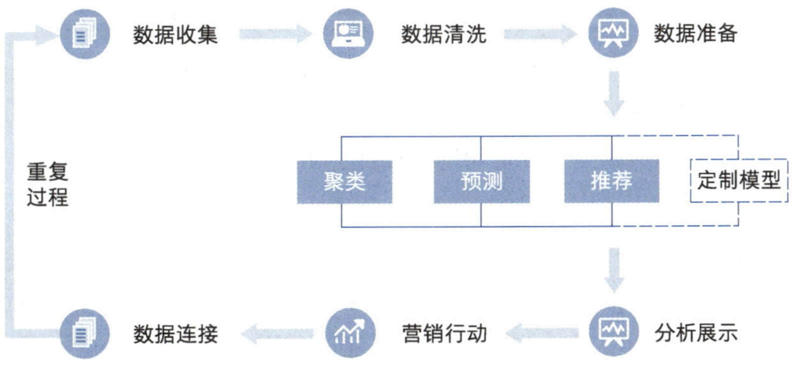

图2–3　客户洞察分析全流程

1. 客户聚类技术

客户聚类技术是一种应用机器学习算法的自动化数据分析技术，目的是从大量数据中发现可能的关联。如果说客户分层是基于相似的数据标签对客户进行划分，那么客户聚类就是应用机器学习的方法从大量数据中发现客户之间的相似性并实现自动归类的过程。

聚类是一种强大的分析方法，在数据完备的理想情况下，能够对包含成百上千个标签属性的数据集进行编程计算和分析，从数据中发现具有相近个性特征和社群特征的客户族群。面向产品、品牌和行为的聚类是最常见的聚类分析应用。通过聚类模型发现的客户分群常用于指导针对性的营销策略设计。例如，从客户群体中找出谁最有可能购买新产品，发现对特定品牌感兴趣的群体等。客户聚类主要包括基于产品聚类模型、基于品牌聚类模型和基于行为聚类模型。

（1）产品聚类模型。产品聚类模型能够发现客户偏好购买的产品或产品组合，既可以很宽泛地发现不同产品品类之间可能存在的关联性，也可以具体研究某个特定产品与其他产品销量之间的关联性，从而帮助企业发现某类客户群与产品组合之间的购买关联性。产品聚类模型能够帮助商家设计适合的产品推荐策略。例如，一个经营运动商品的在线零售商通过产品聚类发现一些女性在购买儿童运动衣的时候也会给自己购买瑜伽服，这一发现有助于设计适合的产品促销组合。

（2）品牌聚类模型。品牌聚类模型可以分析客户更愿意购买的品牌特征。品牌聚类模型通过算法自动聚合出偏好某一特定品牌的客户群体，或者聚合出哪些客户对于特定品牌的新产品更感兴趣，或者识别哪些客户群体对某个品牌具有更强的忠诚度。品牌聚类模型能够识别出对品牌的偏好强于对产品型号偏好的客户群体，尽管同类产品的其他品牌推出了功能更强或款式更时尚的新品，这类客户群体也愿意等到自己偏好的品牌推出类似的新产品时再购买。

（3）行为聚类模型。行为聚类模型能够发现客户购买的行为表现差异，如对于购买渠道的偏好。有的客户只在实体店面购买，有的客户喜欢在线购买；有的客户习惯自我选择，有的客户会在社交网络里先问问朋友的意见。行为聚类还经常用于发现客户对促销刺激的行为反应，如哪些客户只有在价格促销的刺激下才会购买，哪些客户对价格促销的刺激并不敏感。通过行为聚类模型算法，企业经常能够发现一些以前并不了解的新群体，从而改进客户识别和营销定位，结合特别设计的营销场景，策划相应的产品营销和服务策略。

2. 预测分析技术

预测分析通过学习消费者过去的行为来预测他们未来的行为倾向。预测分析经常用来支撑营销策略的设计，通过对历史数据的建模分析、训练优化和营销测试，对客户未来的行为倾向性进行预测，指导企业设计更合适的营销策略。

以下客户营销决策的相关内容经常用到预测分析技术：客户下一个最想购买的产品；客户对某个营销渠道的偏好；客户对特定产品的购买倾向；客户未来的价值贡献潜力；客户最有可能向谁推荐；客户最希望看到哪些内容主题。

常用的预测分析技术有 RFM 模型预测、营销响应模型预测和产品组合预测。

（1）RFM 模型预测。RFM 模型是衡量客户价值和客户创利能力的重要工具和手段。最近一次消费（R，Recency）表示客户最近一次交易与当前时间的间隔，消费频率（F，Frequency）表示客户在限定期限内的交易频率，消费金额（M，Monetary）表示一段时间内客户的交易金额。以这三个指标为基础，可将客户分为八种类型，针对不同的客户类型采取相应的措施，促进企业决策的制定。RFM 客户价值分类如图 2-4 所示。

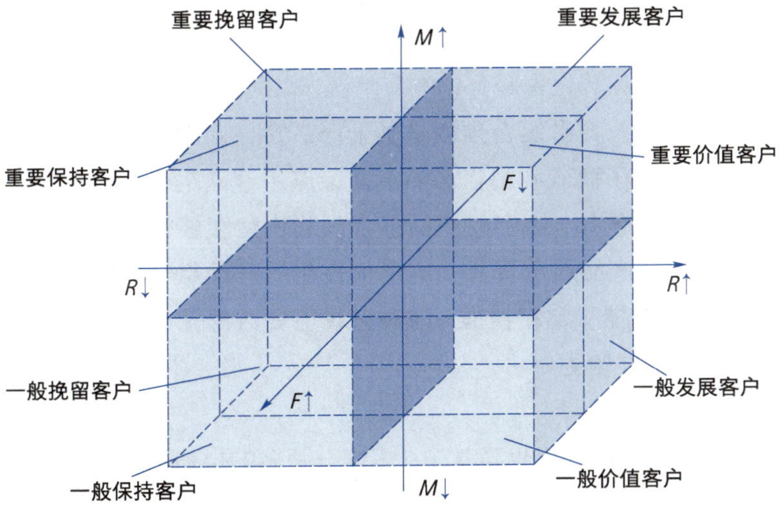

图2-4　RFM客户价值分类

① 重要价值客户。最近交易时间近、交易频率和交易金额高，简称“两高一近”，属于优质客户。

② 重要发展客户。最近交易时间近、交易金额高，但交易次数少，忠诚度不高，需要通过相关激励措施提高其购买频率。

③ 重要保持客户。交易金额和交易频次都很高，但最近一次交易时间远，是很长时间没发生购买行为的忠实客户，企业需要主动同此类客户互动，及时将其唤回。

④ 重要挽留客户。交易金额高，但最近交易时间远，交易频次低，说明其消费力较强，是潜在的价值客户，需要重点维持。

⑤ 一般价值客户。最近交易时间近，交易频次高，唯独交易金额小，属于低客单价群体。此类客户分为两种情况，一种是低价高利润产品的客户，可适当维持发展；二是低价低利润甚至无利润产品的客户，此时不需要额外投入大量预算维持。

⑥ 一般发展客户。最近交易时间近，但交易频次和交易金额小，属于意向客户，可通过推广提高交易频次和交易金额。

⑦ 一般保持客户。交易次数多，但是贡献不大，一般维持即可。

⑧ 一般挽留客户。最近交易时间远、交易频次和交易金额也都很小，贡献度小，

如果不需要额外的运营预算和精力，也可对其适当进行维护。

RFM 模型预测方法认为，如果客户购买产品的时间更近、频率更高或花费更多的费用，这样的客户更有可能再次购买。RFM 模型记录客户最近的购买时间间隔、最近一段时间的购买频率和平均购买的金额，基于这些信息建立模型分析和预测客户未来再次购买的可能性。

（2）营销响应模型预测。主要用于分析和预测不同的客户群体对不同营销要素的响应情况，以及客户对不同互动方式的响应情况。

以电子邮件营销为例，营销人员应用营销响应模型来预测向不同类型客户群体发送的电子邮件的打开率和转化率等营销响应情况，以此来制定针对性的营销策略。

（3）产品组合预测。产品组合预测是基于产品特性向潜在目标客户提供组合式产品选购建议。大多数电子商务网站在产品页面上应用产品组合预测模型向浏览用户推荐相关联的其他产品。例如，淘宝的产品组合预测模型能够根据登录用户的购买历史和行为偏好，在同一个产品展示页面上给出个性化的产品组合选购建议。这种预测分析算法现在已发展得更加科学和精准，同时它对历史数据基础和预测分析算法的要求也更高，传递给用户的体验更好。

3. 客户推荐技术

“喜欢这个产品的客户可能也喜欢……”这一著名的电商范式让推荐模型变得人人皆知。推荐模型通过主动推荐客户可能感兴趣的相关产品、服务或内容，已成为促进产品购买转化、维系客户关系忠诚、增加客户价值贡献的有效方式。

数字化环境下的推荐可以是产品和服务的推荐，也可以是内容和知识的推荐。向客户成功推荐相关产品能够带来直接的收入增长，向客户推荐相关内容会增加客户与品牌的互动机会，给客户带来更好的体验，间接提升品牌的忠诚度和未来的购买转化率。从技术上看，推荐模型应用贝叶斯网络、频繁项目集等机器学习算法构建协同过滤模型，向客户推荐相关产品、服务、内容或其他选择。

推荐可以是基于客户的应用，也可以是基于产品、服务和内容的应用。虽然好的推荐是基于客户的个性特征和行为偏好相关性的，但在营销实践中，受限于对客户全面理解的程度和产品品类的可选择性，多数交叉销售推荐与产品、服务和内容相关，只有少数能做到与客户相关。

当然，客户推荐技术并不仅仅应用在产品页面，也可以结合客户购买过程的浏览行为进行应用。例如，在客户结账的时候，推荐客户在购物过程中曾经浏览过的商品，有可能再次唤起客户的购买兴趣，增加转化率。

客户推荐技术主要有以下两种方式：

（1）结合客户生命周期进行推荐。客户生命周期一般包括考察期、发展期、稳定期和衰退期。客户在生命周期的不同阶段有不同的特征和需求，可以据此来改进向客户的推荐。商家能够根据客户购买的一些特定产品组合的历史记录准确判断他们所处的生命周期阶段，并据此进行相关产品和服务的推荐。

对媒体内容的关注情况也可以用来判断客户的生命周期阶段。例如，人们往往在制订计划的时候会对特定的商品和服务产生搜索和内容学习的需求。在分析算法中加入与这些内容相关的行为信息，能够更精准地判断客户对产品和服务的需求。

(2) 让客户自主选择和管理推荐。企业应使用先进的数据分析技术预测客户的产品购买需求，向客户推荐相关性较高的产品和服务，同时提供让客户主动管理推荐的选择。这样用户能够对不感兴趣的推荐或系统推荐的不适合的产品进行标注和设置，以使推荐算法能够根据用户的选择进行学习和优化。

推荐系统很难做到 100% 准确，适时地引入客户参与有助于改进推荐体验和实现最终转化。在客户看来，商家的推荐中有些是客户根本不感兴趣的产品，有些推荐产品是客户已经在其他地方购买过的，这些推荐重复出现无疑会影响客户体验。

在推荐中引入客户主动管理的做法有许多好处，一方面，能够改善客户浏览网站和购买过程的推荐体验；另一方面，客户对推荐产品的标注和设置可以帮助推荐算法持续学习和优化，进而提升下一次推荐的准确性和客户的个性化体验。

博文约礼

营销领域算法滥用的法律规制

在营销领域，各种算法的应用既能提高消费决策效率，又能降低消费活动成本，但算法滥用行为导致的法律风险也不容忽视，比如数据泄露、侵犯隐私权、大数据杀熟、不正当竞争、广告合规、知识产权侵害问题等，侵害了消费者的合法权益，损害了公平竞争的市场秩序。

2017年7月发布的《国务院关于印发新一代人工智能发展规划的通知》指出：“建立健全公开透明的人工智能监管体系，实行设计问责和应用监督并重的双层监管结构，实现对人工智能算法设计、产品开发和成果应用等的全流程监管。”

自2019年1月1日起施行的《中华人民共和国电子商务法》规定：“电子商务经营者根据消费者的兴趣爱好、消费习惯等特征向其提供商品或者服务的搜索结果的，应当同时向该消费者提供不针对其个人特征的选项，尊重和平等保护消费者合法权益。”

2021年8月，十三届全国人大常委会通过的《中华人民共和国个人信息保护法》规定：“个人信息处理者利用个人信息进行自动化决策，应当保证决策的透明度和结果公平、公正，不得对个人在交易价格等交易条件上实行不合理的差别待遇。”

2021年11月，上海市市场监管局根据《电子商务法》《个人信息保护法》《反垄断法》等相关法律法规，制定发布了《上海市网络交易平台网络营销活动算法应用指引（试行）》，规范网络交易平台网络营销活动算法应用行为，为平台经营者划出合规底线。

2024年2月，国务院通过了《消费者权益保护法实施条例》，规定：“经营者不得在消费者不知情的情况下，对同一商品或者服务在同等交易条件下设置不同的价格或者收费标准。”

未来，新的技术不断涌现，国家也会出台更多、更完善的法律法规规范企业的营销行为。数字营销人员应始终把法律作为营销底线，不仅追求经济利益，更要担负起维护社会公序良俗的社会责任。

2.2.3 内容营销技术

内容是商品与消费者沟通的桥梁。在数字营销环境下，面对多样化的营销目标、媒体平台和目标人群，企业对营销内容的需求迅速增加，营销内容需要动态化地响应和调整。这些变化对营销内容的生产和分发提出了极高的要求，仅仅依靠人力和机构创作已无法满足需求，需要运用内容物料管理技术、内容生产技术、内容呈现优化技术实现高效率、低成本的内容营销。

1. 内容物料管理技术

内容物料管理技术，是指通过建立内容管理系统，把过去单次使用的营销内容拆解成各种营销内容物料的元素和片段，并进行标签化、结构化储存的技术。它可以方便营销人员快速调用对应的内容物料。内容物料管理技术的应用，一方面为营销内容合规检测、风险规避提供便利，另一方面也为营销内容的自动化、模板化生产做好准备。

2. 内容生产技术

在营销内容物料库与内容模板的支持下，营销人员可以借助多种生产工具调取内容元素，自动组合，自创作，自适应，高效、规模化地生产出适应不同媒体类型、不同终端、不同营销目标、不同用户偏好的营销内容。

这些辅助内容生产的工具一方面嵌入了各种可编辑、组件化的内容模板，营销人员可以调整组件进行模板自定义，例如，直接快速生产邮件广告、展示广告、问卷或投票等营销内容；另一方面也可以完全脱离人工手动操作，实现内容的自动化生产。具体来讲，不仅可以做到简单的尺寸规格延展、图片视频截取和剪裁，也能在数据与算法的支持下匹配目标人群的内容喜好，从内容物料库中抓取相应的元素，自动生成个性化的图片、视频等。营销内容生产技术的应用降低了内容创作与生产的门槛，节省了创意人员的精力，提高了内容生产的效率。

如今，许多营销内容的生产开始借助生成式人工智能。生成式人工智能是指利用复杂的算法、模型和规则，从大规模数据集中学习，以创造新的原创内容的人工智能技术。2022 年 12 月，ChatGPT 横空出世。在这之后，中国也陆续发展出了许多生成式人工智能软件，比如讯飞的星火大模型、阿里的通义千问、深度求索的 DeepSeek、字节跳动的豆包等，可生成包括文字、图像、视频、音频、代码、虚拟人物在内的诸多内容。从用户生成内容（UGC），到专业生成内容（PGC），再到现在的人工智能生成内容

(AIGC)，AI 正在重塑内容创作生态。

微课：AI 短视频文案工具介绍

博文约礼

《生成式人工智能服务管理暂行办法》

在人工智能协助人们生成各种内容的同时，也蕴藏了各种安全隐患。比如，人工智能强大的学习能力可能会利用敏感、违法信息，生成具有偏见和冒犯，甚至违法的内容。

因此，国家也在不断完善相关的政策法规。2023年7月，国家网信办等多部门联合发布了《生成式人工智能服务管理暂行办法》，于2023年8月15日正式实施。该文件的出台，是我国人工智能领域在立法上的一大进步，在包容审慎的原则基础上，对监管机制进行体系化设计，具体规定了不同主体的法律责任要求，进一步明确了服务提供者和使用者的义务，促进了生成式人工智能服务合法合规性的完善。

关于生成内容的合规管理，《生成式人工智能服务管理暂行办法》第四条规定，提供和使用生成式人工智能服务，应当遵守法律、行政法规，尊重社会公德和伦理道德，遵守以下规定：

（一）坚持社会主义核心价值观，不得生成煽动颠覆国家政权、推翻社会主义制度，危害国家安全和利益、损害国家形象，煽动分裂国家、破坏国家统一和社会稳定，宣扬恐怖主义、极端主义，宣扬民族仇恨、民族歧视，暴力、淫秽色情，以及虚假有害信息等法律、行政法规禁止的内容；

（二）在算法设计、训练数据选择、模型生成和优化、提供服务等过程中，采取有效措施防止产生民族、信仰、国别、地域、性别、年龄、职业、健康等歧视；

（三）尊重知识产权、商业道德，保守商业秘密，不得利用算法、数据、平台等优势，实施垄断和不正当竞争行为；

（四）尊重他人合法权益，不得危害他人身心健康，不得侵害他人肖像权、名誉权、荣誉权、隐私权和个人信息权益；

（五）基于服务类型特点，采取有效措施，提升生成式人工智能服务的透明度，提高生成内容的准确性和可靠性。

企业在使用生成式人工智能时需深刻反思并警惕合规运营、技术伦理、数据安全及社会责任等方面的问题，推动人工智能健康、可持续发展。

3. 内容呈现优化技术

营销内容的呈现是有风险的，呈现效果不好往往意味着预算浪费。通过内容呈现优化技术，如动态创意优化与小规模AB测试[①]，能够有效降低内容呈现的试错风险，提

① AB 测试（A/B Test）是为网页或 App 的相关内容制作两个及两个以上的不同版本进行对比测试，以选择最优解的测评方式。

升内容呈现效果。例如，通过 AB 测试甚至多变量测试，根据用户对创意内容的反应来优化内容创意的元素组合，根据市场的反应不断优化调整营销内容，达到内容呈现、投放分配的优化效果。例如，广告云是一种集成了先进技术与大数据分析能力的广告服务平台，可以实现营销内容，创意的动态优化，具体创意内容优化流程如图 2-5 所示。

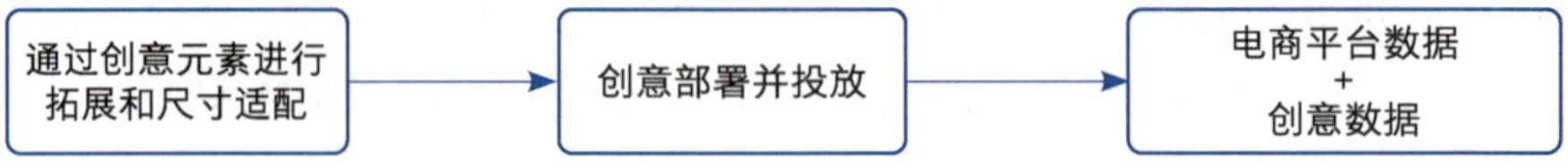

图2-5 广告云创意内容优化流程

2.2.4 触点营销技术

触点（touchpoint）是客户联系过程中的沟通与互动点。延伸后可理解为企业与客户之间产生联系，进行信息交换，发生产品或服务交易等互动行为的场所。客户通过触点感知企业的产品、业务或服务。触点包含线上和线下渠道，覆盖传统意义上的媒体渠道和销售渠道。比如，客户可以通过线上广告发现某个品牌，查看其他用户的评论，访问企业官网或者旗舰店，最终在线上或者线下的零售商店里购买，这些线上、线下与客户发生接触的广告、评论、网站和零售商店，就是一个个不同的触点。从营销技术的角度，可以分为两条技术路线。

一是超级营销技术工具（也被称为“围墙花园”①）。这种技术路线为广告主提供一站式服务，即使广告主没有任何资源，也可以直接调用工具进行精准营销，或者将自己积累的数据资源与这些工具对接，驱动互联网企业掌握的触点资源。这些超级营销技术工具包括阿里妈妈、百度凤巢、腾讯广告等。

二是生态圈模式。另外一条技术路线是通过行业标准和数据流串联各种资源方，包括数据供应商、触点供应商、广告交易平台等在生态圈中担任不同职能的角色。数字广告领域的“程序化广告”模式就是典型案例。

触点营销技术主要应用于营销自动化、销售管理、社交媒体运营、数字广告、直复营销、用户体验、商业交易等领域，每个领域都有个性化的技术，以支持数字营销目标实现。

1. 营销自动化技术

营销自动化是近几年在市场上讨论最多的营销技术领域，很多人直接把营销技术等同于营销自动化。营销自动化有许多含义，包括营销自动化工具、多渠道营销管理

① 围墙花园（walled garden）是指一个控制用户对应用、网页和服务进行访问的环境。围墙花园把用户限制在一个特定范围内，只允许用户访问或享受指定的内容、应用或服务。

工具、数字营销资源池、跨渠道协同等，它的主要作用是整合广告主的数据、内容和触点资源。营销自动化技术基于消费者的客户画像，根据预先配置的客户旅程图实时选取最优内容和最优触点进行信息传递，实现营销自动化。目前，营销自动化技术在以下场景中已经落地实施。

（1）全渠道获客。几乎所有企业都搭建了两个及两个以上的获客触点，通过营销投放获取的潜在客户线索被集成至同一平台进行管理，在信息流转过程中难免造成线索流失或产生欠佳的用户体验。通过客户旅程及相关工具自动归类各个渠道的真实获客数据以及潜在客户的个人信息，营销自动化可以有效解决这一问题。

（2）用户信息集成。完整全面的用户数据集成将最大限度地还原用户需求与喜好，建立立体用户画像，帮助企业洞察用户。营销自动化将架起各平台系统之间的对接桥梁，匹配用户交易记录、会员信息，实时抓取客户的行为轨迹，在静态数据与动态数据的整合之下，使用户画像更为直观立体，方便企业后期进行定制化的互动，以产生更多客户价值。

（3）个性化营销管理。营销自动化提供个性化图文、个性化菜单栏、标签管理等可实现千人千面个性化营销的实用工具。标签管理工具可以根据客户的来源、购买潜力、所处的购买旅程阶段、购买频次、购买历史记录、兴趣偏好等多维度标签化管理，实现精准的个性化营销。

（4）数据分析。面对丰富的营销内容，如何整合线上线下全渠道营销数据、获得更深刻的用户洞察、输出更加详细和实时的分析报告，需要智能化和精细化的营销自动化工具来实现。这些工具基于实时用户行为抓取数据，进行同步数据分析，从而为企业提供更具价值、更加详细的营销活动数据分析报告，帮助企业进行用户定向和精准营销。

（5）自动化客户沟通工具。自动化客户沟通工具可以部署在企业官网、官方微信公众号、服务号等多个渠道上，实现个性化的实时聊天并收集客户反馈信息，从而显著缩短企业对用户的响应时间，帮助企业实现海量用户的实时交流。

2. 销售管理技术

销售是市场营销中的重要环节，在数字化大趋势下已开启了“传播销售一体化”的技术驱动变革。因此，服务于销售管理开发与优化的技术成为数字营销的重点内容。

销售管理技术包括销售线索管理技术和销售协同管理技术。

（1）销售线索管理技术。销售线索管理技术的一个重要职能是让销售人员能够根据销售线索跟进和转化客户，提升销售线索的价值。销售线索一般分为联系人（contacts）、线索（leads）、机会（opportunities）三个不同阶段，联系人是各种初级线索；线索是在媒体投放、社交互动、活动运营中获得的对商品和服务有意向的客户；机会是销售人员正在跟进的有转化机会的客户。借助销售线索管理技术，企业不仅可以洞察客户，根据客户行为判定其所属的消费行为阶段与价值，帮助销售人员更好地识别客户，还可以根据客户的差异给出个性化的销售建议，优化下一步销售管理。

（2）销售协同管理技术。销售协同管理技术强调服务性和协调性，以帮助销售人员进一步提高效率。其具体应用工具包括简化成交流程的订单与报价工具、实时分析销售团队业绩的仪表盘工具、销售人员之间的协调沟通工具等。

3. 社交媒体传播技术

社交媒体平台的用户身份标识号码（Identity Document，ID）体系屏蔽外部对平台资源的直接调用。在没有获得平台许可的情况下，广告主无法通过 Cookie ID①、设备 ID、手机号等数字营销生态圈通用的 ID 体系来识别社交媒体中的用户，因此社交平台的营销技术都是基于“围墙花园”的模式进行建设的。对于社交媒体营销资源的调用形式主要有以下两种：

（1）社交平台开放的数据 API 接口。平台通过 API 接口方式对外提供大量社交用户的标准化数据。例如，微信的 API 数据相对丰富，广告主可以基于这些数据构建社会化客户关系管理（SCRM）体系。

（2）社交平台的超级营销技术工具。腾讯社交广告（前微信广点通）和微博的粉丝通都是这样的营销工具。2015 年年初，腾讯社交广告在微信朋友圈中投放了第一轮广告，投放费用达数千万元。

4. 数字广告投放技术

目前，数字广告是触点领域中最复杂的营销技术，它对接多方资源，通过广告手段实时进行内容传播，整个体系的运行需要不同角色的技术对接。随着数字媒体的崛起，新的媒体模式、形态、传播方式在不断摸索中走向重构，已基本改变了广告的形式与内容。从渠道上来看，新技术拓宽了数字广告传播的路径，丰富了广告的形式。例如，当目标消费者搜索关键词的时候，广告主可以通过百度提供的工具进行竞价，出价高者就可以获得更好的结果展示位置，让消费者看到自己的主页和推广内容。

数字广告的视觉特点就是让一切“动”起来，除了动态化平面广告、动态化 logo 设计，还有更为活跃的动态化表情包。动态化表情包通过对 IP 形象设计的动态演绎，让 IP 形象传播品牌形象和态度，提升品牌价值。例如，“小幸运”小青柑茶在节日营销中把产品和中国文化中的福、禄、寿、喜、财神、月老等元素相结合，设计了 6 个中国元素的吉祥形象，然后进行动态化表情设计，让产品在节日中传递出喜庆的气氛。

---

① 可以理解为一种协助网站追踪客户的浏览器缓存文本数据。

行业洞察

广告投放智能化，数字营销人员的机遇与挑战

2023年4月，百度率先推出了国内第一款人工智能大模型“文心一言”。之后，百度“用人工智能原生应用重构所有产品线”战略驶向快车道，具备全新生成式AI能力的系列新产品陆续面世。2023年9月7日，百度营销发布新一代人工智能营销平台“轻舸”，通过生成式人工智能贯通营销方案表达和广告投放优化全过程，致力于解决传统广告投放中曲折繁复、学习门槛高、分析操作耗时的痛点，让广告投放进入“零误差时代”。除了百度，阿里巴巴、华为、腾讯等企业也纷纷布局智能广告投放。

智能广告投放的底层系统基于知识的输入，不断自我更新和优化，从而更好地理解广告主表达的需求，更好地实现广告主的投放目标。在“轻舸”平台，广告主通过自然语言和命令交互表达需求，和系统直接进行沟通。广告主只需要输入投放的目标群体，系统即可自动生成投放策略，并且可以借助“擎舵”等插件生成投放创意，在用户端实现“千人千面”。此外，系统也会自动生成营销效果数据，帮助广告主进行营销分析，提高决策效率。

在这样的数字化、智能化时代背景之下，数字营销人员需要具有营销策划能力和决策能力，以更好地发挥人工智能的助手作用；需要掌握一定的“提问”技巧，以便人工智能更好地理解营销要求；还需要敏锐的判断力，从人工智能生成的内容中选择最合适的内容；更需要保持持续学习的能力，紧跟行业发展趋势，了解技术最新动态。这样，在面对各种机遇和挑战时，数字营销人员才能以更高效、更精准的方式触达目标受众，提升营销效果。

5. 渠道管理技术

在数字营销环境下，商品在渠道中的流转速度得到了提升，企业需要对商品流转中的多种数据进行管理，对渠道中的各种角色（如经销商、物流商、促销人员等）进行数据化的管理和赋能。

渠道管理技术主要包括电商渠道运营技术、供销商管理技术和线下渠道运营技术三种类型。

（1）电商渠道运营技术。该技术得益于电子商务的发展，电商渠道运营技术不仅支持低门槛、低成本地建立电商网站，而且提供促销活动、优惠券、内容物料、库存管理，AB 测试、智能商品推荐等电商运营工具，支持不同国家或地区、不同终端、不同平台电商主页的自适应呈现，包括语言文字、尺寸规格、页面布局等细节，并且可以实现电商云和销售云的数据对接。

（2）供销商管理技术。供销商管理技术及其相关工具，可以帮助监测和管理各个供销商的订单需求，同时向供销商开放操作门户，使企业与供销商的合作管理得以数字化，从而能够快速、准确地了解供销商的进货、库存、分销等渠道数据。例如，思爱普与泛微为苏泊尔开发的供销商协同平台加强了供销商与苏泊尔的沟通协作，供销商可以通过该平台向苏泊尔在线下单，并可以查看物流、汇报库存与分销数据。

（3）线下渠道运营技术。在线下渠道，一方面数字营销技术工具可以实现对门店销售、仓储、人员等数据的收集、上传，从而优化生产与流通决策；另一方面可以自动设置销售门店的促销活动，下达并落实促销活动指令，如设置网点的活动产品、活动时间、促销价格等，从而清晰、全面地掌控促销活动的具体情况。

2.2.5 互动营销技术

互动营销是帮助广告主培育最佳“私有流量池”。以互动营销为中心，沉淀各种营销活动产生的流量，完成从了解品牌、建立品牌忠诚度到最终销售的消费者培育全流程。以微信公众号为例，依托其展开的消费者互动营销过程如图 2–6 所示。

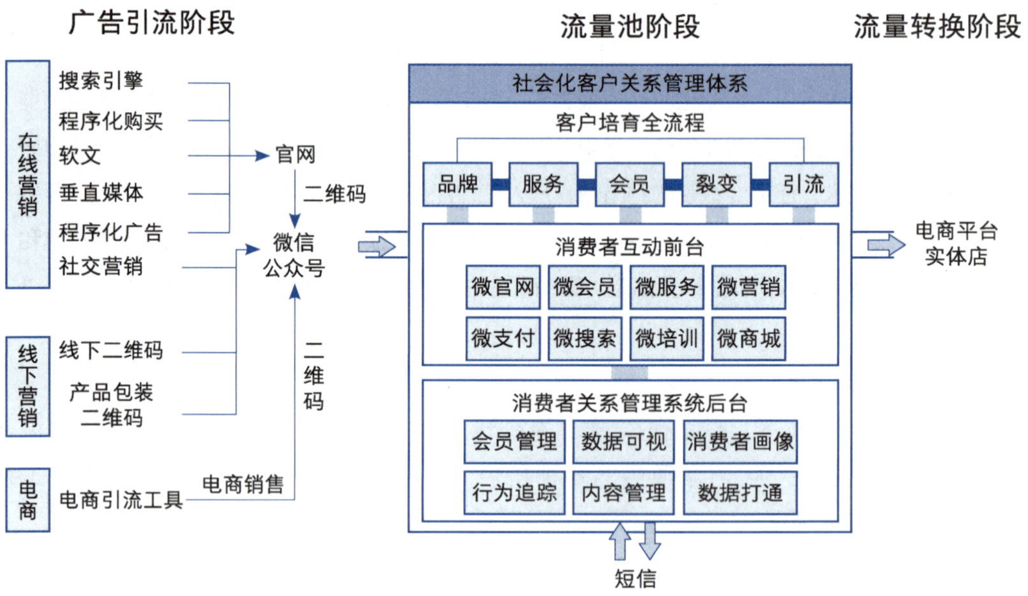

图2–6　以微信公众号为依托的消费者互动营销过程

1. 私域传播技术

私域传播技术是指在媒介传播中，借助社交媒体、邮件、短信、App 等企业私域媒体，与消费者进行个性化的一对一互动，判断消费者的状态并为其提供个性化的告知、促销、服务等信息，引导消费者实现最终购买。例如，某移动工作室可以自动对消费者进行推送营销，该工作室可以一站式管理自己的社交媒体账号和内容，支持建立社群、一对一回复，也支持邮件大规模的自动发送。

2. 地理围栏技术

地理围栏是基于位置的服务（Location Based Services，LBS）的一种新应用，是用一个虚拟的栅栏围出的边界。当设备出入该边界或在该边界内区域活动时，可以接收系统通知或提示。通过该技术，LBS类应用或社交网站可以帮助用户在进入某一特定区域时自动登记。

移动位置蕴含着丰富的社会行为信息，对这些信息的洞察能够更加准确地理解用户的社会行为和生活偏好。一些零售消费产品公司应用基于位置信息的地理围栏技术，建立用户的地理分布图谱，向用户推荐更具针对性的促销活动。例如，当发现一位年轻女性用户出现在某个特定商圈时，可以根据用户的历史交易特征和消费偏好推送适合的品牌促销活动，或者邀请她参加与其个性相符的积分兑换商品的优惠活动。

3. 智慧沟通服务技术

得益于更加全面而实时的数据、更加丰富的内容信息和更加智能的交互技术，原先依赖物理环境设施和人员交互的服务场景将转向数字化。随着自动化服务交互应用的成熟，用户更加自主地参与到服务过程中，未来的服务模式也因此而变得更加实时、简单、高效和智能。

以智能机器人服务为例，在大多数情况下，人们请求人工服务的目的只是为了获得某些特定信息，或者需要进行身份验证和账户查询。随着人工智能技术在身份特征识别、文本信息交互和智能语音交互领域应用的逐渐成熟，智能机器人服务在许多方面的应用不断超出人们的想象。可以预见，在线数字化互动将主要由智能机器人服务来承担，传统电话联络中心的人工服务响应也将逐渐转变为由智能服务机器人实现的语音交互响应和多媒体应答。现场的人工服务也会由功能不断完善的服务机器人和智能设备支撑的自助服务代替。

4. 智能交互体验技术

数字化技术不断产生新的客户交互场景，促进新的产品和服务形态出现，创新客户体验。随着数字连接技术的发展和智能可穿戴设备的广泛应用，会有更多的体验场景进入人们的生活。

以智能出行服务为例，基于生物识别技术的智能身份识别应用，能在人们交通出行时提供更多的便利体验。在不远的未来，人们不需要重复出示证件就能够在智慧机场实现自助办理值机、快速通过安检、自助验证登机等，机上娱乐系统会按照乘客的偏好进行自动设置，乘务员不需要提前询问就能为乘客送上喜欢的饮品和餐食，到达目的地时会向乘客提供智能地图引导，当乘客的行李出现在传送带上时能够自动提醒。当然，乘客的这些出行过程也会被自动记录下来，以改进下一次的出行体验。

行业洞察

语音识别及语义分析技术

在当今科技飞速发展的时代，人工智能中的语音识别及语义分析技术正逐渐成为一项具有深远影响的关键技术，并广泛应用于互动营销等领域。

简单来说，语音识别就是让计算机能够听懂人类的语音。这一技术的实现依赖于先进的信号处理、模式识别和机器学习算法，涉及将声波信号转换为文字或其他可理解的形式。通过大量的语音数据训练，计算机可以逐渐学会区分不同的语音特征，准确地识别出人类所说的内容。

而语义分析则更进一步，不仅仅要识别出语音对应的文字，还需要理解这些文字背后的语义和意图。比如，当一个人说“今天天气真好”，语义分析系统不仅要识别出这些文字，还要明白说话人是在表达对天气的评价，并且可能潜在暗示了某种户外活动的意愿。这需要强大的自然语言处理能力和对上下文的深入分析能力。

目前，语音云用户规模达到了亿级，每日请求达千万次，其交互技术也由单一平台向云平台发展。同时，理解算法体系已经发展成了集词法分析、句法理解、意图分析、句子语义度量于一体的语义理解算法体系。

总之，语音识别及语义分析作为人工智能技术的重要组成部分，正展现出巨大的潜力和价值，不仅改变了我们与计算机交互的方式，而且在各个领域推动着智能化的变革。随着技术的不断进步和完善，未来的语音识别及语义分析一定更加精准、智能和人性化，为人们的生活带来更多的便利和惊喜。

1＋X证书同步测试

一、单项选择题

1. 以下属于 4P 营销理论策略的是（　　）。

A. 顾客　　B. 企业

C. 产品　　D. 市场

2. 以下不属于 4C 营销理论要素的是（　　）。

A. 顾客　　B. 便利

C. 价值　　D. 沟通

3. 4R 营销理论是一种以（　　）为核心，注重企业和客户关系的长期互动，重在建立顾客忠诚的理论。

A. 数字营销　　B. 关系营销

C. 沟通营销　　D. 信任营销

4. RFM 模型是数字营销预测分析技术的常用工具之一，它将客户分为多种类型，针对不同的客户类型采取相应的措施。其中最近交易时间近、交易金额高，但交易次数少，忠诚度不高，需要通过相关激励措施提高其购买频率的是（　　）。

A. 重要价值客户　　B. 重要发展客户

C. 重要保持客户　　D. 重要挽留客户

5. 以下不是用于客户洞察技术的是（　　）。

A. 客户聚类技术　　B. 私域传播技术

C. 客户推荐技术　　D. 预测分析技术

二、多项选择题

1. 在 4P 营销理论中，以下属于企业可控因素的有（　　）。

A. 产品　　B. 价格

C. 人口　　D. 内部环境

2. 4C 营销理论包括的基本要素有（　　）。

A. 顾客　　B. 成本

C. 便利　　D. 沟通

3. 以下属于数字经济时代 4R 营销理论构成要素的有（　　）。

A. 人群画像与分析　　B. 品牌价值构建

C. 数字化信息触达　　D. 营销关系交易与回报

4. 以下属于互动营销技术的有（　　）。

A. 私域传播技术　　B. 地理围栏技术

C. 智慧沟通服务技术　　D. 智能交互体验技术

5. 使用 RFM 模型进行客户分类依据的指标有（　　）。

A. 消费频率　　B. 消费金额

C. 交易场景　　D. 最近一次交易与当前时间的间隔

三、判断题

1. 企业营销活动的实质是利用内部可控因素适应外部环境的过程。（　　）
2. 企业对产品有关的品种、规格和基本的价格、折扣价格等因素组合运用来实现其营销目的，是依据 4P 营销策略中的产品策略进行组合应用的。（　　）
3. 4C 营销理论是市场导向进行企业营销活动规划设计的。（　　）
4. 产品聚类模型能够发现客户偏好购买的产品或产品组合。（　　）
5. 触点技术是客户与客户之间产生联系，进行信息交换的场所技术。（　　）

综合实训

一、实训目标

通过本次实训，加深对数字营销原理和技术的感性认知，并能够由感性认知上升到理性分析，完成数字营销原理和技术实际应用的分析报告。

二、实训背景

随着互联网的不断发展，消费者的购物行为也在不断发生变化。消费者行为的改变使营销方式也发生了相应变革，营销原理在数字经济时代有了新变化，营销技术正应用于消费者生活场景的各个触点。

党的二十届三中全会指出："健全促进实体经济和数字经济深度融合制度。" 2025 年 1 月，工业和信息化部公布了 235 个 2024 年实数融合典型案例。从中选择 1 个企业，使用数字营销原理分析该企业的数字化转型路径。选取另外 4 家企业，搜集它们的数字营销典型案例，分析这些企业在营销过程中使用的数字营销技术。

三、实训要求

1. 分组进行，每个小组 3 人，自行确定本小组的负责人。

2. 通过网络或其他途径搜集工业和信息化部的 2024 年实数融合典型案例的相关信息，了解此项目的背景以及目前服务过的企业名单。

3. 在企业名单中，选择 1 个数字化转型成功的企业，使用 4R 数字营销理论进行简单的分析。

4. 在企业名单中选取 4 家企业，通过网络或其他途径搜集这 4 家企业近 3 年的数字营销案例，每个企业不少于 2 个。

5. 了解案例内容，分析归纳出每个案例使用到的核心数字营销技术。

6. 根据以上要求，撰写一份完整的数字营销原理及技术应用分析报告。

四、实训评价与总结

1. 小组自评

组长根据各组员在调研报告形成过程中的贡献给出相应的评价（30%）。

2. 组间互评

各小组以 PPT 形式对撰写的分析报告进行展示介绍（30%）。

3. 教师对团队总评

根据各组成果的优缺点有针对性地点评，启发学生的创新思维；对各组普遍存在的问题进行重点分析；针对各团队撰写的调研报告提出要重点注意的问题（40%）。

第3章

数字营销策划

学习目标

素养目标

- 培养学习者成为善于挖掘客户数据的商业价值、恪守数据伦理规范、切实保护用户隐私安全、推动数据要素合规使用的数字人才
- 塑造品牌发展、品牌强国意识和民族产业自信，培养学习者利用数字营销工具讲好中国品牌故事、彰显中华文化软实力的意识
- 培养学习者的团队协作意识与系统思考能力，使其发挥协同创新优势，为品牌的长远发展提供更具有前瞻性和创新性的解决方案
- 帮助学习者树立科技向善的理念，在营销策划中坚持技术伦理，避免算法偏见和数据滥用，确保营销活动的公平透明

知识目标

- 了解客户数据的类型及重要性
- 了解品牌价值的常见形态
- 熟悉数字营销策划的流程
- 掌握品牌核心价值定位的方法

技能目标

- 能够从多个维度进行客户标签的构建
- 能够完成数字营销的内容定位与传播策划
- 能够有效进行数字营销客户互动策划

思维导图

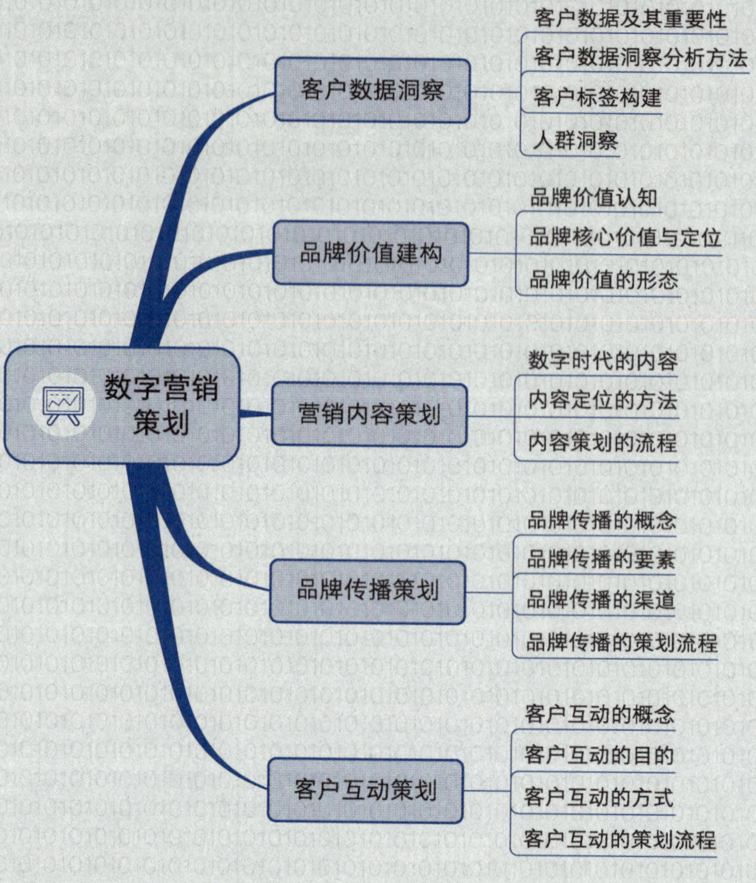

学习计划

素养提升计划

知识学习计划

技能训练计划

引导案例

中国银联：大山里的诗歌节

2019 年，中国银联开展“诗歌 POS 机”公益营销活动，通过数字化传播手段让孩子们的才华随诗歌 POS 机走出大山。从上海陆家嘴地铁站，到广州白云机场候机厅，在过去 5 年里，从诗歌长河、诗歌长城，再到诗歌长亭，大山里小诗人们的诗，被银联“诗歌 POS 机”公益行动带到了很多大城市。

2023 年 12 月 23 日，中国银联再次创新数字营销方式，携手中国宋庆龄基金会、乡村诗歌教育公益组织，在云南省保山市昌宁县漭水镇举办了一场“大山里的诗歌节”。以诗之名，以石为书，将山里孩子的诗歌刻在夜晚发光的“石头”上，并运用社交媒体平台进行二次传播，让这些充满童真的作品触达更广泛的受众。彰显他们的才华与坚韧，让来自山外的善意与温暖照亮孩子们的未来。

“回家的路长长的只有我一个，家里的牛圈大大的只有小牛一条，当我们抱在一起的时候，我们便成了朋友。”

“大树说：‘我是大力士，我能撑起整片蓝天。’我倒立着说：‘你瞧我能撑起整个大地。’”

“石头赤裸裸地躺在地上，一片树叶轻轻地落在石头身上，温柔地说‘我来做你的衣裳。’”

……

这是一次极具创意与情感深度的数字公益营销案例。该活动不仅展现了银联作为企业的社会责任感，还通过数字渠道实现了文化、艺术与公益的有机融合，创造了独特的品牌价值传播模式。利用诗歌这一文化载体，中国银联运用数字营销技术成功触达并关注山区孩子们的内心世界与成长需求，体现出了数字时代企业履行社会责任的新范式。

引思明理：

党的二十届三中全会提到：“支持发展公益慈善事业。”公益慈善事业涵盖了教育、医疗、扶贫、环保等多个领域，旨在解决社会问题，提高公众福祉。在数字经济时代，公益慈善事业正借助数字营销技术实现更广泛的传播和更深度的参与。如今，越来越多的企业开始重视公益慈善事业，担起企业应有的社会责任，通过合理的营销内容策划，提高公众对于公益慈善事业的关注度和参与度。这样的数字公益营销策划，不仅让公众感受到温暖，提升了企业的社会形象，增加品牌影响力和消费者忠诚度，更为弱势群体提供帮助，推动了社会诸多问题的解决，展现了数字营销在社会价值创造中的重要作用。

3.1
客户数据洞察

3.1.1 客户数据及其重要性

客户是企业的宝贵资源，如今，越来越多的企业通过全面收集和分析客户数据，为企业的市场规划、产品设计和营销策划等提供有力的决策支持。

1. 客户数据类型

客户数据可分为身份数据、行为数据、定量数据和定性数据。

（1）身份数据。身份数据主要是客户的个人信息，通常直接从客户交易中获得，如购买服务或产品、完成表单注册、下载内容等。

（2）行为数据。行为数据是指从客户与企业之间进行的互动或活动中收集而来的信息。这些数据可以用于更好地理解客户的不同接触点和意图。具体包括客户如何使用企业产品和服务的数据、Cookie 信息、IP 地址等。

（3）定量数据。定量数据是硬性客户指标，如客户服务指标、在线或离线交易指标、活动指标等。这些硬性数据主要是从社会媒体监控工具、数据分析工具、客户关系管理（CRM）系统和营销自动化工具中收集而来的，企业可以通过测量定量数据来分析业务运作中的业绩和差距。

（4）定性数据。定性数据包括客户对产品和服务的反馈、评论和意见。不能直接转换为数字的各种类型的信息都属于此类。定性数据可以通过反馈机制、小组讨论、个人访谈等方式收集，其中，解释性回答是定性数据的常见格式。

2. 客户数据的评价标准

客户数据的评价标准主要有以下四点，这也是客服人员在登记数据信息时的具体要求。

（1）数据的准确性。准确性是对数据质量最基本的要求。要提高数据的准确性，一是要尽量保障与客户交流的准确性，二是需要学会利用客户关系维护表单等工具来仔细填写数据。数据的准确性是客观的、相对的，只能反映一部分数据现状，而不能反映全部数据现状。

（2）数据的有效性。数据的有效性越强，表示数据越有价值，对企业战略规划越有帮助。因此，获取数据时应检查数据的有效性，避免数据不符合条件或采集错误。

（3）数据的时效性。对于大数据时代的数据分析来说，除了要增强数据的有效性，也要注意数据的时效性。过时的数据可能给企业造成损失。

（4）数据的完备性。完备性是指存储在数据库中的数据在逻辑上应是完备的。客户数据既要符合逻辑，又不能冗余，如不需要同步采集客户的出生日期和年龄信息等。

3. 客户数据的重要性

客户数据是企业客户关系管理的基础，是企业的宝贵资源。客户数据能够使企业始终“以客户为中心”，改善客户关系，从而提高企业的竞争力。客户数据的重要性主要体现在以下四个方面：

（1）客户数据是客户分级的依据。企业只有收集全面的客户信息，特别是客户与企业的交易信息，才能够识别哪些是优质客户，才能够根据客户带给企业的价值对客户进行分级管理。例如，银行会根据客户的存款情况，推出白金卡、金卡、银卡和普通卡，并分别采取有针对性的服务。

（2）客户数据是开展企业决策的基础。企业必须全面、准确和及时地掌握客户的数据信息，细致地分析数据资源，并从中提取有价值的信息支持商业决策。如果企业对客户数据掌握得不全面、不准确，就会判断失误，决策就会出现偏差，同时会造成客户关系破裂和客户流失。

（3）客户数据是加强客户互动的指南。拥有准确且完整的客户信息，不仅有利于企业了解客户、接近客户和说服客户，而且有利于企业与客户进行一对一的沟通，从而可以根据每位客户的不同特点采取有针对性的营销活动，在降低营销成本的同时提高交易成功率。

（4）客户数据的价值是能否令客户满意的关键。企业要满足客户的需求、期待和偏好，就必须掌握客户的需求特征、交易习惯和行为偏好等数据，这样才能有针对性地为客户提供个性化产品或者数字营销服务，以满足客户的特殊需要，从而提高客户的满意度。客户的满意度高无疑会带动新一轮销售行为，使客户资源进入良性的企业价值实现过程中，不断为企业创造收益。例如，某企业的电商平台按照客户的订单进行生产，不仅满足了客户对数量的要求，而且满足了客户对质量、颜色和样式等方面的个性化要求。

除了上述重要性，客户数据还可以帮助企业有效识别忠诚顾客，预警顾客流失，为顾客提供购买参考等。

博文约礼

从技术工具到社会责任，技术创新不能跨越法律红线

在人工智能技术飞速发展的今天，精准营销、大数据分析等应用场景深刻改变着人们的生活方式。然而，技术革新与隐私保护的矛盾也日益凸显。2025年“3·15”晚会曝光的多起技术滥用案例，为我们敲响了警钟：当技术创新突破伦理边界，消费者的隐私权与数据安全将面临严重威胁。

某些大数据获客软件通过爬虫技术在短视频平台扫描评论区，强行抓取用户电话、微信账号等敏感信息，软件甚至具备监控同行直播带货数据的功能，通过“截流”竞争对手客户、虚构“爆款”数据误导消费者，致使消费者遭遇精准骚扰电话和诈骗信息，甚至因数据泄露导致财产损失，市场竞争秩序被扭曲，合法经营者因数据垄断难以生存，消费者被迫接受“信息茧房”中的选择。

《个人信息保护法》明确规定，处理个人信息应当遵循合法、正当、必要和诚信原则，不得通过误导、欺诈、胁迫等方式处理个人信息。在追求技术创新与商业利益的同时，企业如何坚守“数据最小化收集”“用户知情同意”等伦理原则；面对智能家居、AI助手等技术的“无感式”数据采集，消费者应如何平衡生活便利与隐私保护。这需要所有人都提升数据素养，共建数据安全生态。同时，我们也要深刻认识到，人工智能是把双刃剑，用之得当，可提升社会福祉；用之失当，则可能沦为侵害权益的工具。

人工智能的浪潮不可逆转，但技术的温度取决于人类的选择。作为未来社会的建设者，我们在享受AI便利的同时，要时刻注意技术革新必须以伦理为基石，以法律为框架，同时也要学会运用《个人信息保护法》等法律武器，维护自身的数据权益。此外，每个人都要承担起“共同构建安全、可信的智能生态”的社会责任，唯有如此，才能在科技浪潮中，真正实现“技术向善”的理想。

3.1.2 客户数据洞察分析方法

1. 确定洞察策略与目标范围

（1）确定洞察策略。每一个有效的客户策略都应从基础的客户定义（如忠诚客户、新增客户、活跃客户、流失客户等）出发，明确定义期望达到的业务目标，如忠诚客户的价值分群、新增客户的渠道来源、活跃客户的行为偏好、流失客户的原因倾向等。

（2）确定目标范围。尽可能明确数据分析的目标范围，这样能够有效聚焦于需要分析的数据，将时间和精力集中在最有可能产生价值的分析上。跳过这一环节，盲目对全量数据进行分析和挖掘的做法并不可取，这不仅会使数据分析的工作量倍增，还会产生不相关的客户分析结果，分析结果成功应用的可能性也不高。

2. 设计衡量指标与准备数据

（1）梳理特征变量。用来描述客户的特征变量很多，往往会达到数百个，有时甚至有数千个，所以需要对相关特征变量进行梳理。

（2）构建衡量指标。面对众多可用的分析变量，构建有效衡量目标的指标体系尤为重要。可以结合客户属性和业务属性设计二维衡量指标，一个维度以客户的类型为主，可以应用客户画像或已经定义好的客户分类；另一个维度基于业务场景，可以是产品的组合或产品生命周期，也可以是服务的过程或服务生命周期。

（3）准备数据。从原始数据记录的提取开始，通过数据清洗、有效性验证和数据排错，形成清洗后的数据，再经过数据排重和归并操作，形成可供分析使用的数据集。

在数据分析过程中，准备数据的过程往往是分析过程中最为费时的一个环节。准备数据应尽可能应用自动化数据处理工具或数据管理软件来提高效率，减少差错。

3. 分析客户数据

（1）建立对数据的全面理解。在应用数据分析和挖掘模型方法之前，应该通过基本的综合分析建立对数据的全面理解，如数据质量、分布特征和可追溯性等。这些理解不仅有助于为后续的数据建模分析提供极具意义的洞察，还有机会发现数据中存在的异常或不一致性，这类异常或不一致情况在形成可信赖的稳定分群结果前都需要被剔除。

（2）应用分析工具和模型算法开发客户分群模型。客户分群的结果与输入的数据和选择的算法高度相关。要找到在统计上具有一致性和商业价值的静态细分，重要的任务是测试和学习不同的模型变量组合。在这一过程中，不能忽略的是，要将业务输入和用户细分输入视为一个整体来进行分析。

（3）应用人工智能分析客户数据

通过深度学习等先进技术，企业能够高效挖掘海量客户数据中的隐藏信息，精准刻画用户画像，包括消费习惯、偏好、行为模式等。这一过程不仅提升了市场预测的准确性，而且促进了个性化营销策略的制定，确保产品与服务能精准触达目标客户，增强用户体验与满意度。同时，人工智能还能辅助企业发现潜在的市场机会与风险，为业务决策提供强有力的数据支持，推动企业在激烈的市场竞争中保持领先地位。

4. 形成可视化报告

（1）制定报告展示策略。对分析洞察结果进行展示和业务解释至关重要。报告分析展示不仅有助于回顾分析洞察的过程是否正确而完整，而且是将重要发现转变成后续业务改进行动的关键环节。

（2）运用合适的可视化展示工具。强大的可视化工具不仅能够展示文本信息、页面点击分布、社交关系联结、地理位置围栏等特殊的数据特征和变化趋势，还有助于突出重要的洞察发现，最大化展示洞察的结果，同时也能够帮助其他人员更直观、更快速地理解分析洞察结果。

人工智能在数据可视化中的应用极大地增强了数据洞察的能力与效率。通过AI算法，复杂的数据集能够被自动处理并转化为直观、易于理解的图形和图表，如动态仪表盘、交互式地图、热力图等。这些可视化工具不仅美化了数据呈现方式，而且能够智能识别数据中的关键趋势、异常点及关联性，为决策者提供即时且深入的见解。除此之外，AI的加入还使得数据可视化过程更加自动化与个性化，满足不同用户的特定需求，加速从数据到洞见的转化过程，为企业的战略规划和业务优化提供强大支持。

5. 制订行动计划

基于洞察结果形成策略，对已识别出的每一类客户进行细分，从人口统计属性、流失倾向、潜在风险、交叉产品使用情况等维度，对客户群的定位、忠诚度、信用和产品偏好等给出详细描述。如果每一个微观分群模型都能用来实现这样的目标，这些分群模型的组合或交叉就能够提供更多的业务机会来对客户进行定义和选择。

到了制订行动计划这一步，分析洞察任务就基本完成了，接下来是在业务中应用这些发现。对于营销者来说，最重要的工作就是优化每一类客户的终身价值，将客户价值、风险监控或营销机会转化成相应的业务策略和可执行的业务行动。例如，对已识别出的有潜在流失倾向的客户主动发起体验关怀行动，强化他们对产品和服务的认知，或者向他们提供高性价比的产品，从而降低这些客户流失的可能性。

3.1.3 客户标签构建

1. 客户标签的含义

标签是指从原始数据加工而来的，能够直接为业务所用并产生业务价值的数据载体。标签本身也是一种数据，它是对原始数据业务化封装过后的数据，是数据资产的一种良好组织形式，是一种概念和逻辑定义。标签必须是可阅读、易理解的。客户标签用于企业客户的属性判定，通常是人为规定、高度精练的特征标识。企业根据客户在交易完成前后留下的种种数据，主动或被动收集客户标签，然后尽可能全面细致地概括出一个客户的信息全貌，从而帮助企业把数据转化为商业价值。

客户标签构建就是对客户的显著特征进行分类、提炼、总结的过程。客户标签建设是精准营销或个性化营销的必要前提，有助于企业更好地理解客户的需求和行为。有了客户标签体系，之前收集的海量数据才能被高度提炼，形成可应用的数据资产，进而转化为可落地的数字营销方案。客户标签构建主要是通过信息技术来实现让计算机自动识别、提炼各种对象的特征。

客户标签有很多种存在形式，可以是客户的自然属性，如性别、年龄、身高、学历等；也可以是对客户交易、资产数据的统计指标，如交易金额、交易次数等；还可以是基于某些规则总结出的一些客户分组，如消费能力、消费潜力、活跃度等。这些不同的形式都是对客户某个维度的特征做描述，让使用者能快速获取信息。

2. 构建多维客户标签

在实际工作中，企业可以为客户贴上各种标签，甚至可以通过标签来快速搜索目标客户。只要客户标签足够科学合理，企业就能够快速及时了解客户。一套科学的客户标签体系，一方面有利于销售人员充分理解客户需求并与客户产生共鸣；另一方面能帮助企业在后续客户维护过程中创造更多决策价值。

构建科学的多维客户标签体系需要多维度的考量。基于对客户数据的掌握，企业可以从原始标签、事实标签、模型标签和预测标签四个维度出发，由浅入深地构建客户标签，如表 3-1 所示。

表3-1 由浅入深的多维客户标签

客户标签维度	具体细分标签内容
原始标签	基本信息、持有产品、历史交易、收入情况等
事实标签	账户历史趋势、渠道使用频率、产品购买情况等
模型标签	人口属性、产品偏好、用户价值等
预测标签	近期购买需求、客户流失概率、用户分层等

（1）原始标签。构建客户原始标签是指基于客户原始数据描述客户基本信息、历史交易、持有产品等情况。例如，金融行业了解客户的收入情况至关重要，不同收入、不同职业、不同资产的客户对金融产品的需求都不相同，因此可以根据客户的收入水平构建客户原始标签。

（2）事实标签。构建客户事实标签是指从定性或定量角度描述客户的自然属性、产品属性、消费属性、资源属性等，根据营销人员的经验积累和业务规则进行筛选、分析、构建的标签。例如，家用电器生产企业可以根据客户购买产品的渠道构建事实标签，为网上店铺购买、连锁门店购买和直播购买的客户贴上不同标签。

（3）模型标签。构建客户模型标签是对客户及其行为等属性的抽象和聚类。企业通过剖析客户的基础数据，为客户贴上相应的总结概括性标签及指数，标签代表客户的兴趣、偏好、需求等，指数代表客户的兴趣程度、需求程度、购买概率等。可以根据客户对本店商品和竞品商品的购买判断客户产品偏好。以女装店铺为例，通过对某客户的历史购买和浏览记录了解到，该客户经常浏览职场类穿搭，曾购买简单、干练的职业服装。由此可以分析该客户的购买偏好更倾向于职场类产品。

（4）预测标签。构建预测标签是基于用户的属性、行为、兴趣、位置和特征，挖掘用户的潜在需求，针对这些潜在需求配合营销策略、规则，可以实现营销适时、适机、适景的推送。

从数据的时效性来看，客户标签可分为静态属性标签和动态属性标签。静态属性标签是长期甚至永远都不会发生改变的。例如，性别、出生日期等数据，都是既定事实，不会改变。动态属性标签存在有效期并且无法做到 100% 准确，如用户的购买力、活跃情况等，因此动态属性标签需要定期更新，以保证客户标签的有效性。

行业洞察

人工智能与数据分析

随着数据规模爆炸性的增长，传统的数据分析方法面临着巨大的挑战，而人工智能技术以其强大的计算能力和智能算法，成为处理庞大数据集的得力助手。通过自动化的数据清洗、特征选择、模式识别和预测分析等手段，人工智能可以从海量数据中提取有价值的信息和见解，为决策制定、业务优化和创新提供强有力的支持。

与传统的数据分析方式相比，人工智能在数据分析中的优势体现在以下几点:

1. 从上下文理解数据输入

人工智能具备在特定环境中解读信息的能力，能够综合考虑各种因素，从而提供更准确、更相关的分析。这种对数据细微差别和含义的理解，使其超越了单纯的数字处理，可以提供更深入、更全面的数据洞察。

2. 自然语言查询

借助大语言模型技术，用户可以使用日常语言与数据系统进行交互，使得复杂的数据分析变得直观且友好。这一功能不仅简化了数据分析过程，还使非技术人员也能轻松获取和理解数据信息。

3. 支持自动化和实时分析

能够自动执行重复、耗时的数据处理任务，显著提高数据分析的效率。同时还能进行实时分析，提供即时、准确的见解，使企业能够迅速应对市场变化，抓住商业机遇。

4. 识别细微关联

在大型数据集中，人工智能可以发现数据之间复杂且微妙的关联，为准确预测市场趋势和分析消费者行为提供有力支持。这种能力使其成为企业战略规划和决策的重要依据。

5. 提高数据质量和准确性

通过完善信息和识别异常值，人工智能可以确保数据的高质量和准确性。这为企业提供了可靠的数据基础，降低了因错误信息导致决策失误的风险，增强了企业战略的可信度。

6. 数据处理的可扩展性

人工智能在面对不断增加的数据量或更加复杂的数据处理需求时，能够轻松地增加资源（如计算能力、存储容量等），从而保持高效、稳定的处理性能。

随着技术的不断发展，机器学习和人工智能将在未来发挥更加重要的作用，帮助企业和组织更好地处理和分析大规模、复杂的数据，提高决策效率和精确性。

3.1.4 人群洞察

人群洞察是新品牌成功的关键因素之一，也是很多产品创新和运营活动的立足之本。如果在人群洞察上出现问题，就会影响企业业务的正常开展。

1. 筛选目标人群

筛选目标人群有助于企业选择最适合自己产品定位和业务模式的客户群体。例如，将那些有一定计算机使用经验的人定位为目标客户群体，这样工厂设备厂商可以通过高效率、低价格的网店直销策略来实现业绩增长。

在筛选目标人群时，必须关注企业的战略目标，它包括两方面的内容：一是寻找企业品牌需要特别针对的，具有共同需求和偏好的消费群体；二是寻找能帮助公司获得期望销售收入和利益的群体。

通过分析消费者的可支配收入水平、年龄分布、地域分布，以及购买相似产品的支出统计，可以将消费者进行初步细分，筛选掉因经济能力、地域限制、消费习惯等原因不可能为企业创造销售收入的消费者，保留可能形成购买的消费者群体，并对该消费群体进行分解。可以依据年龄层次，也可以依据购买力水平，还可以依据消费习惯进行分解。由于分析方法更趋于定性分析，经过筛选保留下来的消费群体的边界可能是模糊的，需要进一步细化与探索。

随着目标人群年龄的增长和社会环境的变化，客户的人口统计特征、消费行为特征、消费心理偏好等发生了一定的变化，企业筛选目标人群的策略也需要随着目标人群的变化而进行相应的调整。

2. 构建用户画像

目前，用户画像构建技术越来越成熟，整体而言，用户画像的生成过程大致可以分为以下五个阶段：

（1）确立目标与用户画像维度。明确业务目标与用户角色，不同的角色与目标在收集信息时会有所差异，进而影响到最终得到的用户画像结果。因此，在做用户画像之前，需要考虑清楚用户画像的目标。明确目标后，就可以结合目标与角色，制定出用户画像信息维度。

（2）确立调研方法。确立用户画像维度后，需要综合考虑用户、时间精力、经费等因素，选择合适的调研方法收集信息。常用的调研方法有：① 定性研究，如访谈法、逻辑推理法等；② 定量研究，如问卷调研、数据分析等；③ 定性研究与定量研究相结合。

（3）制订计划与数据收集。在明确目标与方法后，需要对整个研究进行细化，制订具体的执行计划并使其落地，把控整体节奏以收集有效的信息。例如，若使用问卷法，则需要进行“问卷设计—被访者选取—问卷投放—问卷回收”操作。若使用访谈法，则需要准备访谈前、访谈中、访谈后的相关资料。

（4）分析资料与行为模式识别。收集整理到有效信息后，需要识别关键的行为变量，将调研到的用户与行为变量进行一一对应，并识别差异化行为模式。在寻找可能导致用户间行为差异的变量时，一般参考的维度有人口特征、行为特征、价值观等，如表 3-2 所示。

表3-2　导致用户间行为差异变量的维度及细分

维度	细分
人口特征	年龄、性别、收入、职业、教育水平、地域分布等
行为特征	• 动机：使用产品的目标 • 行为：使用行为、频率、次数等 • 技能：与产品使用相关的技能经验 • 态度：对产品 / 所属领域等的观点 • 能力：用户所受教育、培训程度和学习能力
价值观	看重品质和效果，追求他人认同，专注自我导向等

（5）生成综合特征画像。完成行为模式识别后，梳理每类行为模式的维度特征，形成用户画像的基本框架并对每个行为模式的属性信息、场景等进行详细描述，让用户画像更加丰满、真实。

博文约礼

各省市公布“数据条例”，规范数据的获取及使用

随着数据安全、数据开发利用、数据有序共享等规范制度的不断落地施行，各地政府也针对公共数据发布了较详细的管理办法，甚至部分省市进行了立法。

2021年7月，深圳市公布了《深圳经济特区数据条例》，于2022年1月1日起实施，对大数据“杀熟”、个人信息收集、强制个性化广告推荐等有关数据问题做出了明确规定。此外，该条例还将未满十四岁未成年人的个人数据视为敏感个人数据，并规定不得向其进行个性化推荐。

2021年11月，上海市发布了《上海市数据条例》，自2022年1月1日起施行。该条例是继《深圳经济特区数据条例》之后出台的第二部比较全面的地方数据条例。该条例的管理范围不仅包含公共数据，还包含个人数据，旨在以保护数据安全为基础，逐步探索数据交易和应用的规范操作，激发数据生产要素活力，最大程度挖掘、释放数据价值。

2022年12月2日，四川省发布了《四川省数据条例》，于2023年1月1日起正式实施。该条例规范个人信息识别、管好用好公共数据、拓宽数据应用场景等方面进行了详细阐释，明确要建立全省统一的公共数据资源体系，强调不得以图像采集、个人身份识别技术作为出入场所或者区域的唯一验证方式。

2023年12月5日北京市发布的《北京市公共数据专区授权运营管理办法（试行）》，明确公共数据运营专区数据遵照“原始数据不出域，数据可用不可见”的总体要求，在保护个人隐私和确保公共安全的前提下授权运营。

截至2024年12月，已有多个省、市及自治区出台了地方性的数据条例，包括贵州、天津、海南、山西、吉林、安徽、山东、福建、黑龙江、辽宁等。这些条例的出台对于推动我国数据资源的规范管理和高效利用具有重要意义。

3. 分析客户生命周期

对企业来讲，分析客户生命周期比分析企业产品或服务生命周期更为重要，客户生命周期分析通常分为以下几个步骤：

（1）确定客户生命周期中的核心指标。分析客户生命周期首先要确定客户生命周期中的核心指标。客户生命周期中的核心指标反映出企业想要从客户身上获得的价值，直观反映为客户的购买行为、客户的裂变能力等，并以此为依据进行指标确定。但是这一指标并不是一成不变的，根据企业发展业务的需要，改善核心业务指标将使整体业务实现可持续增长。当然，如果客户生命周期中的核心指标呈下降趋势，则说明业务发展方向可能不对，需要做出及时调整。

（2）确定客户生命周期的关键阶段。结合企业自身特点及目标客户特征，确定客户所经历的关键阶段，可以根据客户发展的路径，将客户分为潜在客户、新客户、活跃客户、忠诚客户、不活跃客户和流失客户六大类。每个企业客户生命周期的关键阶段可能不完全相同，可以依据业务开展的需要进行调整。

（3）确定客户生命周期关键阶段中的成功指标。在确定了客户生命周期中的核心指标和关键阶段之后，还需要了解客户生命周期中每个关键阶段的成功指标。由于客户行为复杂，客户和潜在客户产生的接触点数量和数据量也可能非常庞大，所以需要建立科学的衡量指标。如果以少量的指标来总结客户生命周期的表现，则需要分析并制定合适的指标框架。

4. 识别客户需求

客户需求是客户有能力购买并愿意购买某种产品或服务的需要，具有目的性、可诱导性、多样性、差异性、层次性、发展性及周期性等特点，以下是常见的几种客户需求的识别。

（1）客户需求类别的识别。客户需求从类别上可以分为对产品的需求和对服务的需求。客户对产品的需求很多，且基本与最终产品的“有用性”和“有效性”相联系。在很多情况下，企业可以客观和具体地描述出客户对产品的需求。与产品需求相比，服务需求更具有情境适应性，这意味着企业通常很难对服务需求做出定量描述。

（2）客户需求目的的识别。按照客户购买目的的不同，客户需求可以分为生产性需求和生活性需求。生产性需求是满足生产活动的需求，如企业对生产厂房、机器设备、原材料等的需求；生活性需求是消费者满足个人或家庭生活的需求，如人们对衣食住行等物质产品的需求等。

（3）客户需求实质的识别。需求可分为物质需求和精神需求。物质需求是人们对物质生活用品的需求，如对冰箱等家电的需求；精神需求是人们对心理和精神活动的需求。

（4）客户需求层次的识别。按需求层次划分，客户需求可分为现实需求和潜在需求。现实需求是客户目前具有明确消费意识和足够支付能力的需求。潜在需求是客户虽然有明确欲望，但由于购买力不足或对产品（或服务）不熟悉等种种原因还没有明确显示出来的需求。一旦条件成熟，潜在需求就有可能转化为现实需求。

（5）客户需求属性的识别。按客户需求属性的不同，可将其分为功能需求、体验需求、审美需求和社会需求。

① 功能需求。如果一个产品可以帮助客户实现某种目的，那么这个产品就具有了功能需求。功能需求与产品的性能直接相关。例如，人们为了减轻家务劳动的负担，有可能会去购买擦窗机器人或扫地机器人，这些智能家用电器的擦窗或扫地性能就是功能需求。

② 体验需求。体验需求是客户在拥有、使用或消费一个产品时所体验到的心理感受。体验需求会驱动客户购买产品，因此，企业在设计产品时，可以通过体验需求来增强产品的功能需求。

③ 审美需求。审美需求是一种客户的内在感受，是客户在消费过程中形成的对产品的审美感觉。在客户需求中，人们对消费对象审美的需要和追求，同样是一种持久性的、普遍存在的心理需求。对于消费者来说，其所购买的商品既要有实用性，也应有审美价值。

④ 社会需求。商品的社会象征是人们赋予商品一定的社会意义，使得购买、拥有某种商品的消费者可以得到某种心理上的满足。例如，有的人想通过某种消费活动表明其身份；有的人则想通过所拥有的商品提高其在社会上的知名度等。

3.2 品牌价值构建

3.2.1 品牌价值认知

1. 品牌价值的概念

品牌价值是品牌管理要素中的核心部分，也是品牌区别于同类竞争品牌的重要标志。品牌价值是企业和消费者相互联系形成的一个系统概念，体现在企业通过对品牌的专有和垄断获得的物质、文化等综合价值，以及消费者通过对品牌的购买和使用获得的功能和情感价值。

品牌价值是品牌客户、渠道成员和母公司等方面采取的一系列联合行动，能使该品牌产品获得比未形成品牌时更大的销量和更多的利益，还能使该品牌在竞争中获得更强劲、更稳定、更特殊的优势。

品牌价值是人们是否继续购买某一品牌的意愿，可由顾客忠诚度和细分市场等指标测量。这一定义侧重于通过顾客的效用感受来评价品牌价值。由此可以看出，作为一种无形资产，品牌之所以有价值，不仅在于其形成与发展过程中积累的口碑，还在于它能否为相关主体带来更高的溢价及未来的稳定收益，能否满足使用主体的一系列情感和功能效用等。

在数字经济时代，品牌价值可以理解为品牌所有者、利益相关方、客户三者之间的关系价值，包含了品牌内在的功能价值、情感价值、观念价值等诸多要素。一定程度上，上述要素具有使品牌价值增加的效应。可以用公式表示为：

$$品牌价值 = (品牌功能价值 + 品牌情感价值 + 品牌观念价值) \times 关系密度 \times 关系强度 \times 关系交互度 + 其他因素$$

对企业而言，高品牌价值意味着更优秀的组织能力、更高的溢价、更大的市场规模、更强的品牌延伸能力，以及更紧密的客户关系。

2. 品牌价值的构成

品牌价值体系应该包括以下三个维度：

（1）产品维度——价值。在产品层面，这一维度是创造和实现用户的使用“价值”，也是产品对于用户的真正价值，让用户在使用中被感知、被满足，也可以定义为“物质价值”。产品价值是一个品牌最基础的价值，有价值的产品是品牌真正形成的前提条件。

（2）品牌维度——价值感。在今天的市场上，单纯的产品价值已不再能满足用户需求，品牌价值成为用户的普遍需求，被称为“价值感”。

价值感就是用户心中对于一个品牌的价值判断、评估和认同。这种品牌价值感通常被定义为“精神价值”。一个品牌要实现产品价值的最大溢价，根本上就是要让品牌在用户心中具备更高的价值感。通过体系化的品牌内容和逻辑去建立、获得用户对于品牌的认可和认同，从品牌维度在用户心智中塑造和形成“价值感”。“价值感”是实现品牌高溢价、高竞争力的关键。

品牌“价值感”的建立不一定需要用户直接体验到产品，而是让没有体验产品的用户也能感受并认同品牌的价值。例如，小米通过强势的品牌传播提升了品牌价值感，使更多没有体验过小米产品的用户愿意尝试小米的新产品。

（3）企业维度——价值观。企业价值观，是指企业在追求经营成功的过程中的基本信念和价值取向，这种价值被定义为“信仰价值”。

一个品牌之所以要从企业维度确立并传播自己的“价值观”，是因为用户对于任何品牌价值感的持续认同都是建立在对企业价值观认同的基础之上。这也是很多品牌的广告语到最后会变成企业核心价值观的原因。

只有企业价值观被用户真正认同并持续向用户传播和强化，让用户坚信企业对价值观的践行，品牌才会真正持久地被用户认同和尊重。例如，老字号品牌北京同仁堂的价值观——“炮制虽繁必不敢省人工，品味虽贵必不敢减物力”就已深入人心。然而，很多企业却很容易忽视企业价值观，认为企业价值观只是一句口号或者企业内部文化的一小部分，没有必要去告诉消费者或广泛传播。

综上所述，品牌价值应该是这三个维度形成的整体，产品本身要有真正的使用价值，品牌要通过内容和传播在用户心中树立价值感，企业要根据企业战略和品牌内容确立独特的价值观，让用户相信企业在此价值观下能够生产出更有价值的产品。

3.2.2　品牌核心价值与定位

1. 品牌核心价值

所谓“品牌核心价值”是指一个品牌承诺并兑现给消费者最主要、最具有差异性与持续性的理性价值、感性价值或象征性价值，它是一个品牌最中心、最独特、最不具有时间性的要素。品牌资产主要体现在品牌核心价值上，或者说品牌核心价值是品牌的精髓所在，是品牌营销传播活动的原点。企业的一切价值活动都要围绕品牌核心价值展开。

在品牌战略管理实践中，常常把品牌核心价值分为三大价值主题：理性价值（品牌利益）、感性价值（品牌关系）和象征性价值（品牌个性）。每种价值主题都可以成为寻找品牌核心价值的方向，每个成功的价值主题都可以使品牌脱颖而出，每次品牌的成长都是价值主题的进一步强化。强势品牌常常兼具这三层价值主题，这三层价值主题犹如多重奏的音乐，即使在嘈杂的噪声中也能使顾客识别品牌。

（1）理性价值（品牌利益）。理性价值着眼于功能性利益或者相关的产品属性，如功效、性能、质量、便利等，这是绝大多数品牌在品牌塑造初期的立身之本。例如，某洗发水品牌通过功能性利益进行核心价值区隔，如表3-3所示。

表3-3　某洗发水品牌通过功能性利益进行核心价值区隔

品牌	核心价值
子品牌1	让头发飘逸柔顺
子品牌2	快速去除头屑
子品牌3	补充头发营养，使头发更乌黑亮泽
子品牌4	专业头发护理

(2) 感性价值（品牌关系）。感性价值着眼于顾客在购买和使用过程中产生的某种感觉，这种感觉为消费者拥有和使用品牌产品赋予了更深的意味，营造了密切关系。七种典型的品牌关系，如表 3-4 所示。

表3-4　七种典型的品牌关系

类型	表现
熟悉关系	我对这个品牌知之甚详
怀旧关系	这个品牌让我想起某个特别的阶段
自我概念关系	这个品牌与我非常相符
合伙关系	这个品牌会非常看重我
情感结合关系	如果找不到这个品牌，我会非常沮丧
承诺关系	不管生活好坏，我都将继续使用这个品牌
依赖关系	一旦我不使用这个品牌，我感到有什么东西正在消失

成功的品牌往往会在微妙的差别中找到自己的关系。四个成功品牌的品牌关系如表 3-5 所示。

表3-5　四个成功品牌的品牌关系

品牌	品牌关系
南方黑芝麻糊	怀旧关系
比亚迪汽车	熟悉关系
顺丰速运	承诺关系
小米手机	合作关系

(3) 象征性价值（品牌个性）。象征性价值是品牌成为顾客表达个人主张的方式。近年来，品牌个性在品牌核心价值识别中的地位越来越重要，以至于不少人认为品牌个性就是品牌的核心价值。

2. 品牌核心价值定位的内容

品牌核心价值定位以客户价值为核心，主要围绕品牌功能价值定位、品牌情感价值定位、品牌观念价值定位展开，致力于系统性地塑造企业的独特品牌价值，打造独特的品牌形象。

(1) 品牌功能价值定位。品牌功能价值定位以消费者群体功效价值需求的满足为核心，起始于对消费者功能价值需求的分析与选择，完成于企业对品牌功能价值元素的梳理、提炼与包装。品牌功能价值包括产品材质、属性、特质、性能、服务质量等基础功能元素，以及时空便利性、金融服务等附加价值元素。

品牌功能价值定位的要点是：① 需要深入了解目标客户群体对产品与服务层面的功能需求，基于企业专长塑造品牌的基础功能价值和独特功能价值，满足目标客户群体独特的功能价值体验；② 企业的产品和服务要有坚实的产品功能和品质保障，以满足消费者对品牌产品与服务长期一致的体验需求；③ 品牌功能价值的提炼需要简单、明确、具体，确保价值内涵丰富，价值独特，有利于与消费者进行深度品牌功能价值沟通，建立和维系消费者对品牌的深度价值认同。

（2）品牌情感价值定位。品牌情感价值定位以消费者群体的情感价值需求与关系价值需求的满足为核心，起始于对消费者情感价值需求的分析与选择，完成于企业对品牌情感价值元素的梳理、提炼与包装。其中，消费者的情感价值需求包括与社会价值观、生理需求、心理需求，以及家庭与社会角色相关的情感诉求。

品牌情感价值定位的要点是：① 需要深入分析与理解目标客户的价值观、情感需求、关系需求和群体化的情感价值特征元素；② 提炼和建设富有企业特色的差异化品牌情感价值，以有效构建消费者的群体情感价值认知、认同和心理契合；③ 要建设和维持鲜明有力的品牌个性，树立与众不同的人性化形象，赋予品牌人性魅力和风格；④ 采取多种方式加强与消费者以及消费群体间的情感沟通和互动，创造深度的消费者情感价值体验，培育消费者的情感偏好，并以此建立紧密、深度、长期的消费者情感关系。

（3）品牌观念价值定位。品牌观念价值定位以消费者群体个性价值需求的满足为核心，起始于对消费者个性价值需求的分析与选择，完成于企业对品牌观念价值元素的梳理、提炼与品牌化包装。品牌观念价值建设需要深入了解目标客户群体的个性价值需求，基于企业专长塑造品牌的独特观念价值，满足目标客户群体的独特个性价值体验。

品牌观念价值定位的要点是：① 需要深入了解目标消费者群体的个性价值观需求，以及个性化的思维、行为模式，包括工作、生活、消费理念与消费模式，在此基础上，基于品牌价值定位提炼契合目标消费者个性需求的品牌理念；② 品牌观念价值的提炼需要价值内涵丰富，价值独特、简单、明确和具体，易于构建与满足目标消费者群体的个性化精神认知、认同与共鸣；③ 品牌观念价值需要设计简明的品牌观念口号与品牌观念形象，易于向消费者传递并与之沟通；④ 需要在实践中长期践行品牌观念价值，持续在与利益相关者、消费者的交流互动中传递品牌观念价值，促使品牌观念价值与消费者个性的交互影响与深度契合，推动消费者建立精神认同与共鸣。

3. 品牌核心价值定位

品牌核心价值定位包含以下要素：

（1）洞察核心消费需求。企业通过对消费群体和消费需求的细分，洞察消费者的核心需求。只有细分场景和用途，才有可能深刻洞察消费者的核心需求。真正有效的细分需求通过场景和用途，深入研究消费者在不同场景下使用产品要达到的目的。

例如，海天草菇老抽和欣和六月鲜的价值定位分别处于消费需求的两端：海天草菇老抽的核心价值定位是上色，能够让消费者在做红烧肉时滴几滴就上色，而且久煮不黑，所以这个单品直接推动了海天的快速成长；欣和六月鲜能够在华东市场占有一席之地，是因为它定位于调鲜，进而从激烈的酱油市场竞争中脱颖而出。

（2）区隔竞争对手。一个有效的价值定位不能只考虑自身，还必须与同行业中的竞争对手形成差异化区隔，否则这种定位也是无效的。

例如，河南知名零售品牌“胖东来”，以卓越的服务创新为核心，辅以精细化管理，成功区隔了竞争对手。胖东来“不满意就退货”等超标准服务承诺，不仅提升了顾客满意度，而且树立了行业标杆。同时，胖东来注重与供应链伙伴的共赢合作，以及商品品质与购物体验的持续优化，满足了消费者日益增长的多元化需求。这些策略的综合运用，使得胖东来在激烈的市场竞争中脱颖而出，成为零售行业的佼佼者。

（3）符合行业本质。不同的行业具有不同的消费本质，比如调味品的消费本质是味道好，粮油食品的消费本质是食材好和有营养，休闲食品的消费本质是好吃，而健康食品的消费本质是健康，所以品牌定位必须符合行业本质。

3.2.3 品牌价值的形态

品牌营销的核心不是产品体系层面的单纯价格营销，而是品牌价值体系的建立和品牌价值营销。所以，单纯的“低价”策略、“高质”策略和“性价比”策略在市场上的效果会越来越差。消费者需求从单一的好产品需求升级到了复合的品牌需求，市场从价格主导时代升级到了价值引擎时代。

一个完整的品牌不只是一个名称，还包含许多信息。只有将这些信息最大限度地整合起来，品牌价值才能实现最大化。品牌常见的价值形态主要有品牌标志、品牌广告语、品牌广告歌曲、品牌宣传视频、品牌 IP、品牌包装等。

1. 品牌标志

品牌标志又称品牌 logo，是指品牌中可以被认出、易于记忆但不能用言语表述的部分，包括符号、图案或明显的色彩或字体。品牌标志与品牌名称都是品牌概念的构成要素。品牌标志能够创造品牌认知、品牌联想和消费者的品牌偏好，进而影响品牌体现的质量与顾客的品牌忠诚度。

品牌标志是一种“视觉语言”。它通过一定的图案、颜色来向消费者传输某种信息，以达到识别品牌、促进销售的目的。因此，在品牌标志设计中，除了最基本的平面设计和创意要求外，还必须考虑营销因素、消费者的认知和情感心理。

例如，小米公司 logo 中的“MI”代表“手机互联网（Mobile Internet）”。“MI”也有“不可完成的任务（Mission Impossible）”的含义，因为小米早期面临许多艰难的挑战。2021 年 3 月 30 日，小米公司宣布启用新 logo，开始升级品牌识别系统。小米新 logo 的设计理念为生命感设计，即“Alive”，寓意为科技越是进化，就越接近生命的形态。小米新旧 logo 对比，如图 3-1 所示。

新　　旧

图3-1　小米新旧logo对比

行业洞察

标志与商标

标志不属于法律概念，而商标则属于法律概念。商标是用以识别和区分商品或者服务来源的标志，标志在有关部门依法注册后，才可称为“商标”。《中华人民共和国商标法》(简称《商标法》) 规定，自然人、法人或者其他组织在生产经营活动中，对其商品或者服务需要取得商标专用权的，应当向商标局申请商标注册。商标注册人享有商标专用权，商标专用权受法律保护。侵犯商标专用权的，要承担民事赔偿、行政处罚甚至刑事处罚。

除了概念不同，标志和商标还有以下区别：

1. 权利取得方式不同

标志作为美术作品，创作完成后不用登记就可受到《中华人民共和国著作权法》(简称《著作权法》) 的保护；商标只有在有关部门注册后，才受到《商标法》的保护。如果将标志注册为商标，那么该标志同时受《著作权法》和《商标法》保护。

2. 权利归属不同

许多公司的标志都是委托设计师设计，会存在标志设计者和所有人不是同一个人的情况。这样可能有两种结果，一种是按照约定，标志的著作权属于公司，另一种是标志归设计者所有。而商标只归“注册商标专用权人”所有。

3. 受保护的期限不同

标志作为美术作品，受保护的期限一般是50年。而商标的有效期是10年，到期后可以续展。根据《商标法》规定，商标的续展期内没有提出申请的，可以延长六个月，期满不申请的，商标会被注销。

4. 角标不同

普通标志右上角没有角标。递交商标注册申请，收到商标局“商标注册申请受理通知书”之后，可以在商标的右上角标注TM(Trademark的缩写)。已经完成注册的商标，即收到商标局“商标注册证”之后，可以在右上角标注®(Registered的缩写)。

2. 品牌广告语

广告语是品牌传播中的核心载体之一，在与消费者的沟通中起到非常重要的作用。脍炙人口的广告语除了能让人过目不忘，更重要的是能深深打动消费者，让产品在激烈的市场竞争中占有一席之地。

（1）广告语要切合品牌或企业所要传播的定位。无论做什么类型的广告，都是在定位的基础上进行表现，而广告语是品牌主张的核心载体，在广告中起到非常关键的作用。广告语必须符合品牌或企业的定位，在定位的基础上进行创作、提炼，形成有效的传播口号。

例如，“怕上火，喝王老吉”这句广告语向消费者精准传达了“王老吉是预防上火的饮料”这一信息，符合王老吉的品牌定位。而此前王老吉的广告语是“健康家庭，永远相伴”，这种过于泛化的广告语效果较差。

（2）广告语必须有冲击力和感染力。好的广告语能够打动消费者，产生情感共鸣，从而认同、接受品牌，甚至主动进行品牌再传播。好的广告语是有销售力的，在市场竞争中能够有效区隔竞争产品，在同类产品中脱颖而出。

（3）广告语应该易于传播。广告语的易于传播性主要表现在易读、易记等几个方面。要简短、无生僻字、易发音、无不良歧义、具有流行语潜质。卖点太多，语句太长，都不便于记忆和传播。

（4）语言讲究文采。好的广告语能让人回味良久。例如，“小米，为发烧而生”“好空调，格力造”等，都堪称经典。需要明确的是，广告语不是华丽辞藻的堆积，必须讲究用词用句，注意结构、语法的正确性。

3. 品牌广告歌曲

在听觉营销这个领域，广告歌曲具有明显的优势。很多产品都推出过深入人心的广告歌曲，听到这些歌曲，产品形象就会浮现在人们的脑海中。品牌广告歌曲主要有以下三种。

（1）改编曲目。从品牌营销的目的看，广告不仅是为了让消费者看到，更重要的是要让消费者记住。但在这个信息爆炸的时代，即便是非常亮眼的广告创意也不会在消费者心目中停留太久。改编曲目，可以凭借原曲目的热度，让广告在消费者的脑海中留下深刻印象。

（2）品牌活动原创歌曲。在品牌活动中，为了更好地给消费者带来感官体验，品牌往往会邀请明星并通过原创歌曲的形式为活动提升影响力和吸引力。这种模式的本质是借助明星自身的影响力强化声量，通过原创音乐给用户带来不一样的感官体验，从而赋予品牌活动更强的吸引力。

（3）品牌原创歌曲。相较于物质层面的满足，消费者同样需要精神层面的满足。通过量身定制的原创歌曲传递品牌的精神价值，是广告歌曲中最高级、最困难的一种方法。从歌手到歌曲都要按照品牌形象寻找，通过歌曲的整体风格来传递品牌价值和理念，更有利于消费者对品牌产生认同感。

4. 品牌宣传视频

品牌宣传视频是一种信息传播方式，它的最终目的在于推销商品，传播品牌信息，影响大众舆论，从而获得一定的市场回报。在互联网时代，打造品牌与实现推广效果成为很多企业制作宣传视频的主要目的。

（1）树立良好的企业形象。良好的企业形象可以扩大企业的知名度，增加投资者或合作者的好感和信心；可以得到公众的信赖，为企业的商品和服务赢得口碑；可以吸引更多人才加入，激发员工的敬业精神，提高工作效率。

（2）用于开拓市场。要把产品卖出去，首先需要让客户了解企业的产品。在这个信息高速发展的时代，客户每天都会接触到很多同类产品信息，如何在短时间内让客户更有效地了解企业产品的详细特点和优势，成为企业营销的重中之重。品牌宣传视频可以从视觉、听觉等方面综合展示企业形象和产品优势，具有较强的传播能力，很好地解决了宣传问题，因此，它成为企业开拓市场的重要工具。

（3）对营销起到辅助作用。作为展示企业的工具，宣传视频虽然无法取代营销在开拓市场时所起到的作用，但却可以成为企业营销的有效辅助手段。企业宣传视频集视、听、语言于一体，可以多方位展示企业及其产品。其本身所具有的直观性和概括性特点，相较于单一而传统的营销手段更具有优势，企业可以扬长避短，使营销行为更加生动直观，使品牌宣传更加深入人心。

5. 品牌 IP

品牌 IP 是品牌打造的一种新工具。当品牌为自身塑造鲜明的个性，通过内容与用户持续进行有价值的互动并赢得越来越多用户的喜爱时，品牌就变成了 IP。品牌 IP 是品牌价值进化的高级阶段。

IP 价值观的终极目标是追求价值和文化认同，可以跨形态、跨时代、跨行业。品牌 IP 依托于某个具体的产品或服务，并在此基础上讲述企业的理念、故事和内涵，努力争取消费者的情感共鸣和认同，其终极目标是转化为销售量。品牌的 IP 化之路有以下几个关键因素：

（1）定位。定位意味着战略和方向，其本质是建立差异化竞争，即通过差异化让自己与众不同，赢得关注。定位是建立品牌 IP 的起点，也是后续环节的指引。定位的准确与否，将从根本上决定 IP 的命运，好的定位是 IP 成功的一半。对品牌 IP 进行定位是一件系统工程，既要对品牌基因有恰当的继承，又要对目标用户群体有深刻的了解，还要对于时代趋势和流行文化有敏锐的洞察；同时还能准确研判竞争对手，在此基础上找准空白和差异点，实现战略定位。

（2）个性。个性是品牌 IP 的内核，也是 IP 内容创造与互动的源泉。个性打造最关键的一点是自带感染力、话题和势能。这种势能是潜藏其中，一经激发就会瞬间引爆的力量。个性有多大感染力，IP 就能“长”多大，没有个性感染力的 IP，即使投入再多推广费用也无济于事。

(3) 形象。形象让 IP 个性更加可视化和生动化，更容易被受众接受，因此形象是品牌 IP 个性的视觉化演绎。从心智认知的角度分析，视觉形象或符号更容易激发情感和联想。

最终，能否形成品牌 IP，关键在于运营，其核心是内容创造和用户互动。围绕 IP 个性和形象创造内容后，设定可以与粉丝互动共创的平台，让互动带来内容共创和体验温度。

6. 品牌包装

“品牌包装”是一个较为宽泛的概念，它指的是针对品牌概念所做的整体商业文化包装，通过品牌视觉形象系统、品牌文化传播、商业环境设计等系列行为，构成一个完整的品牌塑造体系。越来越多的企业开始重视品牌包装的价值，品牌包装已成为品牌文化战略部署的一部分，是企业植入视觉识别系统，延展品牌形象的重要一环。

(1) 品牌包装与产品视觉形象的关系。在激烈的市场竞争中，品牌包装的个性化表现取决于品牌与消费者之间的交互关系，而品牌包装作为这种交互关系的联系者，在其中扮演着重要角色。品牌包装作为产品视觉载体，将无形的品牌转化为产品的视觉形象，通过品牌包装加深品牌在消费者心中的印象，此时的品牌包装更像是无声的推销员，作为销售工具作用于品牌和消费者之间。

(2) 品牌包装对产品的重要性。品牌包装是产品的品质体现。品牌包装作为消费者认知品牌的第一印象，直接决定了品牌的内在气质和外在表现，以及消费者对产品品质的判断。如今，产品包装更多呈现出带有品牌象征的独立化发展倾向，品牌包装朝着独特的“艺术品”方向发展，不再是过去单一的包装功能，而是带有了更多的附加值，如收藏、装饰摆件等，包装也通过这种方式成为品牌的传播渠道。

(3) 品牌包装中的形态语言。在传递品牌信息层面，文字语言的信息传递最准确，然后依次是图形语言、色彩语言和品牌包装的形态语言。在视觉感知层面则正好相反，形态语言最为强烈，然后是色彩语言和图形语言，视觉感知程度最弱的是文字语言信息。所以，好的品牌包装要在品牌内在表现的基础上不断平衡几种语言信息的关系，从而优化包装整体设计，同时赋予品牌包装灵魂。

3.3 营销内容策划

3.3.1 数字时代的内容

网页上的文字、图片、视频、音频、H5 等丰富的、易于被看到的、受众感兴趣且方便存取的信息都属于数字时代的“内容”范畴。

（1）文字。文字是内容的主要组成和呈现方式。一般来说，文字内容的创作不仅需要有清晰的表达和逻辑，还需要多年的积累，文字风格也需要很长时间才能形成。不同的内容需要用不同的文风来表达。

（2）图片。相较于文字，图片表达的内容更直观。采用图文结合的方式能够让文章更具有观赏性。和文章内容匹配度高的图片不仅可以提升文章质量，而且可以让文章变得更有活力。除此之外，图片还可以调节阅读文字时的枯燥和疲惫感，加深读者对文章的理解和记忆。

图片分为静态图片和动态图片。静态图片呈现形式固定，很难与用户产生互动效果。单张图片能容纳的信息有限，如果想要完整讲述一件事，往往需要多张图片。动态图片可以记录较为完整的信息，比静态图片的信息量大，除此之外，动态效果可以快速吸引眼球，成为文章的亮点。

（3）视频。视频是所有内容里最直观的呈现方式，随着移动技术的进步，网络视频发展非常迅速，获得了大量用户的喜爱。视频可以用于多种途径，内容呈现更加立体，传播效果更好，但是制作成本一般比较高。如今，随着人工智能的发展，许多企业开始借助 AI 生成视频。

（4）音频。音频是一种非常好的内容呈现方式，主要具有以下两个方面的优点：① 音频的闭屏特点可以让品牌信息更有效地触达用户。② 音频具有独特的伴随属性，能在各类生活场景中发挥最大效用。移动互联网时代，伴随着人们快节奏的生活，音频成了人们接受信息、吸取知识的便捷选择。

（5）H5。H5 是 HyperText Markup Language 5 的简称，又叫互动 H5，主要适用于品牌传播和推广。H5 以交互概念贯穿始终，能够把很多元素融合在一起，呈现形式更加综合。H5 增加了与用户的关联，可以实现触控、滑动、点击、摇一摇、重力感应、环境感应等互动方式，给用户带来新的体验。H5 利用了互联网的快速性，可以短时间内达到很高的浏览量和识别度。

行业洞察

AI视频

相较于文字、图片、音频、H5等其他内容，视频的制作耗时较久，花费较高。而人工智能在视频制作上的应用则大大降低了视频制作的难度和成本。

2024年上半年，国内的文生视频大模型可谓百花齐放。从生数科技与清华大学联手打造的Vidu，到北京大学推出的Open Sora，再到字节跳动、腾讯、上海人工智能实验室推出的AI视频软件，一系列创新成果如雨后春笋般涌现。在2024年世界人工智能大会（WAIC）上，首个面向C端用户的可控人物视频生成大模型Vimi亮相，入选大会的“镇馆之宝”，一张照片就能生成1分钟的单镜头人物视频，人物可以保持稳定一致，不会随着时间劣化或失真。

如今，AI视频已经在各种社交媒体上频繁出现，但也隐藏着一系列的法律风险和伦理道德问题。相信在不久的将来，相关的法律法规、政策要求、行业标准会不断完善，引导技术走向更安全和谐的道路。

在AI生成时代，技术的更新换代速度极快，新的机会和挑战层出不穷。对于企业而言，最关键的是如何准确捕捉技术更新带来的机会，并将其融入数字营销活动中。只有这样，企业才能在激烈的市场竞争中脱颖而出。

3.3.2 内容定位的方法

所有的产品和平台都有一个定位，即服务于某对象，应用于某场景，为了解决该目标对象的问题和痛点，为其提供核心功能和服务。而内容定位同样也离不开定位对象、定位场景、定位需求、定位差异化内容与服务。

所谓内容定位，是指明确内容边界，要知道什么能写，什么不能写。能写的内容要如何去写？采用怎样的形式与逻辑？不能写的内容为什么不能写（如是否与用户定位和渠道要求不符）？怎样才能把它转化成能写的内容？

明确边界后，根据内容的差异化打上风格化的标签，让用户一看到或接触到类似的信息就能联想到特定的品牌与产品。

1. 定位用户画像

不同平台的内容生产出来，都会有不同的用户（读者、听众或观众），这些人通常都有其特定的基本属性和典型特征。按照不同属性、特征给这些人“贴标签”，并将这些“标签”一一聚合起来形成用户画像。用户画像对内容的定位主要具有以下两个作用：

（1）为内容选题提供方向。例如，根据用户画像中的地区属性可以提供区域化的内容；根据用户画像中的兴趣偏好，可以提供更能戳中用户痛点且让用户愿意阅读和主动分享的内容。

（2）为内容的表现方式提供启示。例如，知道用户偏爱丰富的色彩，在进行内容表现时，就可以用不同颜色来强调某些关键词；知道用户追求新鲜感，在内容表现时就可以增加一些有交互效果的、动态的新形式。

内容要为平台服务，不管是一个大型综合性内容信息平台，还是小型微信公众号，都会有基本的定位，而内容策划的目标用户通常与这个定位紧密相关。

2. 分析触达场景

绘制了用户画像，知道用户是谁后，需要分析用户阅读、收听、欣赏等内容触达场景。在分析阅读场景时，要考虑以下问题：用户是在什么样的场景下阅读的？内容是否适合阅读场景，是否能带给用户良好的阅读体验？在什么样的阅读场景下用户会活跃（进行内容互动与分享）？在什么样的触达场景下用户会流失？

（1）用户的触达场景。所谓触达场景，是指在一定的时间、空间内，用户基于一定目的产生触达行为的具体生活画面。内容触达场景通常包括四个基本要素：触达时间、触达空间、触达目的与触达画面。

① 触达时间，可分为物理时间和行为时间，如表 3-6 所示。

表3-6　触达时间

物理时间	时钟时间：00：00—24：00
	时段时间：早晨、上午、中午、下午、夜晚
	星期时间：周一至周日
	月份时间：1—12 月
	季节时间：春、夏、秋、冬
	节庆时间：春节、中秋节、儿童节、父亲节、母亲节等
行为时间	常规行为时间：晨起时间、进餐时间、餐后时间、睡前时间等
	特定行为时间：运动时间、家务时间等

② 触达空间。

- 生活空间：家中、办公室、酒店、学校等。
- 公共空间：地铁、公交、火车、候车室、图书馆等。

③ 触达目的。触达目的如下：

- 打发时间。用户本身没有什么特定目的，只是无聊消遣，随机或随意浏览某些内容。例如，在刷微信朋友圈动态时的偶然浏览或基于平台推荐的随意浏览。
- 娱乐消遣。用户希望通过浏览获得快乐，心情愉悦，放松、解压，如用户主动寻找一些幽默搞笑的内容。
- 知识积累。用户通过阅读获取信息与知识，不断增加知识储备，更新知识体系。如从事营销工作的用户阅读营销案例和营销知识等来提升自己的认识深度和广度。
- 学以致用。用户为了实际应用而进行的学习。例如，用户要去某地旅游，查阅实用的旅游攻略和旅游优惠信息；用户要参加某项考试，浏览的目的是通过关注考试资讯随时掌握考试变化，通过观看考试题目讲解来明确考试热点和难点。

④ 触达画面。触达场景本身就是具体的生活画面，所以描述具体的行为画面才能组成完整的触达场景。触达画面可能与用户的姿势相关，如用户是站着、躺着还是坐着欣赏的；也可能与用户的观看情绪相关，如是焦急地观看、愉悦地观看、用心地观看，还是一目十行地浏览等。

以上四个基本要素的交叉组合会为内容平台定位出各种各样的内容消费场景，内容策划人员在策划前需要有一定的场景意识。

（2）触达场景与用户体验。触达场景的定位与描述是为了满足用户对内容的不同期待值，提高用户体验。为了提高用户体验，一般需要从内容主题、视觉风格、表现形式和内容长短等方面考虑。

① 内容主题符合触达场景。不同的内容平台，无论是触达时间、触达空间、触达目的还是触达画面，都有可能影响用户对内容主题的体验。

② 视觉风格符合触达场景。所谓视觉风格，其实就是内容带给用户的第一感觉，这种感觉有可能是干净、简单的，也可能是多层的、复杂的；有可能是清新、阳光的，也可能是忧伤、灰暗的。用户在不同时空对应的不同场景下，会对视觉风格有不同的期待。

③ 表现形式符合触达场景。表现形式主要包括内容排版、文字大小、文字颜色、文章段落、版面留白、图文适配等，用户在不同场景下对表现形式的要求也不一样。例如，用户的学习性阅读往往是在书桌前进行的，纯文字排版并不会让人反感；但如果用户是利用碎片化时间进行"快餐式"阅读，图文结合或利用长图呈现的排版形式更能激起用户的阅读兴趣。

④ 内容长短符合触达场景。内容可以是长篇论述，也可以是简短图文或视频，其长短和场景密切相关。当用户的内容消费场景是在漫长的旅途中，长篇图文或视频并不会加重阅读者的心理负担；而如果用户的内容消费场景只是在短暂的通勤中，用户则很难有时间和心情来查看长篇幅的内容。

3. 梳理用户的内容需求

用户画像和用户触达场景的不同使用户的内容需求存在差异。在梳理用户的内容需求时，常用的方法有以下两种：

（1）分类法。分类法是指根据内容的特征标签把内容划分为不同模块，再按照不同的用户画像和用户触达场景，将用户与内容进行关联。例如，可以将内容划分为以下类别的标签：科技、创意、娱乐、休闲、生活、旅行、学习、工具、历史、读书、健康、养生，等等。

（2）共性法。共性法是指通过梳理用户所需要的优质内容的一些共性，来为内容的方向选择提供参考，优质内容的共性大概可以分为以下几种：

① 有用。内容能在某方面帮助用户，并能为用户提供价值。例如，对于一个新手妈妈，如何哺乳、如何安抚宝宝的内容是有用的，能够为其带来指导价值。

② 有趣。指内容好玩、有意思，能够给用户带来趣味和欢笑。例如，前面是很正常的故事，后面突然给用户一个猝不及防的结尾，这样会让用户觉得趣味横生。

③ 有观点。指内容对一个人或一件事能够提供明确的评价和态度。有观点通常意味着有争议，有人认同，也有人反对。从内容的影响力来讲，有观点是优质内容的共性之一。因为有观点，才能引起相同观点者的共鸣，也可能带来不认同者的强烈反对，这

样的内容才更有影响力。

④ 有惊喜。指内容里含有一些用户意想不到的能使用户心情愉悦的东西。例如，有些本地化的信息平台，不仅第一时间推送本地的时事，还经常联合一些本地的企业和景点给用户送福利，这样往往能够吸引一大批本地用户。

⑤ 有品位。指内容达到了一定的认知层次、艺术高度和审美水准，阅读和分享这样的内容能够使用户觉得有身份、有格调。品位通常与内容本身的格调以及用户在某个领域的优越感紧密关联。

⑥ 有情。指内容能够唤起用户的共鸣（如喜、怒、哀、乐的情感），通过一些“人之常情”感染人、打动人。

⑦ 有新意。同样的内容看多了，用户会有阅读疲劳感，这时就需要内容策划人员有创新意识，不断给用户一些新鲜感。

4. 挖掘差异化的内容

在信息爆炸的数字化时代，挖掘差异化的内容是进入用户心智的“捷径”。

（1）人无我有。根据搜索引擎原理，网站排名的一个重要算法就是比较，通过与其他竞争排名的网站内容进行比较，算出得分，排出名次，得分高者自然排在前面。得分高的原因往往是内容的差异化，人无我有的内容就是差异化的内容，满足用户需求并具有稀缺性，就很有可能排在更靠前的位置。

（2）人有我优。网站内容通常通过文字、图片、视频等形式呈现，不同形式的内容制作难度不同，有时也决定了它们的价值。文字价值较低的原因是互联网上可以随手复制粘贴，缺乏原创性，也是制作难度最小的内容。尽管搜索引擎不能很好地识别图片内容，但不影响图片本身可以传递的价值，制作难度一般。好一点的图片内容往往需要通过软件来制作。视频制作的成本更高，稀缺性也就更高。三者之间的内容价值逐步提升，优于他人才能胜出。

竞争对手的网站内容如果是以文字为主，则企业可以采用图片结合文字的方式制作差异化的内容；如果竞争对手的内容是以文字和图片为主的，则企业可以通过制作视频的方式来制作差异化的内容。

行业洞察

从工具到引擎，智能体重塑各行业AI应用生态

大模型的爆发，为千行万业智能化跃迁提供了契机，“人工智能+”被放在前所未有的战略地位。2024年，人社部向社会发布了包括“生成式人工智能系统应用员”在内的19个新职业，这是AI技术发展催生的职业形态革新，新职业的诞生标志着AI技术从“工具”升级为“生产力新引擎”。

其中，智能体（Agent）作为大模型（LLM）的“执行载体”，是千行万业应用前沿AI技术的路径之一。针对大模型在数学计算、逻辑推理等任务中的不准确性，智能体可以通过多模态协同、动态工具调用、自修正机制等策略，构建一个具备“感知－决策－执行－验证”的闭环系统。简单来说，智能体是一种可以自主执行任务、做出决策，并与环境互动的程序或系统，是一类能够在一定的上下文语境或环境中感知、学习，并根据信息做出反应，完成特定目标的数字智能助理。

目前，越来越多的行业开始采用智能体技术，智能体将帮助企业实现更高的自动化和智能化水平，推动AI在各行业的深化应用。以营销短视频内容解析为例，智能体可以基于账号主页基础信息与视频数据，深度解析账号核心运营逻辑，高效诊断账号定位与营销内容策略，并能够基于视频分析结果快速优化现有其他视频逻辑，成为内容运营从“经验驱动”向“数据驱动”转型的核心“利器”。未来的智能体将更多地扮演人类助手的角色，提升人机协作的效率。例如，在医疗领域，智能体可以协助医生进行诊断，提高医疗服务的质量。但随着智能体的普及，如何在利用智能体为人们提供便捷服务的同时保护用户隐私，将是未来发展的重要挑战。

3.3.3 内容策划的流程

1. 确定内容选题方向

微课：内容策划流程

内容选题一般有四个方向：产品深度内容、企业文化与故事、行业相关内容、与目标用户生活和工作相关的内容。确定内容选题方向时可以利用“四圆法则”，如图3-2所示。

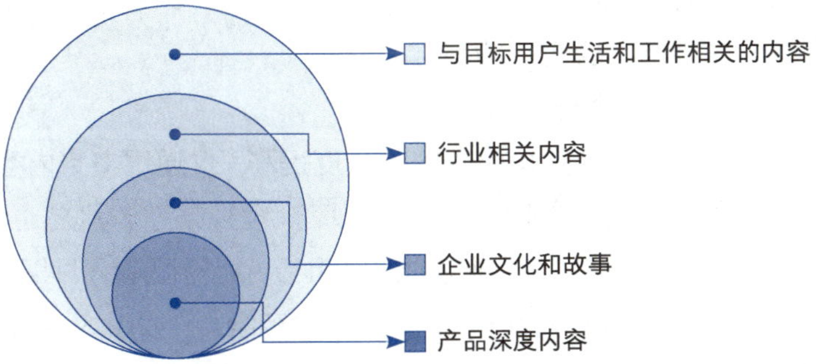

图3-2 利用“四圆法则”确定内容选题方向

越向外的圈层，其内容影响力与覆盖面越广，对内容生产者的知识广度要求越高。越向内的圈层，其内容带来的转化率越高，对内容生产者的专业深度要求越高。

（1）产品深度内容。产品深度内容不等于说明书，过多的专业术语会让可读性降低。可以通过联动销售、产品经理、工程师等相关人士，将晦涩难懂的专业术语“翻译”成通俗易懂的文字并呈现出来。

（2）企业文化与故事。企业文化与故事包括了产品背后的理念、创始人的故事等，可以帮助企业在用户心中搭建更丰满的品牌形象，让产品变得更有温度。

（3）行业相关内容。包括行业的报告解读、趋势分析等，可以为用户提供有价值的信息，在行业内建立权威。

（4）与目标用户生活和工作相关的内容。通过结合热点、访谈用户等方式了解目标用户的兴趣和话题，确定内容选题。

2. 根据内容目标缩小选题范围

有效的内容营销需要及时、一致地传达信息。所以，当面对众多内容选题时，要聚焦于少数对业绩增长有帮助的内容，将有限的精力放到效果足够好的内容上。

先根据企业的整体目标尽可能多地列出内容选题，再根据目标用户特征与偏好删掉对用户没有吸引力的内容，最后将各个选题填入内容评估矩阵，筛选出效果最好的内容，如图3-3所示。

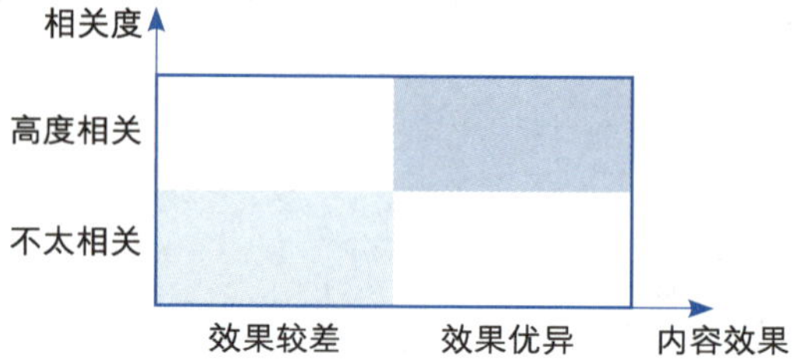

图3-3　内容评估矩阵

在内容评估矩阵中，横轴表示内容效果，如浏览量、点赞量、分享量等，内容发布前使用初步的预测数据，发布后根据真实数据不断迭代。纵轴表示与目标的相关度，相关度越高，则说明内容越符合企业的目标。

3. 确定最有效的内容组合与时间规划

微课：AI在短视频文案中的应用

内容形式有很多种，随着视觉化内容的关注度提高，仅通过文字内容来获取用户关注度是远远不够的。所以，企业需要结合图片、图表、短视频等多种方式呈现信息，找到最适合自己情况的内容组合。确定了理想的内容组合，还需要融入日期与频次，用可视化方式呈现内容，可根据内容目的或内容形式规划内容组合，如图3-4和图3-5所示。

4. 制定内容分发策略

如果企业没有正确的内容分发策略，就难以获得较好的内容营销效果。内容分发媒体可分为以下四类。

（1）自有媒体（Owned Media）：即品牌自主拥有的传播平台，包括公司的网站、电子邮件、宣传手册等。

（2）分享媒体：社交媒体平台，如微信、知乎、微博等。

（3）付费媒体（Paid Media）：指在搜索引擎和社交媒体上投放的付费广告，一般是根据点击量计算广告费用。

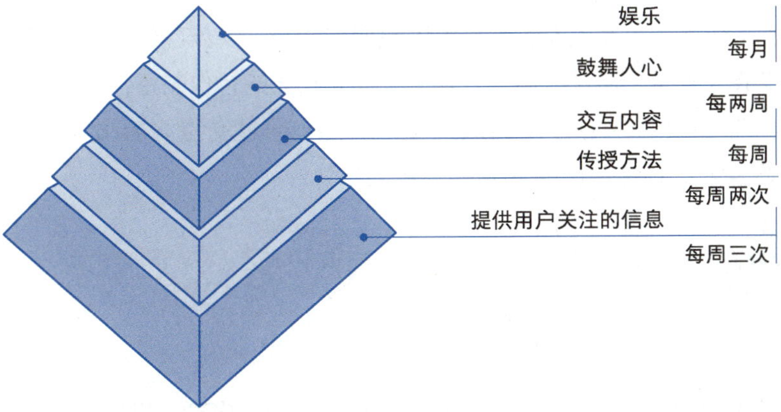

图3-4　根据内容目的设置内容组合规划

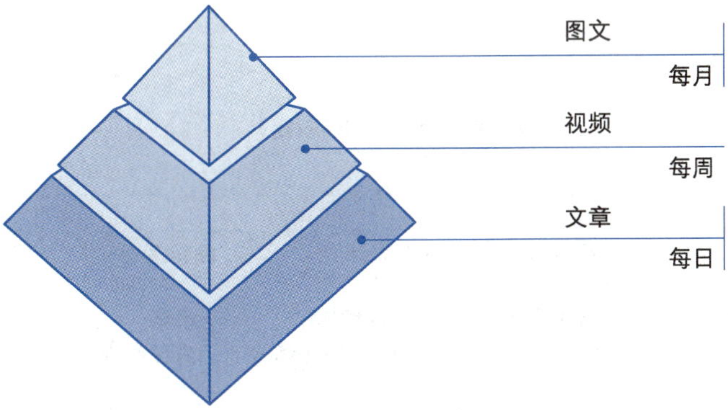

图3-5　根据内容形式设置内容组合规划

（4）赢得媒体（Earned Media）：即帮助分发内容的第三方媒体，通常为不需要企业付费的自发性传播，如其他平台转载、用户转发等。

在过去，付费媒体一直占主导地位，但近年来随着社交媒体的发展，自有媒体和赢得媒体的重要性日益凸显。内容分发策略不能依赖单一媒体，而要综合多种媒体，搭建渠道媒体。从自有媒体开始生产流量，不断放大内容效果，最后将各个媒体产生的流量汇总到自有媒体，打造私域流量池闭环。

内容分发的步骤如下：

第一步，在自有媒体上放置高质量、有价值的原创内容。这是内容分发过程的核心，具有巨大的价值和竞争优势。在流量封锁的环境下，企业自己“接触受众”变得更加困难，这时候拥有一个自己的流量池就显得更加重要，而使用原创内容吸引目标用户注意力的能力对企业越来越有价值。

第二步，通过多种共享媒体分享内容，提高内容的复用率，放大内容效果，提高内容的曝光度。

第三步，通过付费媒体提高搜索排名，强化平台推荐。在社交媒体或搜索引擎上投入一定的预算，确保内容可以覆盖到更多用户。

第四步，在积累了大量流量，有了可以裂变的增量，以及合作交换的资源后，通过赢得媒体进一步放大效果。通过与第三方媒体等建立长久的合作关系，提高内容的可信度。

媒体组合需要根据内容分发的效果不断调整，通过衡量舍弃效果差的媒体，保留效果好的媒体，建立适合自己的内容媒体组合。

职场透视

内容营销团队搭建的三个阶段

第一阶段的团队搭建是企业内容营销的基础，负责基础内容的搭建与生产，主要职能包括：内容策划、内容创作、内容设计、编辑策划、编辑和校对。主要完成内容的生产与发布，如图3-6所示。

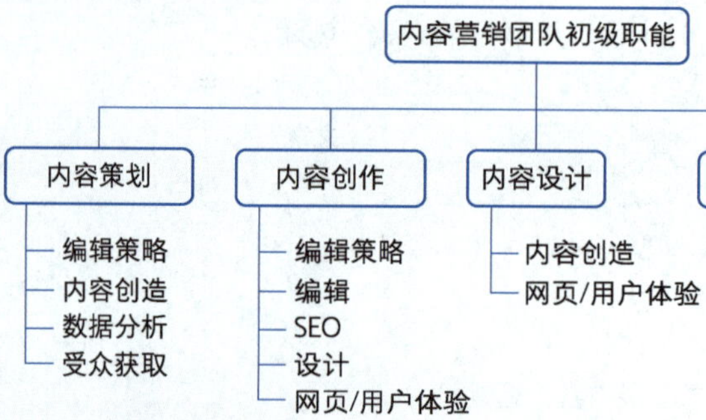

图3-6　内容营销团队初级职能

第二阶段的团队搭建，需要在第一阶段拥有的职能基础上结合多种工具优化内容。内容营销团队中级职能主要包括搜索引擎优化、社交媒体管理、营销自动化，如图3-7所示。

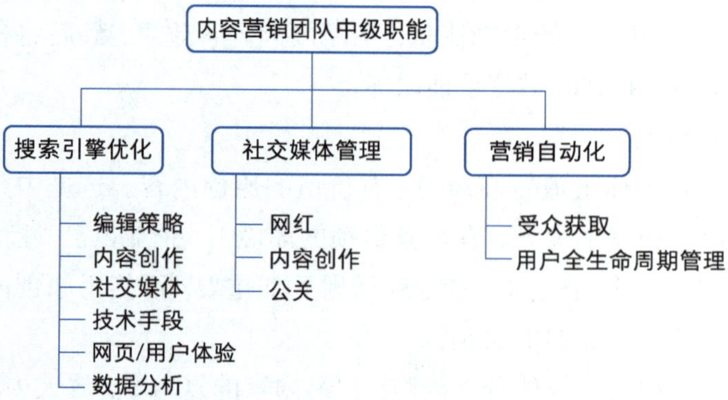

图3-7　内容营销团队中级职能

第三阶段是当搭建好初级和中级团队以后，如果想让自己的内容团队效率更高、效果更好，就要在团队中加入这些高级职能：数字化管理、用户拓展、Web开发/用户体验、内容研究、数据分析，如图3-8所示。

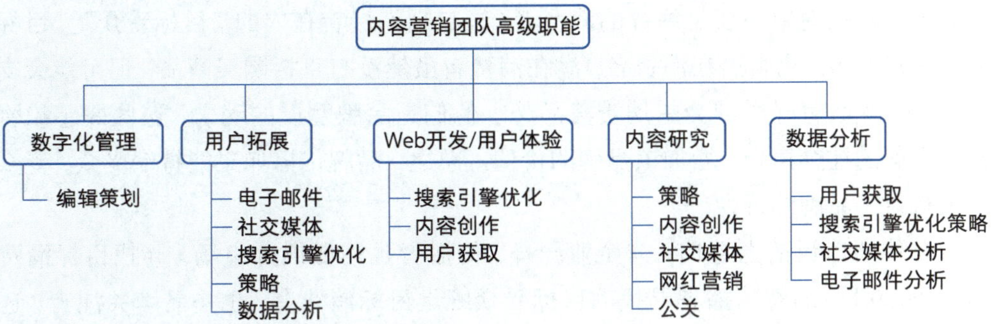

图3-8　内容营销团队高级职能

3.4 品牌传播策划

3.4.1　品牌传播的概念

品牌传播是指品牌所有者通过各种传播手段持续地与目标受众交流，最优化地增加品牌资产的过程。品牌的有效传播，可以使品牌为广大消费者和社会公众所认知，使品牌得以迅速发展。同时，品牌的有效传播还可以实现品牌与目标市场的有效对接，为品牌及产品占领市场、拓展市场奠定宣传基础。品牌传播是品牌个性诉求的手段，也是形成品牌文化的重要组成部分。下面对品牌传播概念中的几个要素分别进行解释，以便学习者准确把握这一概念。

1. 传播手段

品牌传播实际上就是对各种传播手段进行信息控制与利用的过程。在这个过程中，如何利用好可控制的传播资源成为品牌传播制胜的关键。传播手段包括广告、公关、人际传播，以及利用各种媒介资源传播等。

在品牌传播的过程中，由于品牌复杂化与多元化的竞争，广告成本日益上升，而广告效果却越来越差。所以，如何对传播资源进行有效整合与利用，是减少品牌传播损耗率的重要方法。

同时，在进行品牌传播的过程中，企业所投入的资金往往是有限的，换句话说，有限的资金对传播资源的控制也是有一定影响，同时还要面临竞争品牌信息传播的干扰，如果不进行有效的资源整合，就会使品牌传播与信息控制成本居高不下，甚至会产生浪费。

2. 受众的目标性

品牌传播的对象不仅是纯粹的消费者，还包括消费者在内的“目标受众”。目标受众中既有消费者，也有潜在消费者，潜在消费者虽然没有直接购买商品，但可能会支持品牌，对品牌抱有好感或会主动赞美品牌。他们是品牌发展的动力，这些好感和赞美会提升品牌的社会声誉，增加该品牌的价值。总之，品牌传播如果能打动受众，受众就会产生有益于品牌的行为。

信息传播以目的为导向，与企业一样，传播者也需要细分市场，寻找目标消费者（即目标受众）。品牌传播者寻找的目标受众既是目标消费者，也是品牌关注者，还应该是通过特定媒介积极主动收集品牌信息的其他人群。只有明确了目标受众，传播中的受众本位意识才能体现，受众接受需求才能得到满足，相应的品牌传播才会卓有成效。

3. 品牌资产

品牌资产（Brand Equity）也称品牌权益，是指只有品牌才能产生的市场效益，或指产品在有品牌时与无品牌时的市场效益之差。品牌资产是有关品牌所有营销活动给消费者造成的心理事实，也是品牌的名字与象征相联系的资产（或负债）的集合，它能够增加（或减少）产品或服务提供给顾客（用户）的价值。

品牌建设实质上就是积累品牌资产的过程。虽然不同学者对品牌资产的认识有所差异，但存在以下三点共识：

（1）品牌资产是无形的。

（2）品牌资产是由品牌名字带来的，品牌名字是一个公司拥有的重要资产。

（3）品牌对公司的价值主要是通过品牌对消费者的影响产生的。

3.4.2 品牌传播的要素

1. 精准定位

在互联网时代，面对新生代消费群，品牌营销传播已经进入“精确制导”阶段，因此，营销传播策略必须拥有精准定位目标消费人群的能力，只有这样，才能够在细分市场时代减少营销传播费用的浪费。

2. 精准触达

营销传播的精准触达同样非常重要。为了使营销传播内容精准到达目标消费者，营销者必须在内容制作、媒体渠道选择、传播频率等方面制定有效策略。同时，也要对目标消费群体进行科学分析，包括他们的消费习惯、消费心理、消费特征等内容。

3. 有效互动

在营销传播中有一个重要的指标是有效互动。营销传播的有效互动包含两方面的内容：一是目标受众与营销者或者品牌之间的有效互动；二是目标受众内部的有效互动。前者通过营销传播触动了消费需求与痛点，使受众产生消费购买欲望并最终实现购买，购买之后能够给予品牌或者产品足够的好评。而后者是数字时代营销传播的主旋律，营销者通过营销传播建立起足够的忠实粉丝群体，这些粉丝群体拥有口碑传播效应，会帮助营销者或者品牌实现粉丝自传播。

4. 明确诉求点

从某种角度来看，品牌营销传播是在消费者心中构建明晰的诉求点，只有帮助消费者建立起完整有序的品牌知识结构，才能使消费者迅速调动品牌知识点，产生品牌联想，达成购买。

5. 提供独特内容

低质量品牌信息无益于品牌传播，还会损害品牌形象。因此，针对不同的目标受众，营销者应该提供有针对性的内容，这样才能引起受众群体的关注。

博文约礼

故宫博物院通过文创产品弘扬中华文化

党的二十大报告提到："增强中华文明传播力影响力。坚守中华文化立场，提炼展示中华文明的精神标识和文化精髓，加快构建中国话语和中国叙事体系，讲好中国故事、传播好中国声音，展现可信、可爱、可敬的中国形象。"

故宫正是依靠好的文创产品及趣味性的内容营销不断出圈，并依靠文创产品弘扬中华优秀传统文化。

"故宫淘宝"是由北京故宫博物院创立的官方淘宝店铺，主要销售基于故宫文化而打造的文化创意产品，如故宫日历、故宫茶具等。2014年，故宫淘宝公众号的文章《雍正：感觉自己萌萌哒》横空出世，阅读量直接超过10万次。文章里，比着剪刀手的雍正等表情包一炮而红。如今，故宫淘宝的文创产品种类丰富，从文具到饰品，从化妆品到服装，琳琅满目，一应俱全。截至2025年5月底，故宫淘宝的粉丝已达1 029万人。

"故宫淘宝"的总体运营思路是，先将故宫传统文化融入现代艺术和流行文化中，再利用背靠故宫IP的文创产品来传播故宫所带来的传统文化。

首先，故宫文创产品深入研究受众的需求痛点，秉持实用性、便携性原则，结合文化性与功能性，不断挖掘其使用价值，让受众在日常生活中能随处可见、随手可得、随时可用，沉浸式地感受故宫文化。

其次，在满足需求的基础上，产品尽可能凸显国潮风格。以"故宫淘宝"品牌的"文创荷塘月色DIY纸雕卧室小夜灯"为例（如图3-9所示），利用精致的做工与富有代表性的元素，将传统古典的纸雕文化与现代的卧室夜灯相结合，既展现出国潮风格中古典与现代的和谐共生，利用“荷塘月色”的景致与诗意为受众传达宁静、悠然的文化精神。

图3-9　文创荷塘月色DIY纸雕卧室小夜灯

“故宫淘宝”除了在产品上下功夫，也通过纪录片、综艺节目、故宫游戏、云游故宫等“新花样”来激发消费者对故宫文创IP的兴趣，甚至还主动进行故宫文化符号的再生产。

可见，当沉闷古板的博物馆遇上灵活多变的品牌发展策略，万里之遥沉睡的文物便于指尖云端再次生动鲜活。在全球化和文化多元化的时代背景下，中国的传统文化在继承中焕发新的生命力，引领着一场被誉为“国潮”的时尚风潮。

3.4.3　品牌传播的渠道

品牌传播的渠道包括：

1. 合作网站

合作网站主要分为门户网站、各品类行业网站和地方性网站。在计算机时代，网站页面的呈现方式以适合计算机屏幕阅读为主；在移动时代，网站页面逐步转变为适配移动设备客户端的呈现方式。

2. 新闻平台

新闻平台主要有两大类，一是精准定制类，如今日头条、一点资讯等；二是常规新闻类，如腾讯、网易、搜狐、新浪、凤凰、澎湃新闻等。新闻平台的广告形式包括：① 信息流广告，即读者看新闻时出现的内容广告；② 内容详情页广告，通常展示在页面末尾；③ 开屏广告，即启动平台时展示的广告。新闻平台广告的收费模式一般包括按点击量或每千人展示计费，同时区分安卓和 iOS 系统。

新闻平台的特点是用户量大，曝光度高，融入阅读，无缝植入，智能推送。

3. 社交平台

目前，主要的社交平台有微博、微信、QQ等。其中，微博有粉丝通、粉丝头条等功能。粉丝通是根据地域、用户、年龄、关键词、兴趣爱好等进行精准定位的广告工具；粉丝头条是可以让发布的信息展示在粉丝首页的工具。

微课：微博对企业品牌传播的影响

4. 视频平台

目前，主要有网络电视、视频直播、用户生成内容（User Generated Content，UGC）、视频分享等视频平台类别。视频平台的广告形式主要有：图片广告（横幅、插屏、摇一摇）、视频广告（角标、贴片水印、暂停广告）、原生广告（信息流、正能量传播）、富媒体广告（缩小、擦除、摇一摇等互动AR广告）等。

5. 搜索引擎平台

搜索引擎平台是互联网上的重要信息检索工具，它利用复杂的算法和技术，帮助用户快速、准确地从海量网络数据中查找并返回与查询关键词相关的网页、图片、视频、新闻、学术文献等多种类型的信息。这些平台不仅极大地提升了信息获取的效率，还通过个性化推荐、语义搜索等高级功能，不断优化用户体验，使用户能够更便捷地找到所需信息。知名的搜索引擎平台有百度、搜狗、360搜索等。搜索引擎平台已经成为品牌传播的重要渠道之一。

6. 需求方平台

需求方平台（Demand-Side Platform，DSP）相当于一个流量超市，能一站式解决跨平台的广告投放需求。广告主发起竞价请求后，通过数字技术交换cookie信息，在100毫秒内判定是否获取到曝光机会。DSP是中小企业借助大数据分析并投放互联网广告的重要途径。

3.4.4 品牌传播的策划流程

品牌传播的策划流程包括：

1. 确定传播目标

在进行数字化传播策划前，首先要明确目标，明确是追求IP、流量、注册量，还是追求销售量和品牌知名度。如果目标不明确，推广工作做得越多，资金使用越多，反而会越迷茫。

在数字化传播策划中，往往会有多种不同的目标。例如，一家带有商务性质的论坛既要追求品牌与口碑，又要追求流量；既要追求注册用户数，又要追求论坛发帖数量；最重要的是还要追求转化率和销售额。

2. 明确传播受众

确定传播目标后，企业需要分析哪些是企业的目标受众群体。如果目标是营造IP，那就要了解最容易点击网站的用户是哪些人；如果目标是追求销量，那就要了解最愿意购买企业产品的用户是哪些人。

对网络传播来说，用户可以分为能够带来收入的用户、能够带来流量的用户、能够带来内容的用户、能够带来口碑的用户、能够带来品牌和权威性的用户等几类。营销人员需要明确不同的传播受众，并对其进行分类。

3. 明确目标受众的特征

在明确了目标受众之后，还需要明确目标受众的特征。不同属性的人偏好不同，传播策略也不同。例如，年龄偏小的用户喜欢时尚、潮流，针对他们进行营销时，风格要时尚，文字要朴实；年龄偏大的用户则比较成熟稳重，喜欢有内涵的事物，对这类用户，风格要成熟，文字要有内涵。

除了属性特征外，还要研究用户需求，了解用户喜欢的内容和信息，以及想解决的问题或困难等。用户需求决定了下一步数字化传播素材的选择。

4. 明确目标受众集中的平台

分析完目标受众的需求后，要明确目标受众集中的平台。结合用户特征和需求进行分析：如果用户的主要需求是浏览文章，就需要找出目标用户常去的网站；如果用户喜欢在网上与人交流，就需要筛选用户常去的交流论坛；如果用户喜欢在QQ群中交流，就要明确是哪类主题的QQ群；如果用户喜欢用搜索引擎查找信息，就需要罗列用户经常搜索的关键词。

5. 收集、分析网络信息

网络信息是策划的基础，通过网络收集高质量、有价值的信息并进行分析、整理、统计，是品牌传播策划成功的前提。因此，策划过程中必须重视信息，做好信息收集、分析和反馈的工作。

6. 制定并执行传播策划方案

制定传播策划方案是数字化传播策划的重要步骤，策划方案的主要内容包括公司的主要政策、销售目标、推广计划、市场调研计划、销售管理计划、损益预估等。在方案制定好后要执行，将其落实为真正的实际行动。

7. 测评方案实施效果

在方案实施后，要运用特定的标准及方法对其效果进行检测和评估，根据反馈适时充实策划方案，或调整策略使品牌传播活动不断完善，以实现最佳效果。

3.5 客户互动策划

3.5.1 客户互动的概念

在数字经济背景下，客户互动是指企业与客户通过数字媒体以视频、图文、直播等方式，就如何向客户提供更好的产品或服务而进行的客户咨询、建议、帮助、关怀、问候等活动。概括而言，客户互动的内涵包含以下几个方面：

（1）互动是企业与客户双方的行为。“互”是交替、相互的意思。因此，从字面意思来看，“互动”是双方相互作用的过程。具体到客户互动，需要企业与客户相互反应，信息流向是双向的，即双方都有信息发送和反馈，无论哪一方缺失都不能称为互动。因此，客户互动是企业与客户的双向行为，缺一不可。

（2）客户互动以客户需求为核心。只有得到客户认可的产品才能实现其价值。企业在服务的各个环节都要以客户需求为中心。售前，企业可以利用网络、电子邮件等方式向客户咨询，吸引客户参与到产品或服务的设计、制作、定价等过程中，成为客户价值和企业价值的共同创造者；售后，企业可以与客户交流，关怀客户、让客户提供意见和建议，以更好地提升产品和服务质量，从而建立企业和客户之间的良好关系。

（3）客户互动以提升双方关系为目的。随着产品同质化趋势日益明显，产品价格和质量的差别不再是企业获利的主要手段，企业与客户之间的关系成为企业发展的决定因素。企业发展要以提升企业与客户的关系为目的，在客户互动过程中企业也要以提升客户关系为目的。

（4）客户互动包含一定的内容。总体而言，客户互动包含信息、情感、意见或建议。

① 信息。信息不仅包括企业信息，而且包括客户信息。客户信息是指客户向企业传递的需求数量、规格、型号等方面的信息。企业信息包括企业文化、经营理念与政策、产品或服务信息等。在日常生活中，有的企业会对产品或服务信息进行宣传，有的企业会对企业文化、经营理念加以推广。

② 情感。企业可以借助与客户的互动拉近与客户的情感距离。例如，定期拜访客户、会员，组织各种活动等，都可以拉近企业与客户的距离，增进企业与客户的情感。

③ 意见或建议。这不仅包括企业主动向客户征求的意见及建议，而且包括客户向企业反映的意见、投诉和建议。

3.5.2 客户互动的目的

客户互动的目的包括：

（1）延长客户生命周期。客户互动的目的是使每个客户的生命周期价值最大化。每个客户在生命周期中的状态都是不同的，企业应该制定客户互动策略，来提升客户的生命周期价值和活跃度，让活跃客户变得更加忠诚，重新赢回那些有流失倾向的高价值客户，发挥客户的最大价值。不同生命周期阶段客户的营销目标如表 3-7 所示。

表3-7　不同生命周期阶段客户的营销目标

生命周期阶段	阶段定义	营销目标
潜在客户	以前没有购买过，但关注产品或品牌	建立连接，转化购买
新客户	第一次购买	让他们再次购买
活跃客户	90 天内至少购买过两次	保持互动，鼓励他们推荐给朋友
忠诚客户	持续购买	维系和加深关系，鼓励他们推荐传播
不活跃客户	以前购买过，但最近 90 天内没有购买	重新建立客户互动
流失客户	6 个月没有购买	重新激活客户

通过与不同生命周期阶段的客户进行互动，可以有效延长客户生命周期：向潜在客户传递价值，进行促销，吸引潜在客户的第一次购买；向新客户传递精心设计的品牌内容，再结合适当的经济价值刺激，促使他们尽快完成下一次购买；对忠诚度较高的客户设计忠诚互动计划，传递关系价值，组合优化现有客户的营销绩效；设计有吸引力的经济价值互动活动，重新激活或赢回那些已经流失的高价值客户。

（2）调整客户状态。客户互动的目标是通过获取更多新客户、减少活跃客户流失、激活沉默客户等方法来提升活跃客户的数量和水平，以实现客户增长。活跃客户的数量是维持企业产品销量的基础。通过客户互动，可以尽可能地调整客户状态，以实现客户营销的目的。

行业洞察

AI与情感分析：理解情感，驱动未来

情感分析又称情感挖掘或意见挖掘，是一种利用自然语言处理（NLP）、文本分析和计算机语言学等技术，从文本数据中提取、识别和分类情感信息的过程，主要目标是判断文本中的情感倾向。它不仅可以帮助企业理解文本中的情绪和态度，还可以揭示潜在的情感趋势和观点。

AI驱动的情感分析在客户互动中发挥着至关重要的作用。该技术能够深入洞察客户在交流中的情感倾向，如高兴、愤怒、悲伤等，为客服人员提供有力的支持。通过情感分析，智能客服系统可以自动将客户的问题进行分类，并给出更加精准、专业的应答，从而显著提高客服效率。

此外，情感分析还能实时监测客户在交流中的情感变化，一旦发现负面情绪，系统能立即预警，提醒客服人员及时介入，有效避免客户流失和负面口碑的产生。更重要的是，基于

情感分析，智能客服可以为客户提供更加个性化的服务推荐，满足其个性化需求，从而增强客户满意度和忠诚度。

总之，AI驱动的情感分析是提升客户服务质量和体验的关键技术，对于企业的品牌建设和市场竞争力提升具有不可估量的价值。

3.5.3 客户互动的方式

在数字营销活动中，客户互动已超越时空界限，从直接的、面对面的群体互动转变为以大规模现代化传输手段为媒介的间接互动。常见的客户互动方式包括内容互动、活动互动和广告互动。

1. 内容互动

内容互动使用户能更加个性化地参与进来，体现在品牌内容中。内容互动可以帮助消费者在品牌经验中看到自己，提供潜在的、深化的参与感，提升满意度。常见的内容互动形式包括：

（1）小测验、投票和问卷调查。

（2）给消费者提供360°的产品和服务，提高客户满意度。

（3）互动式电子书。如果发表长篇内容，如白皮书或者研究报告等，应创建一个可以帮助读者更快定位相关部分的通航版本。

（4）实时聊天、诊断测试和故障排除工具。这些技术可以用来提高在线客户的服务质量，增加品牌应对客户咨询的能力，减少技术支持的等待时间。

（5）评价。适用于复杂的销售过程，可以用来提供个性化信息和基准，客户可以用它来追踪所关注的相关目标。

（6）互动式图表和数据可视化。创建动态可视化数据图表，使受众更容易理解和内化产品。

（7）内容向导和推荐引擎。为内容库安排一个“在线导游”来理解网站的访客需求，然后尽可能提供满足他们需求的内容。

（8）虚拟现实和增强现实技术覆盖。使用这些技术，把客户带入品牌独特创造的部分。

2. 活动互动

开展活动互动的目的是希望用户转发、分享，使其扩散，从而扩大品牌或产品的知名度和影响力。用互动形式调动用户积极性，唤起用户的“主人翁”意识，让用户作为其中一员参与到品牌的传播活动中来。

（1）活动互动成功的关键因素。

① 满足需求。活动互动核心底层逻辑就是要满足并开发用户需求。从营销的角度

可以将用户需求分成产品、事件和自我三个层面。

② 盘点资源。盘点活动中需要投入的人、财、物等资源。

③ 优化流程。活动流程一定要足够清晰，除了清晰的活动流程，还要有流畅的活动规则、操作路径和用户指令。

④ 掌握“杠杆”。活动互动追求的是最小投入和最大回报。这个杠杆大小与奖品设置、活动形式和创意策划等有很大的关系。

（2）活动互动分类。按照客户成长路径和生命周期，可以将活动互动分为拉新、促活、留存和转化。

① 拉新。针对客户量不够或新增客户量缺乏的情况，帮助产品吸引新客户，大多在产品上市初期和客户增长率下降的时候施行。拉新的活动分类及内容如表3-8所示。

表3-8 拉新的活动分类及内容

活动分类	活动内容
注册类	注册有礼、首单立减、免费试用、新用户专享等
关注类	关注有礼、关注送积分或优惠券等，以小程序、公众号和电商店铺为主
秒杀类	以电商平台为主，活动的目的不在于成单，而在于宣传和拉新；通常是低价、限时、限量等
创意类	通过创意活动，让客户觉得有趣而关注，一般以H5形式展现，常用的方式包括测试、配对等
征集类	招募或征集核心客户，一般要求拥有一技之长
充值类	充值送好礼，既可以拉新，也可以提升交易额

② 促活。针对已经在平台内的客户进行客户活跃度提升。促活的活动分类及内容如表3-9所示。

表3-9 促活的活动分类及内容

活动分类	活动内容
任务类	新手任务、每日任务，完成任务领取积分或红包等
签到类	每日打卡、连续签到、领积分、奖品等
限时类	限时抢购、限时抽奖、翻翻看等，以增加客户的兴趣度和参与度

③ 留存。针对曾经活跃的客户，进一步培养客户的使用习惯，提升客户留存率。

留存的活动分类及内容如表 3-10 所示。

表3-10　留存的活动分类及内容

活动分类	活动内容
积分类	构建积分体系，搭建积分商城，客户完成消费 / 使用任务可以获得积分并可以在积分商城兑换商品或礼券
养成类	开发一些养成类小游戏，留住客户
会员类	构建会员体系是客户留存的常用方法之一，一般的会员体系包括等级体系和奖章体系，并与相应的权益以及物质和精神奖励相对应
储值类	这是客户留存和客户复购的常用手段之一。客户在平台有了储值账户就相当于提前锁定了用户在店内的消费。对于同样的商品，客户会优先选择自己有储值卡的商家进行消费

④ 转化。转化活动是平台为了营业收入而设计的活动，其目的是促进成交。转化的活动分类及内容如表 3-11 所示。

表3-11　转化的活动分类及内容

活动分类	活动内容
满减 / 送活动	满减 / 送活动是线上销售常用的优惠方式，一般是客户单次消费满 n 元减 / 送 n 元的形式，需要根据平台以往的交易数据，综合客户的客单价、购物喜好、消费频次等数据设计活动力度和档位
限时折扣	客户在指定时间购买指定商品，可以获得特定折扣
优惠券	优惠券是线上平台常用的活动方式之一，根据不同的营销目的可以设置不同类型和领取方式的优惠券
抽奖活动	客户购买指定金额 / 类型的产品后，可以获得抽奖机会，利用客户的风险偏好心理刺激消费
砍价活动	客户邀请好友帮忙砍价，传播与转化同步进行，因为涉及诱导分享，需要注意风控
拼团活动	拼团是线上常用的活动形式，主要有两种利用场景，一是裂变拓客，二是清理库存
专享活动	这是针对特定客户的特权活动。特定客户可以是购买过某类产品的客户，也可以是某个级别的会员
直播活动	直播活动往往搭配着优惠券、抽奖、折扣、秒杀等活动形式联合开展

3. 广告互动

互动广告是一种全新的广告形式，它将趣味活动作为一个广告入口，客户点击进入后呈现各种趣味性互动活动，主动参与这些活动就会获得相应品牌所发送的红包、优惠券、会员权益等福利奖励；若选择领取奖励，则会最终跳转到品牌广告落地页。其最大的价值是挖掘出一个新的流量场景，并通过和客户互动交流的方法，搭建广告主和客户之间的沟通桥梁。

互动广告有两个重要的关键点，一是游戏互动元素，即满足消费者的好奇心，让广告具有可玩性；二是奖品与福利刺激，满足消费者的利益诉求，让广告主的营销内容与用户的关注点紧密结合起来。互动广告主要有悬浮图标（红包图标）、消息（活动）中心推送等展现形式；除此之外，还可以通过轮播图、信息流推送、开屏 / 插屏推送等方式来展示。互动广告主要具有以下几个优点：

（1）信息内容与形式的个性化。互动广告通过互动媒体可以精确地识别个体消费者的兴趣，然后设计有针对性的广告内容与形式，精准地投向目标消费者。而消费者尽管原本不喜欢广告，但这些个性化的在适当时间、适当地点、适当情形下出现的互动广告却往往能激发其兴趣。

（2）精准投放与效果测量。传统广告根据广告媒体的受众人口统计学特征进行媒体组合和投放，这种投放方式是粗放式的，其效果测量往往是通过间接手段进行的；而互动广告则可以直接根据目标消费者的个体特征进行接触点管理，直接跟踪消费者的反应，精准地测定广告效果。

（3）可实现广告效果直接转化为销售额。传统广告通过广播电视或平面媒体单向对消费者进行传播，目标消费者对广告的商品产生兴趣，却可能因为时间或空间等因素造成的不方便，即使激起了购买意愿也无法立即采取行动。随着时间流逝，消费者的购买意愿逐渐降低，广告便慢慢失去了促进销售的机会。互动广告能够生动展现商品的性能，配合互动购物平台，消费者一旦产生购买意愿，就可能立刻订购，广告效果直接转化为销售额。

3.5.4 客户互动的策划流程

在进行客户互动策划时，主要从以下六个方面入手：确定互动对象（与哪些客户互动）、明确互动目标（希望达到什么目标）、设计互动内容（说什么）、制定互动预算（预计花费多少钱）、选择互动渠道与时机（怎么说）、评估互动效果（是否达到预期目的）。

1. 确定互动对象

企业在客户互动过程中，首先应明确互动对象，这里的“明确互动对象”有两层含义：一是确定哪些客户是应该互动的对象。并非所有客户都是企业互动的对象，应该舍弃那些不能给企业带来价值的客户。二是确定互动对象属于哪种类型。客户包含多种类型，客户需求因其类型不同而有所差异，是个人客户还是团体客户，是男性还是女性，是青年、中年还是老年等。客户类型不同，其需求和行为特征也就不同。企业应该由此决定互动内容、设计、费用、渠道选择等。另外，客户生命周期或客户状态不同，也会对互动策略的制定产生极大影响。

在客户互动设计中，应避免重复打扰已经明确拒绝互动的企业客户，尽量向对企业内容有兴趣的客户发起互动申请。所以，企业只有清晰地掌握各个渠道的推广效果和客户转化情况，才能策划出有效的客户互动活动，提升转化率。

2. 明确互动目标

在确定互动对象之后，企业还需要明确互动目标，为互动内容、预算和渠道的选择确定方向。

（1）维护现有客户。对于现有客户而言，企业可以从经济和情感两方面加强与现有客户的联系。首先，企业可以采取一系列营销策略，增加客户从企业采购商品或服务的金额及数量，以增强企业和客户的经济联系；其次，企业应加强与客户的情感联系，拉近企业与客户的情感距离。

（2）吸引潜在客户。潜在客户是指那些有希望成为企业产品或服务购买者的人群。潜在客户包括：① 同一市场中企业未来可能的购买者，② 企业竞争对手的客户。吸引潜在客户有三个目标：① 扩大企业在潜在客户中的知名度；② 增强潜在客户对企业产品或者服务的认同感；③ 鼓励潜在客户购买。

企业在制定客户互动目标时，要遵循以下原则：

（1）具体性原则。空洞的互动目标会让员工无所适从，从而降低互动效果。因此，互动目标必须是具体的，而不是空泛的。例如，在吸引潜在客户、提升企业知名度时，不能将目标简单定义为“在全国范围内扩大公司知名度”，而应该确定为“将公司的知名度提升 50%”。

（2）可实现性原则。确定互动目标时，企业要考虑自身的资源和实力，结合现有客户和潜在客户的特点，保证设定的互动目标切实可行。

（3）时间期限原则。要明确实现目标的时间，以时间驱动互动任务的实施；同时设定时间期限，以便检查互动目标实现的情况。

（4）多样性原则。设计多个互动目标有助于从各方面提升互动效果。当设立多个互动目标时，这些目标应该相互联系、相互兼容，而不是相互矛盾，否则会导致目标难以实施。

3. 设计互动内容

企业在设计互动内容时，应明确目标客户有哪些要求，希望获得什么样的信息。以此为依据设计互动内容，才能更加吸引客户，否则难以达到预期目标。随着数字技术的发展，互动内容的形式变得多种多样，不仅有文章、话题、图片、视频等展示内容设计，也包括有奖征文、有奖竞赛、游戏、抽奖、拼团、抢购、预售等互动活动设计。互动内容设计要以客户为中心，满足客户需求，让客户深度参与，同时为客户提供创新性设计。

首先，通过深入分析客户数据，了解客户的内在需求，不仅要了解客户表面的物质需求，而且要深度挖掘其精神需求，使客户积极参与到互动中来，这种需求性的互动能够大大增加与客户之间的黏性。

其次，互动是围绕客户开展的，要提升客户的参与感，让客户在互动中有真实的存在感，强调客户主导，通过品牌与客户的联结提升互动口碑，从而树立企业的正面形象。

最后，要为客户提供创新性设计，通过新颖的话题、特殊的活动形式、有趣的流程和独特的思路吸引客户注意，引导客户参与到互动中来。设计会员等级、签到、积分抽奖、成长路径等互动体系和功能，搭建激励体系，延长产品周期，提升客户黏性。

4. 制定互动预算

合理分配互动预算，提高客户互动预算的回报率，才能获得更加显著的效果。企业应该根据自身规模、实力及竞争对手的状况来制定互动预算。除此之外，互动预算还可以结合互动目标进行测算：第一，细分互动目标，确定具体的实施目标；第二，分析达到这一目标所要完成的任务；第三，预估完成任务所需要花费的成本以及完成这些任务的花费总和。

在制定互动预算的过程中，要遵循以下原则：

（1）重点集中原则。将互动目标和任务分解之后，对于具体的活动预算，要分析互动任务对互动目标产生的影响和意义，并评估出重点工作。通过差异化分配，抓住关键点，对互动预算的分配进行适当倾斜，以更快、更好地体现客户互动效果，达到互动目标。

（2）限度控制原则。预算作为客户互动的营销工具，要具有一定的灵活性和可控性。因此，在制定互动预算的时候，要遵循限度控制原则，设置好预算的上限和下限，在此范围内灵活把握支出情况。

预算下限的制定可以参考企业的历史预算数据，或其他相似客户互动策划方案的预算情况，另外要注意预算分配的百分比和费用的结构组成。预算上限的制定要参考市场竞争环境和竞争程度。对于重点客户互动项目，要考虑为了竞争可能要付出的代价以及上限。如果战略意义较大，上限可以定高一点；如果战略意义不大，也可以适当下调。

5. 选择互动渠道与时机

不同的互动渠道具有不同的特点，企业应根据不同客户的特点选择不同的互动渠道及互动时机。

（1）互动渠道。在选择互动渠道时，企业首先要清楚客户期望或习惯的互动渠道是什么，并根据不同渠道的优缺点加以选择判断，否则会遭到客户的抵制，以致无法实现目标。例如，微信、微博等各种渠道的客户特点有所不同：微信具有传播高效、私密安全、功能便捷、用户量庞大的特点；微博具有操作简单、形式多样、名人效应的显著特点。

企业需要结合不同的客户特点和互动内容进行渠道设计，选择合适的互动渠道。同时，实时判断不同渠道、不同方式互动场景触达的有效性，让企业可以快速做出互动策略的调整，剔除效果不好的互动渠道，保证客户的互动效果。

（2）互动时机。企业在互动时机的选择上要考虑两个问题，即互动时间和互动频率，而这两个问题的决定权掌握在客户手中。企业应依据客户需求，把握互动的时间和频率，但是企业也要考虑自身目标综合确定。

客户互动时间可以根据客户的时间、企业的相关营销要求来确定。客户互动频率可以根据客户分级确定，针对一般客户、重点客户，以及关键客户确定不同的互动频率。

6. 评估互动效果

评估互动效果是客户互动设计的最后一个环节，也是非常重要的一个步骤，在互动过程中，要注重对互动效果的检验，坚持全面评估客户互动效果，才有可能完整、真实地反映客户互动全貌。互动效果评估不仅要检验企业是否实现了既定目标，还要总结互动过程中存在的问题，对之后的客户互动提供优化建议。

职场透视

数字营销技术应用职业技能等级证书（高级）

数字营销技术应用职业技能等级证书（高级）的核心内容是数字营销策划，主要技能目标是依托数字营销4R模型，针对目标受众，完成数字营销方案策划工作，提高数字营销的整体效果。

高级证书主要聚焦人群画像与分析、数字化信息触达、客户关系连接、营销关系交易与回报4个关键工作领域，服务于人群画像、人群画像分析、人群画像价值转化规划、营销信息策划、触达方式策划、信息覆盖率提升策划、客户关系连接分析、客户关系连接规划、客户关系营销管理、营销关系变现策划、交易促成、营销关系交易与回报分析共12个典型工作任务，涵盖完成以上任务所需的48个技能点。

取得高级证书的考生，能够更好地胜任数字营销策划相关工作，满足企业数字营销人才需求，扩大求职宽度，提升个人竞争力。

1+X证书同步测试

一、单项选择题

1. 以下客户标签中，属于预测标签的是（　　）。

A. 历史交易　　B. 客户流失概率

C. 产品偏好　　D. 渠道使用频率

2. 用户看到"好空调，格力造"，就会联想到格力，这种品牌价值形态属于（　　）。

A. 品牌广告歌曲　　B. 品牌包装

C. 品牌标志　　D. 品牌广告语

3. 以下不属于品牌核心价值定位内容的是（　　）。

A. 品牌客户价值　　B. 品牌功能价值

C. 品牌情感价值　　D. 品牌观念价值

4. 对于客户互动时机的把握，企业要考虑的问题是（　　）。

A. 互动的时间和地点　　B. 互动的对象和形式

C. 互动的时间和频率　　D. 互动的渠道和方式

5. 客户标签构建的维度由浅入深分别是（　　）。

A. 原始标签、预测标签、模型标签、事实标签

B. 原始标签、事实标签、模型标签、预测标签

C. 预测标签、模型标签、事实标签、原始标签

D. 预测标签、事实标签、模型标签、原始标签

二、多项选择题

1. 品牌价值体系的构成包括（　　）。

A. 产品价值　　B. 品牌价值感

C. 客户价值观　　D. 企业价值观

2. 客户数据类型主要有（　　）。

A. 身份数据　　B. 行为数据

C. 定性数据　　D. 定量数据

3. 以下属于常见的品牌价值形态的有（　　）。

A. 品牌标志　　B. 品牌广告歌曲

C. 品牌广告语　　D. 品牌包装

4. 企业进行品牌核心价值定位时需要考虑的因素有（　　）。

A. 洞察核心需求　　B. 区隔竞争对手

C. 维护自身利益　　D. 符合行业本质

5. 以下属于数字营销内容定位方法的有（　　　　）。

A. 定位用户画像　　B. 分析触达场景

C. 梳理用户的内容需求　　D. 挖掘差异化的内容

三、判断题

1. 品牌广告歌曲一定要由品牌原创，通过量身定制过的原创歌曲才能更精准地传递品牌精神价值。（　　）
2. 客户需求从类别上可以分为对产品的需求和对服务的需求。（　　）
3. 客户标签构建就是对客户的显著特征进行分类、提炼、总结的过程。（　　）
4. 潜在客户是指那些 6 个月没有购买过的客户。（　　）
5. 注册有礼、首单立减、免费试用、新用户专享等活动都属于留存类活动。（　　）

综合实训

一、实训目标

通过本实训，能够根据企业及产品信息构建客户多维标签，确定品牌传播方式和渠道，设计客户互动方式，完成数字营销策划方案的撰写。

二、实训背景

某品牌是一个以休闲食品研发、加工、生产、贸易、仓储、物流为主业，集互联网商务经营模式、新零售于一体的渠道品牌和综合性品牌。该公司自成立以来始终致力于休闲文化的传播并确立了“立足于南京，放眼于全国”的发展战略梯度，将产品锁定为高端定制零食、果饮奶茶和时令鲜果，主要有坚果、糕点、蜜饯、果脯、糖果、进口食品、零食礼盒等产品类别，全品类零食约有 1 500 种，在全国有线下门店 120 余家，遍布北京、上海、杭州、青岛、南京等主要的一二线城市。

该品牌的品牌定位为“始终致力于休闲食品文化的传播，为大众提供多品种休闲零食，让消费者在美味中享受幸福和快乐”。不断满足消费者的口味需求，不断开发新的口碑产品。

春节来临之际，该品牌为了迎合节日需求，推出 1 款 10 袋装坚果礼盒，总重量为 1 578 g，原价 198 元，活动上新价 168 元，线上线下店铺均参与满 200 元减 20 元的活动。该品牌想通过此次营销推广扩大品牌在三四线城市的知名度，同时提高店铺产品的销量。

三、实训要求

1. 分组进行，每个小组 3 人，自行确定本小组的负责人。

2. 通过网络搜集至少 2 个竞品企业，了解竞品企业的品牌定位、核心价值、目标受众及其近 3 年的数字营销案例。

3. 通过分析竞品企业，结合该公司的现状，构建客户标签体系，完成客户人群洞察。

4. 根据营销目标，结合营销场景，选择品牌传播的方式和渠道。

5. 根据营销目标，结合人群画像，选择互动方式并完成客户互动策划。

6. 根据以上要求，提交一份完整的数字营销策划方案。

四、实训评价与总结

1. 小组自评

组长根据各组员在策划方案形成过程中的贡献给出相应的评价（30%）。

2. 组间互评

各小组以 PPT 形式对撰写的策划方案进行展示介绍（30%）。

3. 教师对团队总评

根据各组成果的优缺点有针对性地点评，启发学生的创新思维；对各组普遍存在的问题进行重点分析；针对各团队发布的内容提出要重点注意的问题（40%）。

第4章

数字广告营销

学习目标

素养目标

- 培养精益求精的职业态度，引导学习者注重细节把控和效果优化，以专业素养提升数字广告营销的质量和效率
- 培养能够使用人工智能、大数据、信息通信等技术，借助搜索引擎、推荐引擎等新型劳动工具，进行创新性劳动的新型劳动者
- 增强新时代青年在数字广告营销中坚守法律底线，尊重国家安全、人民利益、道德伦理，维护社会公序良俗的责任担当

知识目标

- 了解数字媒体传播的特征
- 熟悉数字广告营销思维
- 熟悉数字广告营销渠道分类及特征
- 掌握搜索引擎广告营销的原理
- 掌握推荐引擎广告营销的原理

技能目标

- 能够熟练掌握搜索引擎广告投放的流程
- 能够熟练掌握推荐引擎广告投放的流程
- 能够分析搜索引擎广告在营销中的应用效果
- 能够分析推荐引擎广告在营销中的应用效果

思维导图

- 数字广告营销
  - 数字媒体与数字广告
    - 数字媒体的含义及类型
    - 数字媒体的传播特征
    - 数字媒体与传统媒体的差异
    - 数字广告认知
    - 数字广告营销思维
    - 数字广告的发展趋势
  - 数字广告营销渠道
    - 数字广告营销渠道与传统营销渠道的差异
    - 数字广告营销渠道的分类及特征
  - 搜索引擎广告营销
    - 搜索引擎的含义及分类
    - 搜索引擎广告的含义及特点
    - 搜索引擎广告营销原理
    - 搜索引擎广告投放流程
    - 搜索引擎广告营销的应用
  - 推荐引擎广告营销
    - 搜索引擎的含义及分类
    - 搜索引擎广告的含义及特点
    - 搜索引擎广告营销原理
    - 搜索引擎广告投放流程
    - 搜索引擎广告营销的应用

学习计划

素养提升计划

____

____

知识学习计划

____

____

技能训练计划

____

____

引导案例

哈尔滨的搜索引擎营销活动

哈尔滨是座充满异国情调和冰雪魅力的城市，正在通过数字营销技术重塑其旅游品牌形象。在数字经济时代，哈尔滨旅游局与某知名搜索引擎广告平台携手合作，运用数字广告营销新技术，打造了一场精准高效的旅游推广活动。

在活动前期，哈尔滨旅游局与搜索引擎广告平台进行了深入沟通，明确了营销目标，即通过搜索引擎营销，精准触达目标游客群体，提升哈尔滨的旅游品牌形象，吸引更多游客前来游览。

为了实现这一目标，策划团队首先利用搜索引擎广告平台的大数据技术，对目标游客群体进行了精准画像。通过分析游客的搜索行为、兴趣爱好、地域分布等信息，成功圈定了上海、广州、深圳等一线城市的潜在游客群体，确保推广活动能够精准触达目标受众。

接下来，策划团队针对哈尔滨的旅游资源和文化特色，精心设计了多套创意物料。这些物料以哈尔滨的冰雪节、中央大街、松花江、太阳岛等标志性景点为灵感来源，融入哈尔滨特有的欧陆风情和冰雪文化元素，通过精美的图片、生动的视频和富有感染力的文案，将哈尔滨的独特魅力展现得淋漓尽致。

在广告投放策略上，搜索引擎广告平台采取了分阶段投放的方式。首先，在预热阶段，通过大量曝光和互动，引发游客对哈尔滨的兴趣和关注；其次，在活动期间，通过精准投放和实时优化，确保目标游客群体能够第一时间获取哈尔滨的旅游信息和优惠活动；最后，在收尾阶段，通过持续曝光和口碑传播，巩固活动成果，提升哈尔滨的旅游品牌形象。

经过精心策划和实施，哈尔滨的搜索引擎营销活动取得了显著成效。活动的成功，离不开精准的广告投放策略、优质的创意物料和高效的执行团队。通过精准触达目标游客群体，展现哈尔滨的独特魅力，提供优质的旅游体验，哈尔滨成功吸引了更多游客前来游览，进一步提升了旅游的品牌形象和市场竞争力。

引思明理：

党的二十大报告提出："坚持以文塑旅、以旅彰文，推进文化和旅游深度融合发展。"党的二十届三中全会也提出："健全文化和旅游深度融合发展体制机制。"旨在通过深化文化体制机制改革，激发文化创新创造活力，同时丰富人民的精神文化生活。近年来，城市品牌的推广，越来越依托于数字广告营销。《“十四五”旅游业发展规划》中提到：“鼓励依法依规利用大数据等手段，提高旅游营销传播的针对性和有效性。”“支持建设一批旅游营销创新基地，孵化一批具有较高传播力和影响力的旅游品牌。”从引导案例中可以看出，哈尔滨成功地把城市名片推往全国，离不开数字广告营销的应用。通过大数据分析、人工智能等先进技术，数字广告营销能够精准定位目标客户群，提升城市知名度和曝光率，助力城市文旅资源的优化配置和高效传播，推动城市文旅产业的创新与发展，打造独特的城市文旅品牌形象。未来，随着 5G、元宇宙等新技术的应用，数字营销必将为城市文旅品牌建设注入更强大的创新动能，开创“以文塑旅、以旅彰文”的新局面。

4.1 数字媒体与数字广告

4.1.1 数字媒体的含义及类型

1. 数字媒体的含义

数字媒体是指以二进制数的形式存储、处理、传播信息的载体，这些信息包括数字化的文字、图形、图像、音频、视频、动画等。简单地说，以数字化技术为传播手段的媒体都属于数字媒体。例如，用于获取资讯的腾讯、新浪、网易等门户网站；用于搜索信息的百度、360 等搜索引擎等；常用的社交平台如微信、微博等；视频音乐类网站如优酷、腾讯视频、爱奇艺、QQ 音乐、网易云音乐等；电商平台如淘宝、京东、拼多多等；涉及衣、食、住、行等方面的生活类 App，如美团、大众点评、携程、去哪儿网等。

数字媒体在发展过程中与传统媒体融合，这种通过数字技术和网络技术，结合传统媒体向用户提供信息和娱乐服务的传播形态称为“新媒体”。“新媒体”既可以理解为数字媒体与传统媒体的融合，也可以理解为数字媒体与各领域的融合，即“数字媒体 + 生活、文化、产业、教育”等。例如，数字媒体利用互联网、宽带局域网、无线通信网、卫星等渠道以及计算机、手机、数字电视等终端和传统媒体进行融合。

将数字媒体的产品服务和创新技术融入品牌的市场推广体系，可以将数字媒体的营销效果最大化。广告主、代理商、媒体主，以及其他各方角色在数字营销市场中迅速找准定位，利用现有的业务优势拓展新市场，能尽快在行业中占据有利位置，增强自身竞争力。

2. 数字媒体的类型

数字媒体充当着信息传播的载体和技术手段，能更方便、全面、高效地服务于品牌的信息和内容，进而激发广告创意。

数字媒体发展迅速，呈现出丰富多样的类型。它以用户为中心进行传播，其媒体类型构成和用户需求有直接关系。从数字广告传播的角度出发，数字媒体主要分为社交媒体、视频媒体、音乐媒体、新闻媒体、电商媒体、生活媒体、出行媒体、工具媒体等。

（1）社交媒体。通常泛指互联网上基于用户关系的内容生产与交换平台，它是人们彼此之间用来分享见解、经验和观点的工具，现阶段主要包括社交网站、社交应用、博客、论坛等。社交媒体传播的信息已成为人们浏览互联网的重要内容，不仅制造了人们社交生活中争相讨论的热门话题，还吸引了传统媒体的跟进报道。

微课：如何利用抖音进行数字营销

（2）视频媒体。它能够通过视频方式更好地为用户建立“画面感”，传统的视频媒体主要以电视为代表，而在数字经济时代，随着移动互联网的普及，在线视频特别是短视频等得到了迅速发展。在数字营销相关技术的助推下，视频媒体广泛应用于旅游、美食、教育、养生、科技等领域。

（3）音乐媒体。指以音频为内容的传播载体，广告主可以通过音乐媒体运营品牌，推广产品，目前主流的音乐媒体主要有网易云音乐、QQ 音乐、酷狗音乐、酷我音乐等。

（4）新闻媒体。指以时事聚合和专业生产内容（PGC）为主的传播载体。随着数字技术的发展，新闻媒体发展非常迅速，当前用户使用较多的有今日头条、新浪新闻、搜狐新闻等。

（5）电商媒体。指以电商运营为主要业务的载体，如淘宝、天猫、京东等。随着电子商务的发展，电商媒体开始注重产品社交化布局，纷纷进入拼购、拼团的细分赛道，这些媒体在社交化领域的竞争开始受到关注。

（6）生活媒体。得益于科学技术的迅速发展，生活媒体逐渐进入人们生活的方方面面，以满足日常健身、穿搭、美容、家居、美食等需要，如美团、大众点评等。

（7）出行媒体。在数字化时代，出行媒体的出现一方面加速了智慧出行科技的发展，另一方面也让出行管理 App 跃入大众视野，如携程旅行、高德地图等。

（8）工具媒体。是指以工具为主，具有一定实用价值的媒体。从互联网产品各类型横向比较来看，实用工具依然是用户规模量级最高的互联网产品类型之一，工具媒体仍占有不可替代的重要地位。

4.1.2 数字媒体的传播特征

1. 传播内容碎片化

数字媒体时代，受众能够从各种渠道轻松获取海量信息，因此，受众对信息的选择性更大，主动性更强。当有限的阅读时间和无限的信息之间产生矛盾，导致受众选择性接收数字媒体信息的时候，往往倾向于选择成本最小，接收时间最短，信息含量最大的信息。受众自主选择能力的强化，决定了数字媒体从信息发布开始就使用碎片化的传播方式。

如今，网络信息的发布，要先进行分类。新闻信息发布时，重要内容都有分栏的内容提要；其他信息发布时所使用的分类也越来越细致。这使得媒介从源头就体现出碎片化的传播特点。手机等媒介在传播上，体现出限制信息量的特点。如微博有字数限制，微信有图片数量限制，这就导致了使用这些媒介进行传播和营销的企业，必须在限定容量内发布信息，受众也只能在这样的限制之下接收信息。

2. 传播媒介多元化

在信息化、数字化浪潮冲击下，数字媒体呈多元化发展趋势，既有传统的传播媒介，如广播、电视、报刊、短信、邮件等形态；也有百度、头条、微信、微博、知乎、抖音等新型化的传播媒介，通过文字、声音、动画、直播、短视频等多种媒体表现手段呈现出来，以多种媒介并行的方式吸引越来越多的消费者。因此，传播媒介呈现出一种多元化的发展态势。

数字传播媒介多元化发展离不开技术手段的推动。数字传播媒介时时刷新消费者的眼球，并以新奇的传播技巧吸引越来越多的消费者在这些传播媒介上获取信息，同时也不断挤压传统媒介的生存空间。然而，在新技术发展背景下，传统传播媒介也逐渐发生改变。一方面，受众接受信息的方式、渠道多元化，为迎合更多受众的需求，减少受众流失，必须以多元化方式满足不同需要；另一方面，企业的传播方式和渠道也随之多元化，传统媒介只能努力以全媒体的姿态，对企业呈现自己的价值最大化和独特性。

通过新型传播媒介的迸发与传统媒介的转型升级，涌现出了更多的数字化传播媒介，也赋予了数字媒体传播媒介多元化的特征。企业可以根据营销活动及品牌传播的需要，选择单一的媒介形式或多元化的媒介组合来进行有效传播。

3. 传播速度即时化

在时效性上，数字传播是全天候的。在如今的互联网中，信息发布流程简单，传播和转载速度快，从而保证了信息传播的即时性。社会上一些带有吸睛特性的事件发生后，其相关的信息便会同步出现到网上，网民在第一时间便可以发表自己的观点，表达自己对整件事的看法。大众的高关注度和网络传播的快捷性也使得网络舆情可以快速形成并扩散。

4. 传播方式互动化

数字媒体传播的重要特征是大众互动。数字媒体的出现及其技术的不断创新，使其传播迈入了一个新阶段。数字媒体传播融合了传统媒体优良的传播功能，并从单向传播变成了双向互动性传播。在数字媒体中，品牌传播者和受众之间的互动性更强，角色界限也更模糊。

数字媒体不再是“点对面”的广播式传播，而是“点对点”的交互式传播。与大众媒介传播的传统方式不同，数字传播不是媒介向接收者单向传递信息，而是二者之间的交互性传播。不仅媒介作用于用户（传递信息），用户也作用于媒介，如用户可对网络信息进行加工、处理、修改和重组等。

比如，就传统报纸而言，受众不能对它有任何加工和直接交流，但网络报纸则允许用户通过信息检索等功能选取有用和感兴趣的信息，形成个性化的报纸；或者通过反馈等功能发表对新闻的意见。实际上，交互性通常表现为用户利用网络媒介的功能对信息进行选择，从而成为操作这些信息的主体，而传统媒介则不提供这些功能。由于用户参与了传播过程，传播效果就不再只由媒介控制，而是受用户主动使用情况的影响。

5. 传播触达精准化

传播对象的细分化决定了传播触达的精准化，数字媒体甚至开始以家庭和个人为基本单位进行量身定制和传播，这就使得受众被划分得越来越细。在大众传播的基础上，可以进行更分众化、精确化的传播。

（1）传播内容精准化。内容供应商将一部分生产内容的功能划分出来，进行社会化生产，这不仅使数字媒体的节目数量大大增加，节目内容更加丰富，而且增加了个性化很强的增值业务，使传播的内容丰富多彩。

（2）传播服务精准化。数字媒体的传播者一般具有高效性、易满足受众个性化需求等符合精确传播特点的信息传播特征。以用户需求为导向，优先推荐用户喜欢的内容，以争取高订阅率。在取得一定经济收入和经营专业频道经验的基础上，进一步按照专业细分市场大小顺序，逐步推出更多专业内容。树立品牌意识，培养品牌频道，以内容质量取胜，尽最大努力满足受众的个性化需求。

（3）传播受众精准化。数字媒体时代，数字媒体的消费者或信息接收者，是数字产业链的终端用户。用户与前端运营商不再是广泛单纯的广播式关系，而是一种密切的信息服务供求关系。数字媒体服务也不仅局限于新闻与娱乐节目服务，而是建立在宽泛互动基础上的综合服务。用户可以根据自己的个性化需求定制节目信息，也可以利用数字媒体享受其他的精准化服务。

4.1.3 数字媒体与传统媒体的差异

1. 传播内容及资源不同

传统媒体传播的资源和信息是有限的、狭窄的。20 世纪 60 年代末，互联网出现。历经 60 年的全球化高速发展，推动了全球数字化信息传播革命。数字电视、数字图像、数字音乐、数字动漫、网络广告、数字摄影摄像、虚拟现实等基于互联网的新技术的开发，创造了全新的艺术样式和信息传播方式。如人们现在接触到的丰富多彩的播客视频、网络流媒体广告、多媒体电子出版物、虚拟音乐会、虚拟画廊和艺术博物馆、交互式小说、网上购物、虚拟逼真的三维空间网站，以及数字电视广播等。在整个数字媒体系统中，信息是包罗万象的，通过数字媒体可在网络上接触任何信息，搜索到最直接、有用的内容。

2. 时空限制程度不同

互联网的飞速发展重新构建了人类社会与个人生活，数字化的作用之一是消解时空约束，即通过不断突破时空限制重构人们的生活方式。

（1）空间约束被数字化技术解放。数字媒体既消解了传统媒体之间的边界，也消解了区域、社群、产业之间的边界，还缩短了信息发送者与接收者之间的地域差距。例如，当数字电视和网络电视技术应用到智能手机、车载移动设备和楼宇电视等新型媒介形态中时，观众的收视行为就不再局限于室内。因此，基于网络和数字技术所构筑的需求、传输和生产都极大地活跃起来了。

（2）时间约束被数字化技术解放。传统媒体有明确的发布时效和时段，这种传播时效使得受众的关注也有了时段性。因此，传统媒体无法在所有时间段都为信息获取者提供满意的信息。而数字媒体开辟了通达受众的新途径，使人们能够通过智能设备和移动终端随时随地收看最新的信息。例如，在电商平台（如京东、淘宝、天猫等），所有商品都是以数字形式展示的，可以在任何时间段为消费者提供服务。

3. 目标受众角色不同

传统媒体是“主导受众型”，而数字媒体是“受众主导型”。数字媒体时代，受众有更大的选择权。数字媒体为受众带来了更为丰富的收视选择和更多元化的信息服务，具有交互性的特点，数字媒体个性化的信息能同时送达不同群体。无论是生产者、传播者还是消费者，每个参与者对内容均拥有对等和相互的控制权。这极大地调动了受众的参与性和积极性，也扩大了受众基础。

4.1.4 数字广告认知

1. 数字广告的含义

数字媒体的出现使广告目标产生了重要的根本性变化。数字技术以其独特的方式为广告提供了一系列双向沟通和测量的可能性。这些变化从根本上重新定义了数字时代的广告期望值。

所谓数字广告，是指以信息科学和数字技术为载体，以产品、理念或话题为互动内容，通过创新的互动形式有效地组织一系列文字、图形、图像、声音、视频影像和动画等数字内容，以分享、互动、主动为特点的广告信息传播模式。它包括互动广告、搜索引擎广告、推荐引擎广告、社群广告等多种新的形式，形成线上线下整合的广告格局，从而更好地引发人们对广告传播内容的共鸣。

数字广告基于数字媒体进行传播，体现出创意多样、投放精准、媒介丰富、互动有趣，以及以用户为中心等特点。

2. 数字广告参与方

数字广告生态的相关角色主要包括广告主、媒体平台、广告受众和广告代理。

(1) 广告主是广告投放的需求方。从法律意义上讲，是为推销商品或提供服务，自行或委托他人设计、制作、发布广告的法人、其他经济组织或者个人。广告主包括有广告投放诉求，要进行产品营销推广的品牌商们。

(2) 媒体平台是流量的供给方。很多互联网媒体公司同时也是数字广告平台的提供者，因此统称媒体平台，如腾讯、阿里、字节跳动等。

(3) 广告受众是观看、消费广告的普通大众，是广告主意欲触达的消费者。

(4) 广告代理是为广告主进行创意设计、广告投放的服务商，或聚合媒体流量再次分发的媒介代理公司。可以说，数字广告的进化史就是围绕各个参与方革新广告交易方式并升级广告产品形态的进化史。

3. 数字广告交易方式的变迁

(1) 合约广告。合约广告主要分为按展示时长付费（Cost Per Time，CPT）计价的独占广告和按千次展示付费（Cost per Mille，CPM）计价的定向广告两种类型。

互联网伊始，有的门户网站已经聚集起不小的流量，媒体平台为追求商业变现，便借鉴报刊售卖版面栏位的方式，将网站诸多模块拆成可供创意展示的条块状（Banner位），以按展示时长结算的 CPT 计价方式售卖合约广告。这种广告属于独占式广告，在某一时刻将展示位卖给了广告主 A，势必让存在业务竞争关系的广告主 B 失去了此时的曝光机会，因此 CPT 的合约展示广告具有一定的溢价能力和挤出效应。

从媒体变现的角度分析，同一时刻的浏览用户中，可能既有登山爱好者，也有居家妈妈，如果此时展示化妆品广告，对于前者来说没有吸引力，这部分流量就耗损了。媒体平台自然而然也就产生了面向不同用户展示广告的方式。这种定向展示广告以合约形式向品牌广告主售卖，约定按展示量即千次展示付费。

受众定向广告使得橱窗式的静态广告变成了“位置+人群”的动态化广告，广告系统则加工生产出丰富的人群标签以供广告主选择投放。人群标签通常包含属性标签、行为标签、自定义标签三大类。

(2) 竞价广告。竞价广告作为搜索引擎的主要变现手段，通过竞拍方式将关键词广告植入搜索结果中，通过精细的流量控制来获取更高的商业回报。在搜索竞价广告的带动以及合约广告存在诸多问题的情况下，促使展示广告开始打破合约计价模式，走向自由竞价模式，产生了更丰富的计价方式。

在搜索竞价模式下，广告内容与搜索结果内容混排出现，有时难以分辨。搜索广告与实际服务结合得更自然，这也是其与橱窗式展示广告之间的天然差异。因此，竞价广告在计费模式上普遍采用按点击付费（Cost Per Click，CPC）的计价方式。

竞价广告市场的发展壮大，使得广告主们置身于多方博弈的环境中。对广告主而言，其关注的是广告投放后能获取到的转化付费，即投资回报率（Return On Investment，ROI）。因此，广告主倾向于根据转化付费，媒体平台也有动力扩大市场，这就衍生出了按销售量付费（Cost Per Sale，CPS）和按转化付费（Cost Per Action，CPA）的计价模式。

（3）程序化交易广告。竞价模式的出现为众多中小型互联网媒体的流量变现提供了机会，逐渐衍生出在线广告联盟这一商业模式，如百度广告联盟等。然而广告联盟的流量售卖对广告主而言是“黑盒”，广告主不能定制人群标签，数据反馈也不及时。这种对客群定制与效果优化的需求催生出了实时竞价（Real Time Bidding，RTB），进而开启了程序化交易广告的新业态。

RTB 的核心流程是：在用户访问媒体时，将广告位信息及用户 ID 生成询价请求发送给各广告需求方，广告需求方判断用户是否为目标受众并做出竞价决策，经过多方实时竞价，最终得出千次展示收益最高的广告创意向用户展示。RTB 这一开放的竞价过程需要一个程序化的交易平台支撑，这就是广告交易（Advertisement Exchange，ADX）平台。

广告交易平台一边连接媒体拥有的广告位为其“待价而沽”，一边连接广告主的需求“价高者得”，使得有价值的广告位和中小媒体的剩余流量都能匹配到合适的买家并产生交易。知名的广告交易平台包括阿里巴巴、腾讯和百度的广告平台，以及字节跳动的巨量引擎。

随着广告交易平台数量的增加，不同广告交易平台的对接规范、操作流程不尽相同，如果让广告主逐个接入也是一项烦琐的事务，于是专为广告主服务的需求方平台（Demand Side Platform，DSP）应运而生。DSP 代替广告主将各家广告交易平台进行统一对接，并整合广告投放的一些共性需求，为广告主提供更友好的操作管理界面。广告主做好“对于哪一类客群，愿意付多少钱获得他们”的设置，DSP 负责执行广告出价、客群抉择、广告投放的相关工作，使广告主尽可能以最低成本获取最大回报。

（4）原生与移动广告。自移动互联网开始，广告与内容混排的原生广告形态逐渐成为主流。这是因为移动互联网与用户产生了更多触点，同时广告融入内容展示的统一策略也使用户体验更友好。

信息流广告发展起来后，竞价交易方式也开始产生新变化。CPS/CPA 的计价方式并非当前最优解决方案，以转化结果作为优化核心的结果数据掌握在广告主手中，如果广告主有意不回传数据给媒体平台，就可能存在作弊风险。媒体平台以广告的销售或转化作为广告展示与流量分发的优化目标，而广告主则按点击或按千次展示付费，这就是广告扣费点与广告主竞价点分离的优化智能出价（optimized CPC/CPM，oCPX）。

例如，广告主以商品销售作为优化目标，广告系统就会按照历史数据和广告主回传的结果数据作为进一步调整广告自动出价的依据。对于商品购买意愿高的用户，可以提高出价从而提高曝光展示率；对于商品购买意愿低的用户，可以降低出价，减少广告曝光浪费。目前，oCPX 的方式已逐渐成为各大数字媒体广告平台的标配。

4.1.5 数字广告营销思维

随着互联网技术的发展，很多网络品牌借助流量红利和一定的投放技巧迅速崛起，但它们却不能维持这种优势，长期活跃在消费者视野中。从营销角度来分析，这些“网红”品牌的大起大落都源自企业对“效果广告”营销思维的过分重视。效果广告能够让企业在短期内实现销量的快速增长（尤其是在抓住平台流量红利的情况下），但随着流量红利的消退，广告投放效果逐渐回落，企业自身的品牌价值却无法成为后续的增长动力，品牌便因此衰落。因此，在数字技术高速发展的时代，树立正确的数字广告营销思维对于企业的长期发展至关重要。

1. “品效合一”的数字广告营销思维

数字媒体的发展使得品牌在传播的同时也可以带来销量，于是出现了“品效合一”的概念。简单地说，“品”是品牌效应，“效”是实际销售效果，“品效合一”的意思就是在塑造品牌的同时提升销量。

目前，搜索引擎、电商平台、社交媒体等互联网流量入口都可以实现“品效合一”。例如，通过百度搜索的 SEM、SEO 品牌专区进行流量拦截，引导用户进入品牌官方商城、电商旗舰店；通过信息流广告、微信朋友圈承载落地页，用户可以实现一键购买，也可以留下潜在顾客的联系方式；电商平台直播、销售直通车等都是“品效合一”的典范，如抖音可以直接卖货。“品效合一”的本质是数字媒体一站式整合了品牌内容、产品卖点、促销内容，以及购买、物流、安装服务这些原来需要多次触达消费群体的内容和过程。

“品效合一”是一种思维，将营销转化的效果融入品牌广告。“品效合一”是互联网时代营销变革的方向，也是未来数字广告的发展趋势。降低广告成本只是其表面现象，本质是消费的底层逻辑发生了变化。

（1）“品效合一”的逻辑。

① 营销效果从不可追踪到可视化。营销界有一句关于广告的经典名言：明知道广告费有一半浪费了，但是从来不知道浪费的是哪一半。在以往的营销过程中，广告的

触达率和效果既“看不见”，又不可追踪。“大投放”的营销策略往往是让品牌家喻户晓的唯一途径，甚至不需要多么精美的广告设计，只要不断重复同一句广告词，就能被观众牢牢记住。

随着互联网大数据的发展，以往无法量化的指标正在逐渐减少。尤其是在移动互联网时代，大数据技术能够为品牌提供精准的营销效果统计，使营销效果可视化。

② 消费者购买链路升级。在电视、报纸媒介盛行的营销时代，由于渠道和媒体的分离，消费者接受品牌的信息需要经历“发现—注意—理解—记忆”的漫长阶段，而且消费者从看到广告到真正实现消费决策，有很长的时间差。

在新消费环境下，传播渠道和媒体逐渐融合，消费者的购买路径也升级为“看见—搜索—购买”的短链路。用户从看到广告到做出消费决定的时间变得越来越短。直播电商出现后，从观看直播到“种草”再到下单，中间甚至只隔几秒钟。在这种消费购物路径的变化下，消费者购物的即时性增强了。

③ 营销思维的转变。以前的营销思维更多地停留在卖货层面上，通过不断强化差异化卖点，让消费者记住并在适当的消费场景中想起该品牌并购买。

但是消费者对于产品的态度和感觉是完全不同的，消费者想要购买的不是产品本身，而是产品带来的价值感。如果竞品也能满足这些需求，那么原品牌在消费者眼里就没有任何优势。所以，想要有销量上的转化，企业必须给用户一个优于竞品的理由，这就是用户思维。

只有从卖货思维转化为用户思维，品牌才能真正占领用户的心智，使消费者在做出购买决策时主动选择品牌。数字营销的快速发展，为“品效合一”的实现提供了解决方案，品牌做营销时，到底是要品牌还是要销售效果已经不再是选择题，哪怕是在广告预算比较宽裕的情况下，践行“品效合一”也是当下的主要趋势。

（2）“品效合一”的思维误区。

误区一：紧追红利营销手段。

当直播带货席卷营销圈，不少品牌跟风造势却失望而归，盲目追逐红利的营销手段未必有用，企业需要找到适合自己的方法，占领消费者的心智。

营销是战术，品牌是战略，战术打法符合战略指导，才能够实现其价值。真正的“品效合一”是品牌长期依托消费者的心智形成的，品牌要做的是让消费者看到营销内容后的行动力，并把主动权交给消费者，在需要时可以随时购买。

误区二：品牌和产品相对立。

一些企业为了塑造品牌形象，盲目进行“情感营销”，为了引起消费者和品牌的情感共鸣而放弃产品植入。这样其实得不偿失，因为对于一个成熟品牌而言，产品是消费者接触品牌的第一关，如果没有很强的消费者认知，品牌在实现效果转化的过程中就会遇到瓶颈，获客成本也会增大。所以，在传播过程中，既不能脱离产品讲品牌，也不能脱离品牌讲产品。

误区三：过分执着于短期销量。

“品效合一”中的“效”并不是狭隘的短期“销售转化”，还包括口碑、文化和价值的长期输出，只有通过“品”的宣传，成功占领消费者的心智，才能让消费者见到广告后立刻激起购买欲望。因此，“品效”的真正意义在于“长期”。

总而言之，“品效合一”不是一个广告投放小闭环，而是整个品牌建设的大闭环。“品”是利益驱动，是“效”的原因，品牌只有满足用户需求，才会产生“效”，促进品牌建设。

(3)“品效合一”的实现途径。品牌想要在消费市场中生存，就必须要实现社交声量和销售增量的共赢。“品效合一”就是要求消费者在看到品牌信息后立即做出反馈，想要实现这一目标，品牌就要拥有优质的产品、内容和渠道。

① 产品是品牌的必要但非充分条件。产品永远处在核心位置，一方面可以承载品牌心智，在消费者心中建立品牌认知；另一方面也可以连接消费者，为品牌构建具体的营销传播链路，促进销售。

② 优质内容营造参与感，不是简单地“广而告之”。如今，营销的环境与方法都发生了根本改变，如何让消费者在注意到品牌的同时，又获得一个购买理由？内容无疑是当下快速打造品牌的不二途径。

优质的广告内容能够带动品牌的自传播，为用户营造一种参与感，从而获得正面的口碑和评价。企业应高效地将品牌价值传递出去，让消费者参与到产品的售卖过程中，并产生“这个推荐为我量身定制”的认知。

③ 通过传播渠道承接，让用户主动分享。一场高效的品牌营销活动，除了产品体现品牌的硬实力，优质内容营造品牌的参与感外，合适的传播渠道承接也能够让品牌迅速落地，使转化效果立竿见影。

因此，企业需要搭建合适的传播渠道，进一步扩散品牌的声量，使更多的人认可并分享品牌，进而实现产品口碑和品牌形象的传播。

2. 全媒体广告营销思维

在数字时代的商业环境中，为了更好地与用户保持联系和沟通，全媒体广告营销思维已成为企业数字化转型的重要驱动力。

全媒体概念不是来自学界，而是来自传媒应用领域的实践。随着信息技术、通信技术和互联网技术的发展，加上媒体融合发展实践的推动，全媒体的内涵也在不断丰富、深化和完善。在我国的业界与学界，从实践到理论层面，这一概念被迅速接受、应用和阐发，成为推动媒体融合发展的重要指标和推动因素。

由于技术发展阶段限制，最初“全媒体”只是不同类型媒体的组合而非融合，因此更接近于“多媒体”的含义。随着科技发展，传播手段层出不穷，媒体形态日趋多样，媒体融合不断深化，“全媒体”摆脱了早期的各种媒体的简单组合，内涵越来越丰富，对传媒业影响越来越大，人们对全媒体的认识也在不断深化与升华。随着媒体融合实践的发展，有关专家开始对“全媒体”的内涵进行深入的探讨。

综合不同信息传播研究者对“全媒体”的定义，全媒体的概念可以归纳为：在信息传播过程中，融合文字、图片、音频、视频、动画等多种媒体表现手段，综合利用报刊、广播、电视、网络等多种媒介形态，针对不同类别、不同时间、不同地点、不同终端受众的不同需求，通过纸质媒介、广电网络、电视网络、互联网络、电信网络、户外媒体等多种渠道与平台进行全方位、多层次融合传播的一种新的信息生产、传播与消费形态。

全媒体的内涵不是静止不变的。当今世界，信息技术、通信技术和互联网技术飞速发展，新一轮科技革命带来传播格局的深刻变革。云计算、大数据、物联网、区块链、人工智能等改变了传统的信息生产方式，VR、AR、可穿戴设备等丰富了媒体表现手段，微博、微信、抖音、快手等网络媒体不断迭代更新，移动应用、社交媒体、问答社区、网络直播等新应用、新业态不断涌现，跨时空、大容量、开放性、交互性、移动化等传播特点不断塑造新的受众需求。随着人工智能技术的成熟与大规模应用，还将产生许多新的信息生产方式、媒体表现手段、媒介传播形态和受众体验等。这种变化，决定了“全媒体”内涵的开放性，全媒体的含义应是一个与时俱进、不断丰富的过程。

博文约礼

四全媒体

在中共中央政治局第十二次集体学习中，习近平总书记提出“四全媒体”的概念。四全媒体是指全程媒体、全息媒体、全员媒体、全效媒体。“四全媒体”的提出，是对以往“全媒体”含义的进一步明确与阐释，分别从信息生产发布、内容表现形式、主体多元互动、传播效能提升等不同维度，深化了人们对全媒体内涵的理解，从更高层次上提升了人们对建设全媒体，以及推动媒体融合发展的认识。

1. 全程媒体

全程媒体指客观事物运动的整个过程都会被现代信息技术捕捉、记录并存储。这属于时空维度。

2. 全息媒体

全息媒体是指媒体信息格式多元，如文字、图片、音频、视频等。大数据时代，在物联网、人工智能、大数据、云计算等新技术的支持下，各种各样的传感器使得人类采集到的各种信息越来越“全息化”。在此基础上，新闻及其他各类信息的呈现形态更加立体，用户体验更加丰富。这属于信息技术维度。

3. 全员媒体

全员媒体是指社会各种主体（个人、各类机构等）都在通过网络进入社会信息交互之中。

这是在信息技术革命推动下社会信息化持续发展的结果。从社会发展角度看，“全员化”顺应了普通公众参与社会事务的需要。这属于社会维度。

4. 全效媒体

全效媒体是指媒体功效的全面化。互联网技术的特点使得互联网媒体具有明显的平台化趋势。各种各样的应用汇聚在同一互联网媒体平台上，这样的媒体平台功能空前丰富，远远突破了传统媒体单一的信息传播功能，正在成为社会的数据总汇和运营枢纽。基于此，平台的传播效果也将大大提升，并可精确测量。这属于媒体功能维度。

处于全媒体时代，企业需要转变传统的广告营销思维，构建新时代背景下的全媒体营销思维。企业需要基于用户媒体接触习惯，面向合适的用户群，选择合适的媒体，在合适的时机进行宣传与沟通。如何在各类媒体中合理地分配营销资源，实现有效沟通，是对企业全媒体营销能力的考验。

3. 全渠道广告营销思维

“全渠道”是从单渠道、多渠道、跨渠道逐渐演化而来的概念。尽管目前人们对它的理解是多种多样的，但在营销相关行业内已经达成了一个共识：全渠道营销是营销变革的必然方向。移动互联网多年的洗礼，不仅使企业度过了互联网的焦虑迷茫期，而且使人们充分认可并践行全渠道广告营销。客户也进行了自我升级，包括搜寻、选择、购买、反馈与传播在内的诸多消费者行为，都呈现出全渠道的发展趋势。

全渠道营销（Omni-Channel Marketing）是企业为了满足消费者任何时候、任何地点、以任何方式购买的需求，采取实体渠道、电子商务渠道和移动电子商务渠道整合的方式销售商品或服务的营销活动，旨在向客户提供无差别的购买体验。从另一个层面来看，全渠道营销是指企业采取尽可能多的营销渠道类型进行组合和整合（跨渠道）销售的行为，以满足客户购物、娱乐和社交的综合体验需求，这些渠道类型包括有形店铺（实体店铺、服务网点等）、无形店铺（上门直销、目录直邮、电话购物、网络直播、电商平台等）和信息媒体（网站、呼叫中心、社交媒体、电子邮箱等）。

（1）全渠道营销产生的根本原因是随着互联网的发展，消费者的话语权得到了显著提升。消费者在网络中无处不在，网络对消费者的影响也无处不在，这使得营销影响无处不在。全渠道营销产生的直接原因是渠道分化。当前没有任何一种渠道可以到达全部消费者。一方面，选择任何一种传播渠道都会限定在一部分传播受众中；另一方面，每个渠道对受众的影响力都相对有限，单一渠道影响消费者决定的能力大大降低，所以，企业必须进入全渠道营销的阶段。

（2）全渠道营销不是在所有渠道都营销。全渠道营销特别强调目标受众，是在目标受众出现的全渠道进行营销。随着大量消费品类进入成熟阶段，消费者的分化和个性化越来越强。在这些品类中，想要抓住所有消费者几乎是不可能的事情。因为单一渠道对消费者的影响力不足，营销者必须对目标受众有清晰的界定，精准把握他们的消费行为轨迹、内容浏览喜好、可接触的渠道等。

因此，全渠道营销不等于在所有渠道无差别投入内容。例如，爱奇艺和今日头条的信息流广告在形式和作用上完全不同，企业需考虑目标受众渠道倾向，再去选择渠道进行投放。

(3) 全渠道广告营销策略。数字化时代，为了顺应用户的数字化生存方式，企业要改变与用户的连接与联系通路。用户在哪里，企业就要在哪里；哪里有目标用户或者目标用户多，企业与用户沟通的触点就要建在哪里。在各个触点上，企业都需要与用户保持沟通。企业应将线上渠道与线下渠道连接起来，共享数据，从点到线再到面，构成科学的全渠道广告营销体系。

全渠道营销的步骤如下：

① 确定用户画像。确定用户画像需要包含目标用户的细节内容。这些信息可以帮助营销人员判断应该聚焦的投放渠道和应该采用的投放形式、呈现方法、语气语调等。

② 选择要投放的渠道。每个投放渠道都需要花费大量的时间和预算，所以企业需要制定合适的营销策略和营销内容，根据用户画像和业务目标选择合适的投放渠道，先从筛选出的几个渠道开始投放，再逐步拓展到其他渠道。如果企业预算有限的话，要避免广而散的投放策略。在预算充足时，也可以考虑承担部分渠道试错的成本，以优化投放渠道的选择。

③ 创建统一体验的营销渠道。很多企业的营销团队会让每个员工单独负责一个投放渠道。然而，在全渠道营销中，拥有跨渠道的凝聚力非常重要。否则，当用户从一个渠道换到另一个渠道时，很难做出正确的应对。所以，企业需要确保团队中的每个成员都清楚核心业务的营销定位和目标。

④ 遵守每个渠道的投放规则。虽然营销内容需要呈现一致性，但必须对每个投放渠道进行有针对性的战术设计。例如，微博适合去表达观点和发布产品动态；抖音、快手适合发布短视频内容；知乎、百度知道适合问答型推广。企业应根据不同的投放渠道，创建不同类型的推广内容。

⑤ 实施营销自动化。企业在进行全渠道营销时，需要运用营销自动化工具，对用户的来源和行为轨迹进行追踪，然后针对不同渠道的用户采取不同的营销策略。这样可以高效解决用户从哪个渠道来，访问了哪些页面，在哪个页面转化等问题。营销自动化工具可以帮助企业做出决策，并采取个性化的营销策略，优化渠道匹配。

⑥ 计算渠道营销效果。由于全渠道营销活动会投放在多个渠道，企业需要仔细计算不同渠道投放对最终用户转化的贡献，确定每个渠道的贡献度。通过这些数据可以评估出企业的产品或业务适合投放在哪些渠道，为后期的营销投放提供数据支撑。

全渠道广告营销通过覆盖全面的线上线下渠道和终端设备，无边界地为用户提供统一的、定制化的、持续的营销体验旅程，同时运用系统和数据完善未知和已知的用户画像，推动数字营销的演进。因此，在全渠道时代，企业需要充分运用全渠道广告营销思维，在不同渠道之间为客户营造全方位集成、无缝对接、内容一致的良好体验。

4.1.6 数字广告的发展趋势

随着数字化时代的到来，人们的消费方式和消费者观念发生了巨大变化。如何创建能引起用户共鸣的内容已成为市场营销的重大挑战。在新技术不断迭代升级的过程中，数字广告已成为关键词，更简单的想法、更多的移动内容、更精确的技术以及更有影响力的媒体是营销技术驱动的生态系统必不可少的要素。在这种强势驱动下，数字广告发展趋势呈现出以下特点：

1. 全链路营销驱动品效协同

品牌在数字广告营销领域总习惯把效果广告和品牌广告分开来谈，且更偏重于效果广告，随之引发大量线索流失、转化率低等问题，导致瞄准效果的数字广告投入产生损失。鉴于此，数字广告越来越需要品效协同，以数据驱动的品效协同成为数字广告投放的重要趋势。

然而，要做到真正的品效协同并不容易，尤其是在有限时间、有限次数内，让受众认同品牌价值，将潜在需求者转化为直接的消费者并实现商品购买十分困难。品牌要让营销传播驱动实际增长，就需要采用全链路营销的方式。“链路”脱胎于“整合”，二者的区别在于：“整合”关注各类营销资源是否保持统一的声音和形象；“链路”关注如何将消费者接触广告的各个触点连接起来，从各个触点对消费者实施影响，最终形成购买转化。

在信息层面占领用户心智，在媒介层面聚焦圈层、提高转化，在产品层面深耕内容、丰富用户体验，数字广告通过精准投放有效助力产品的品效协同升级。

2. 优质内容驱动广告发展

优质内容既可以塑造并传递品牌价值主张，也可以助力品牌营销提质增效。因此，越来越多的品牌深耕内容，将品牌信息转化为对消费者有价值的信息，为品牌提供多个营销触点和转化空间。

通过优质内容获取新用户，通过服务用户进行变现的核心在于三个方面：优质内容的生成；优质渠道的管理；私域流量的转化。

3. 数据分析驱动营销自动化

（1）打破数据孤岛。通过营销自动化，数字广告帮助运营人员将不同渠道的数据整合为一体，将所有线索集中到一个用户池中进行一站式管理，打破数据孤岛，不仅能更全面、及时、精准、简单地构建用户数据资产，而且能在后续的营销工作中实现精准化操作。

（2）多维立体绘制用户画像。营销自动化通过实时追踪用户信息和行为数据，将用户信息和行为数据接入活动管理系统，进行用户群体维度划分，绘制出不同的用户画像。

同时还可以根据用户基础身份信息带来的评分，加上后期交互行为带来的评分，对用户价值进行划分，建立 360 度用户画像，帮助营销人员实现千人千面的营销触达。

（3）精准定位，智能触达。对用户基础属性、使用产品时间、活动范围等维度进行分类，通过不同场景的筛选，迅速找到精准用户群体并洞察用户需求，从而提升数字广告推送的精准度。另外，可以通过智能触达的方式，引导用户去按时完成下个事件，如及时支付、评价、分享等。

例如，针对 7 天内注册但没有下单的用户，可以设置一个“7 天内注册且未下单”的群组，在指定时间内，通过短信触达的方式推送一张优惠券，引导用户点击。

在上述场景中可以看到，使用智能触达需要考虑：精准的用户、恰当的时机、合适的渠道、合适的内容。

（4）数据监测与效果分析。营销自动化可以对营销活动进行实时监控，从数据中洞察并优化营销效果，如哪些内容更吸引用户关注，哪些渠道的流量比较多，以及各渠道的投资回报率情况等。

面向不断变化的市场和用户需求，第一时间进行消费者洞察，精准匹配目标受众，智能选择投放渠道，是数字技术在精准广告营销领域的重要体现。只有通过快速、精准、智能的数据匹配和挖掘，数字广告才有可能获得最好的营销效果及价值。

4.2 数字广告营销渠道

微课：数字广告营销渠道与传统营销渠道的差异

4.2.1 数字广告营销渠道与传统营销渠道的差异

1. 传播媒介不同

无论何种营销方式，营销活动的落地和传播都必须依托于媒介。没有媒介，信息就没有承载的渠道，也将无法形成传播。数字广告以互联网为传播渠道，包括微博、微信、抖音、今日头条、知乎等具备传播属性的社交媒体平台，数字广告营销渠道的传播媒介特点是重新构建人与人之间的沟通方式，实现信息的全网覆盖。

传统广告营销渠道上的传播媒介包含广播、电视、报刊、户外大屏等展示性强的媒体平台，其特点是媒介内容之间单一沟通，传播范围具有较强的地域性。

数字广告营销渠道并不抗拒对传统媒体的整合利用，因此在开展营销活动时，没有必要刻意区分传统渠道和数字广告营销渠道，只要能够精准到达用户并且成本可控，就可以考虑使用。

2. 传播方式不同

数字广告营销渠道的传播方式具有双向性和互动性，且互动形式多样。例如，通过数字广告营销渠道传播的信息，每个人都可以评论、转发，与信息发布方通过数字广告营销渠道及时高效沟通。双方的互动有利于企业及时了解市场动向和消费者需求，以便及时调整营销策略。

传统渠道的传播方式具有内容形式多样化但传播单一的特点。通过传统渠道传播的信息，信息接收方不能对信息进行评论转发，信息发布方与接收方不能及时高效地沟通。这种单一的传播形式虽然不利于企业与消费者之间的互动，但适合企业品牌和产品的强曝光。

3. 用户管理方式不同

数字广告营销渠道依托于互联网技术，企业通过数字广告营销平台的用户注册信息、身份验证、消费记录、兴趣爱好、浏览轨迹等可以进行全方位的用户信息梳理。有效信息量越大，消费者画像就越清晰，企业通过这些用户信息可以在数字广告营销渠道开展更为精准的营销活动。

传统渠道无法与用户直接沟通，进而无法直接掌握消费者的信息，对于消费者的描述只能通过媒介渠道的地理位置、人流量信息、购买媒介信息等进行粗略估计，无法实现精准营销。

以微信服务号广告与公交站牌广告为例，微信服务号提供了语音识别、客服、网页授权、带参数的二维码、获取用户地理位置、获取用户基本信息、获取关注者列表、用户分组、多媒体文件上传下载等功能接口，通过这些技术接口可以充分获取微信用户的属性信息；公交站牌广告的投放虽然能够实现强曝光，但并不能观测到观看广告的人群，不能跟踪其是否下单购买等，无法清晰描绘出用户属性。

4.2.2 数字广告营销渠道的分类及特征

1. 数字广告营销渠道的分类

根据数字广告营销渠道的类型与特点，可以将其分为搜索引擎营销、推荐引擎营销、社交媒体营销、联盟营销、自动化营销，以及内容营销等类型。

（1）搜索引擎营销（Search Engine Marketing，SEM）。SEM就是根据用户使用搜索引擎的方式，利用用户检索信息的机会尽可能将营销信息传递给目标用户。简单来说，搜索引擎营销就是基于搜索引擎平台的网络营销，利用人们对搜索引擎的依赖和使用习惯，在人们检索信息的时候将信息传递给目标用户。搜索引擎营销的基本思想是让用户在搜索中发现信息，通过点击进入网页，进一步了解所需要的信息。企业通过搜索引擎付费推广，让用户可以直接与公司客服交流，了解产品，促成交易。

在 SEM 中，如何有效地布局信息使其能够被人理解是富有挑战性的。数字营销技术可以帮助企业精准定位，使消费者能够从海量的搜索信息中找到需要的答案、产品和技术，从而为企业带来商机。

(2) 推荐引擎营销。推荐引擎营销是通过推荐引擎来开展营销活动，目前它已成为数字营销的主要着力点。基于对用户过去活动和行为的大数据分析，推荐引擎营销可以为营销人员和组织提出量身定制的营销建议。

媒体技术的革新以及大数据的支持，使得推荐引擎营销在精准营销定位上比传统营销更有效。现在推荐引擎营销可以直接对接网站、App，以及其他资源交易市场的流量。在进行推荐引擎广告投放时，可以进行丰富的定向设置，如兴趣、人口属性、平台、媒体、地域、时段、频次、投放速度等定向设置。

大数据平台能够更加精准地分析目标受众：① 用户自然特征（用户性别、年龄、地域）；② 用户兴趣特征（用户爱好、互动内容、品牌偏好）；③ 用户社会特征（用户社交信息等）；④ 用户消费特征（用户的收入状况、购买力水平）。通过收集和分析数据，企业能够利用软件管理和维护这些用户，将之前触及的资源打通，将用户数据收集、实时数据分析、投放和效果监测整合起来。

通过数据支撑具体化场景的营造，分析用户的明确需求，并帮助用户细化需求，制作出符合用户喜好的内容，再辅以深度链接、分享等技术手段，推荐引擎营销原生广告就更容易进入用户的视野并与他们产生互动。

(3) 社交媒体营销。又称社会化媒体营销，是利用社会化网络或其他互联网协作平台和媒体来传播和发布资讯，从而形成的一种营销、销售、公共关系处理和客户关系维护及开拓的一体化营销方式。一般社会化媒体营销工具包括微博、微信、小红书、抖音等，通过自媒体平台或者组织媒体平台进行广告发布和传播。

社交媒体营销的优势在于具有更强的互动性，可进行有针对性的营销，易建立品牌忠诚度等。客户在社交媒体上看到被推荐的产品，可以通过点赞、分享和评论的形式与企业在社交媒体上互动。而通过客户的进一步分享，企业的产品也会触达更多的潜在客户。比起电视或者广告牌，这是一种更加廉价且快捷的信息传播方式。同时卖家也可以通过社交媒体发起投票或者调研，并在社交媒体上及时回复客户留言和咨询，这些数据将帮助企业更好地迭代产品、完善内容或提升服务策略。

(4) 联盟营销。联盟营销通常是指网络联盟营销，也称联属网络营销，是一种按营销效果付费的网络营销方式，即广告主利用专业联盟营销机构提供的网站联盟服务拓展其线上线下业务，扩大销售空间和渠道，并按照营销实际效果支付费用的新型网络营销模式。联盟营销的关键之处在于与客户之间的互动。联盟会员充分利用技术库来收集客户数据，包括偏好、访问的网站、消费习惯等。简而言之，技术库让联盟会员获得重要数据，并将数据转化为有用信息。

（5）自动化营销。大数据会掌握很多人的消费活动信息，自动化营销就是根据这些客户数据，在不同的营销场景（消费场景）设置自动流程，这些流程包含了消费者整个消费周期，即根据不同的流程到达不同的营销终点，进而做出不同反馈的过程。

技术的进步加快了营销的自动化进程。例如，将数字内容、潜客数据、媒体策略统一在平台中，利用工作流技术和大数据技术让三者协同且自动化工作，通过人工智能技术让系统自行优化营销流程，减少人为干预，革新传统的营销模式，为企业营销节省人力和物力，优化营销效果，提升运营效率。

（6）内容营销。内容营销是营销人员提及最多的词汇之一。提到广告，现在很多人第一时间联想到的是生硬、无效、乏味的传播形式；而一提到内容营销，则马上能联想到“潜移默化、润物细无声地影响消费者心智”。在这个信息爆炸的碎片化时代，消费者无力接受自己不感兴趣或与自己无关的信息，唯有内容才能打动人心，引发情感共鸣。

随着智能手机的普及，越来越多的用户将注意力和时间花在移动端，并且把更多精力放在用户交互上。随着技术的快速发展，营销渠道越来越多元化，用户的行为路径也越来越趋向复杂化。一方面，技术作为一种工具手段，正在解放内容生产力；另一方面，技术也融入各种新型的内容形态当中。

对内容营销而言，从内容生产到信息分发，技术既为营销人员的内容生产提供助力，也提供了更多抵达用户的方式：在精准适宜的信息分发之上，增加了更加贴近的交互属性。同时，技术看似缩减了很多人类发挥作用的环节，但实际上算法等技术应用在反复提醒着“人”在这一过程中的主体性。

行业洞察

巨量引擎激发品牌新增长：做数字营销的“探路者”

横跨短中长视频乃至直播等多种内容形态，拥有超过19亿的全线产品总月活跃用户数，巨量引擎正在帮助更多品牌应对挑战，打造“流量场、内容场、生意场”一体化经营新模式，激发更多新生意的可能性。

1. 流量场：让触达和触动一体

以优质内容为基础，巨量引擎通过打造流量的原生经营体系，从广告采买到内容营销，形成完整的链路，实现原生内容价值最大化。例如，在前端进行效果广告或品牌广告的采购，通过DOU +①竞价引流、内容热推、抖音号推广等工具对内容进行“加热”，从而使其进入短视频、直播间等原生内容池，全面发酵。

① DOU+ 是抖音为创作者提供的视频宣传工具，能够高效提升视频播放量和互动量。

2. 内容场：让认知和认可一体

内容营销的方式与路径正在变化，关于内容与营销关系的认知也需要不断革新。用产品化的解决方案打通内容池和流量池，把内容作为营销的起点而不是终点，更有能力做好内容的放大器，去获得稳定的营销效果。在新理念的指引下，巨量引擎以今日头条、抖音、西瓜视频等平台为输出端口，围绕“内容、宣播、互动、转化”的营销矩阵，实现制、宣、播一体，互动、转化一体，以及沉淀、品效一体，助力品牌全面增长。

3. 生意场：让交互和交易一体

渠道的分散让用户的消费行为高度离散，品牌需要阵地化的经营体系实现线上经营的承接与收拢，巨量引擎作为生意场的价值极速凸显，不仅能够有效沉淀流量、用户、内容、数据等品牌资产，同时能够成为品牌用户与生意长效增长的阵地，实现品牌的一体化经营。

围绕抖音兴趣电商的四大场景，释放以内容为中心的电商经营能力，通过品牌自播与达人合作的“双轮驱动”，“短视频与直播”的双擎共振，巨量引擎驱动品牌营销的长效增长。

2. 数字广告营销渠道的特征

数字广告营销具有明显的技术驱动特征，每一种新营销渠道的出现都离不开技术创新。在各种营销技术的赋能下，营销模式不断创新，数据化与智能化成为数字广告最显著的特征。

（1）技术驱动化。在数字化时代，消费者可以通过各种各样的渠道来了解企业，这一变化离不开技术驱动。此外，数字化技术应用也在营销中扮演着越来越重要的角色，推动行业迈入以技术驱动的智能营销时代。

（2）决策数据化。营销离不开消费者数据的支持，大数据的出现为数字广告营销提供了充足、精确的消费者数据。在进行数字广告营销渠道决策时，可以在此基础上进行科学决策。

现在的消费者数据更新频率非常快，需求也在不断变化，企业只有快速适应变化，快速反馈与迭代、动态改进，才能以不变应万变。随着各种技术的普及，实现动态改进的成本也越来越低，关键是思维的及时转变。想要实现全面的数字化，就要利用移动互联网、物联网等实现人与人、人与物、物与物的互联。

（3）运行智能化。在许多企业中，社交渠道、电商平台、线下门户等都分别有各自的营销目标，并且它们由不同的群体管理。而在数字广告营销推广中，通过打破渠道壁垒，实现跨渠道的无缝衔接，可以让每个渠道及其运营人员在一致的目标下协同工作，统一团队对渠道性能和用户行为的看法，从而实现数字广告营销渠道运行的智能化。

在多渠道营销整合的基础上，建设智能化统一运营平台，更加有助于推进数字广告营销渠道的精细化运营，达到更好的营销效果。

行业洞察

整合营销

互联网的发展使营销方法千变万化，从传统的网站广告和搜索引擎营销，到社会化媒体营销和衍生出的其他传播方式（如直播等），都给数字营销带来了无限可能，催生出大量全新的营销场景和营销方法。然而，如何有效整合却成为企业所面临的难题。

技术的不断创新为整合营销带来新的契机。技术让各个媒体、平台及工具产生的信息数据化，为信息互通和管理提供了便利。如今，在技术驱动营销的大潮下，一站式营销工具、营销自动化工具及相关技术理念已经成为行业的普遍诉求。只是依靠单一的工具并不能实现整合营销。目前，数字营销生态服务平台的理念已经提出，通过开放的应用程序接口（API）将各种数字营销工具连接起来，同时打通国内各大媒体、平台及数据源，实现整个产业链的贯通。结合一站式和自动化的特点，数字营销生态平台还能借助大数据及人工智能等技术，自动推送适合的营销策略和方法。企业或广告主只需要输入行业、产品、预算、关键绩效指标（KPI）等关键词，就能实现一键投放；在营销过程中，还能获得实时的监测报告和优化推荐。

构建广告主、企业、目标受众三者之间紧密的沟通关系，是数字营销生态的一大特点。整合营销不仅可以加强三者之间的联系，而且可以打通各个环节，让沟通和体验更顺畅，在三者之间构筑一个理想的营销闭环。在技术的推动下，数字营销向便捷、自动、透明、智能的方向发展。结合整合营销的理念，企业可以找到适合自己的营销策略和方式，集中全力突破瓶颈，将企业及产品的信息和理念传递给目标受众，实现精准推送，开创企业智能化整合营销的新时代。

4.3 搜索引擎广告营销

4.3.1 搜索引擎的含义及分类

1. 搜索引擎的含义

所谓搜索引擎，就是根据用户需求，使用一定的算法，运用特定模式从互联网检索出指定信息并反馈给用户的一门检索技术。搜索引擎依托于多种技术，如网络爬虫技术、检索排序技术、网页处理技术、大数据处理技术、自然语言处理技术等，为信息检索用户提供快速、高相关性的信息服务。搜索引擎技术的核心模块一般包括爬虫、索引、检索和排序等，同时可添加其他一系列辅助模块，以便为用户创造更好的网络使用环境。搜索引擎具有以下特点：

（1）信息抓取迅速。在大数据时代，网络信息十分丰富，用户难以及时找到自己需要的信息资源。在搜索引擎技术的帮助下，用户利用关键词、高级语法等检索方式，可以快速捕捉到相关度极高的匹配信息。

（2）深入开展信息挖掘。搜索引擎在捕获用户需求信息的同时，还能对检索的信息加以一定维度的分析，以引导用户对信息的使用与认识。例如，搜索引擎可以根据检索到的信息条目判断检索对象的热度，也可以根据检索到的信息分布情况给出高相关性的同类信息，还可以利用检索到的信息给用户提供智能化的解决方案等。

（3）检索内容的多样化和广泛性。随着搜索引擎技术的日益成熟，当代搜索引擎技术几乎可以支持各种数据类型的检索，不仅视频、音频、图像可以被检索到，而且人类的面部特征、指纹、特定动作等也可以被检索到。可以想象，未来几乎一切数据类型都可能成为搜索引擎检索的对象。

2. 搜索引擎的分类

搜索方式是搜索引擎的一个关键环节，大致可分为全文搜索引擎、元搜索引擎、垂直搜索引擎和目录搜索引擎。它们各有特点并适用于不同的搜索环境。因此，灵活选用搜索方式是提高搜索引擎性能的重要途径。

（1）全文搜索引擎。全文搜索引擎是利用爬虫程序抓取互联网上所有相关文章予以索引的搜索方式，适用于一般网络用户。这种搜索方式方便、简捷并容易获得所有相关信息。但搜索到的信息过于庞杂，因此用户需要逐一浏览并甄别出所需信息。在用户没有明确检索意图的情况下，这种搜索方式非常有效。

（2）元搜索引擎。元搜索引擎是基于多个搜索引擎结果并对其进行整合处理的二次搜索方式，适用于广泛、准确地收集信息，有利于对基本搜索进行全局控制，引导全文搜索引擎的持续改善。

（3）垂直搜索引擎。垂直搜索引擎是对某一特定行业内的数据进行快速检索的一种专业搜索方式，适用于有明确搜索意图情况下的检索。例如，用户购买机票、火车票、汽车票时，或想要浏览网络视频资源时，都可以直接选用行业内的专用搜索引擎，以便准确、迅速地获取相关信息。

（4）目录搜索引擎。目录搜索引擎是依赖人工收集处理数据并置于分类目录链接下的搜索方式，是网站内部常用的检索方式。此搜索方式旨在对网站内的信息整合处理并分目录呈现给用户，但缺点在于用户需要预先了解本网站的内容并熟悉其主要模块构成。总而言之，目录搜索方式的适用范围非常有限，需要较高的人工维护成本。

行业洞察

基于知识图谱的搜索方法优化，提升资源搜索效率

知识图谱是一种以结构化的形式描述客观世界中事物及事物之间联系的技术，它通过大数据和人工智能技术，将互联网的信息表达成更便于人类认知的模式。知识图谱本质上是语义网络，可以提升搜索引擎返回答案的质量以及用户查询的效率，并通过构建知识库来增强语义搜索的效率和质量。简单来说，知识图谱就是将现实世界中的事物和关系，用关联图的方式展现出来，让人能够一眼看出它们之间的关系，如图4-1所示。

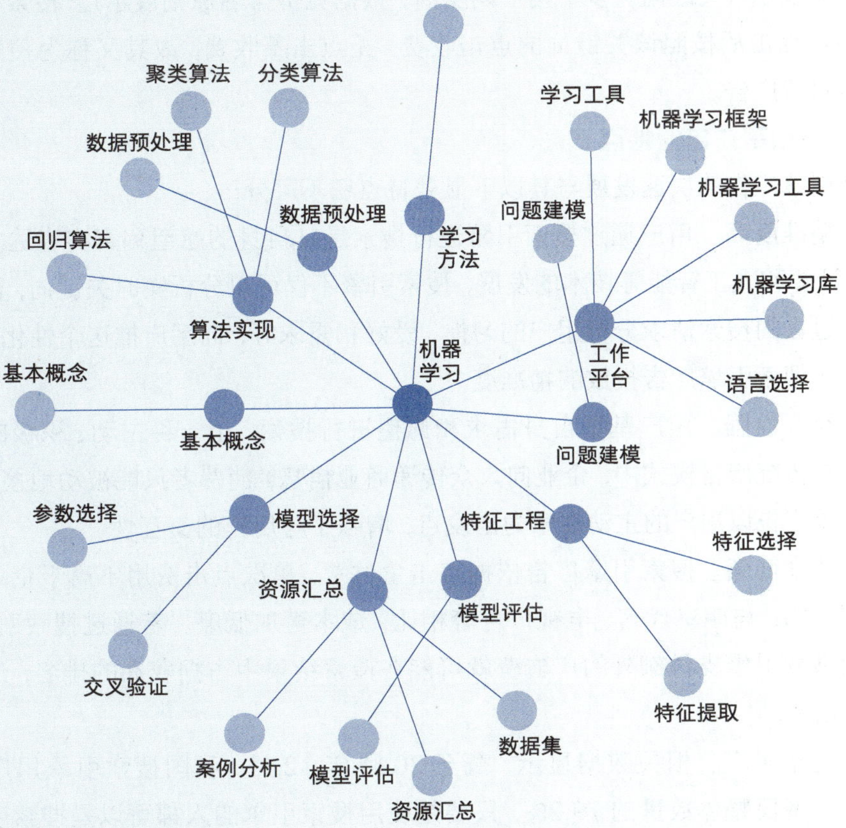

图4-1　知识图谱示例

传统的搜索增强技术受限于训练文本数量、质量等问题，对于复杂或多义词查询效果不佳，更无法满足大语言模型应用带来的大规模、高并发的复杂关联查询需求。而基于知识图谱的搜索，通过构建图模型的知识表达，将实体和关系之间的联系用图的形式进行展示，在检索时能够将实体和关系作为单元进行联合建模，从而更准确地理解查询意图，并提供更精准的检索结果，有效提升搜索效率。除了可以提升资源搜索效率，知识图谱也可以应用于个

性化推荐——基于用户兴趣和历史行为，通过分析知识图谱中的关联内容，实现更加精准的内容或产品推荐。

4.3.2 搜索引擎广告的含义及特点

1. 搜索引擎广告的含义

搜索引擎广告，是指广告主根据自己的产品或服务的内容、特点等，确定相关的关键词，设计内容并自主定价投放的广告。当用户搜索到广告主投放的关键词时，相应的广告就会展示（关键词有多个用户购买时，根据竞价排名原则展示）。搜索引擎广告平台在用户点击后按照该关键词的点击收费，无点击不收费，故其又称为搜索引擎提供的点击付费广告。

2. 搜索引擎广告的特点

搜索引擎广告的快速发展与其以下显著特点密不可分：

（1）精准度高。用户通过搜索引擎进行搜索是其自身的愿望和真实表达。随着大数据、云计算和人工智能等技术的发展，搜索引擎不仅可以分析实时关键词，而且可以根据用户过去的搜索请求分析用户的习惯、爱好和需求等，向用户推送个性化广告，极大地提高了搜索引擎广告投放的精准度。

（2）交互性强。用户基于自身需求和愿望进行搜索，是一种主动、积极的信息寻找行为。在传统广告模式中，企业向大众传递商业信息，消费者只能被动地接受信息；而搜索引擎广告以用户的主动搜索为出发点，增强了与用户的交互性。

（3）成本低廉。搜索引擎广告依据点击量付费，单次点击费用不高于企业为关键词设定的价格，与明星代言、电视广告等相比，成本更加低廉。若通过搜索引擎优化，不需要向搜索引擎支付额外的广告费就可能在搜索结果中占据较高的排名，进而提高网站的点击率。

（4）覆盖面广。相关数据显示，截至2024年12月，我国搜索引擎用户规模达8.78亿，占网民整体数量的79.2%，只要是使用搜索引擎的人都可以是搜索引擎广告的潜在客户 。由此可知，搜索引擎广告的受众非常广泛。

（5）灵活多变。传统营销方式中广告内容很难更改，搜索引擎广告则可以根据社会热点、用户搜索习惯和兴趣爱好等及时调整关键词和广告内容，以便快速适应市场变化。

（6）投资回报率高。搜索引擎广告的覆盖面广、成本低廉、精准度高，能够使企业快速看到广告投放效果，有效降低企业的获客成本，提升转化率，以使企业通过搜索广告获得更大的竞争优势。

(7) 便于定位。研究显示，不管用户是否点击网站，搜索引擎广告的推广结果都可以提升品牌认知度。某种程度上，搜索引擎结果是数字营销的大门，企业可以通过搜索引擎广告的形式，将自己的品牌与其他相关品牌放在一起进行市场竞争。

博文约礼

《互联网广告管理办法》对于竞价排名的相关规定

人们在搜索引擎平台搜寻相关信息时，更容易点击排名靠前的商家。实际上，这些商家很可能是通过付费的方式使排名靠前，误导消费者。

为切实维护广告市场秩序，保护消费者的合法权益，推动互联网广告业持续健康发展，国家市场监管总局修订发布了《互联网广告管理办法》(下文简称为《办法》)，并于2023年5月1日起施行。《办法》明确了广告主、互联网广告经营者和发布者、互联网信息服务提供者的责任；细化了“软文广告”、含有链接的互联网广告、竞价排名广告、算法推荐方式发布广告、利用互联网直播发布广告等重点领域的广告监管规则。

关于竞价排名广告，《办法》的相关规定如下：

第九条 互联网广告应当具有可识别性，能够使消费者辨明其为广告。

对于竞价排名的商品或者服务，广告发布者应当显著标明“广告”，与自然搜索结果明显区分。

除法律、行政法规禁止发布或者变相发布广告的情形外，通过知识介绍、体验分享、消费测评等形式推销商品或者服务，并附加购物链接等购买方式的，广告发布者应当显著标明“广告”。

第十七条第一款 利用互联网发布、发送广告，不得影响用户正常使用网络，不得在搜索政务服务网站、网页、互联网应用程序、公众号等的结果中插入竞价排名广告。

4.3.3 搜索引擎广告营销原理

搜索引擎广告营销是通过搜索技术应用实现的。企业或个人将信息发布到互联网上，搜索引擎会随时对发布的相关信息进行收录、提取并建立相应的索引数据库。当用户在搜索引擎上进行关键词搜索时，检索器就会根据用户发出的搜索请求，通过链接网址在信息库中进行信息检索，同时将检索结果与用户输入的关键词进行相关度匹配，根据相关度高低将查询到的信息进行排序并反馈给用户。

对于营销人员来说，没有必要掌握搜索引擎技术，但需要了解和掌握搜索引擎的工作机理和运作方法，这样才能更好地结合企业自身的业务，充分利用搜索引擎制定营销决策。从搜索引擎现有的搜索技术模式来看，搜索引擎营销的工作原理主要有两种：一是基于搜索引擎技术的自然搜索模式，即搜索引擎优化；二是搜索结果返回时出现的搜索引擎广告。简单来讲，前者是免费的而后者是需要付费的，这两种搜索引擎营销的工作原理存在一定的差异性。

1. 搜索引擎优化原理

在日常搜索中，用户会根据相应的关键词，在搜索引擎中对企业销售人员发布到互联网上的相关营销信息进行一种自然形式的检索。作为一个普通的网络用户，在这个过程中要做的是根据需要想出最符合自己意愿的关键词，然后通过搜索引擎直接进行检索。他们通常并不关心搜索引擎所反馈的信息是如何排列的，具体哪个是企业的营销信息，以及是不是营销信息等，而只是根据展现的结果找到自己最想要的信息。但对于需要借助搜索引擎优化进行营销的企业来说，用户的喜好、关注点、营销信息的展现方式、排列顺序、展现位置等都尤为重要，因为这决定了企业的产品或服务的营销信息能否被互联网上的目标消费者所看到，进而促成交易。

在搜索引擎优化中，企业首先要建立、健全自己公司的网站，在这个过程中需要拥有属于自己的域名和服务器用于网站运营。域名相当于人的身份证，有了它就等于有了一个互联网专门合法的识别号，网络用户或者消费者可以直接通过该域名访问公司官网。之后，需要建立相关的索引库，即营销信息的关键词库，以及这些关键词的链接页面。

索引库并不是企业自己建立的，而是得益于一种特殊的搜索引擎程序，即搜索引擎"蜘蛛"(spider)。蜘蛛只是这个搜索引擎程序的一个形象比喻，它是根据网站的网址进行的网络页面搜索。在搜索过程中，它通过互联网的 HTTP 协议不断进行下一个网络页面的请求和下载，然后将如此"爬行"过的 URL（Uniform Resource Locator，统一资源定位系统）保存到互联网的缓存数据库中。搜索引擎中的页面解析模块会对从 URL 中提出来的超文本标记语言进行解析，包括网页标题、网页正文、URL 地址、链接标签文本、元数据等数据。

根据最终的解析结果，搜索引擎的页面评价模块会在搜索关键词与搜索结果之间进行评估，自动过滤掉那些相关度很低或者根本没有相关性的页面，并将最终结果储存到搜索索引库中。因此，企业的营销人员需要尽可能在各个搜索引擎上增加与企业相关的营销信息，以便搜索引擎蜘蛛爬取时进行收集和储存，确保用户在检索时能呈现出更多的营销信息。

搜索引擎的索引库能够很好地帮助用户在搜索过程中快速找到与自己需求相关的内容，但搜索引擎的索引库在自然搜索的过程中并不是固定不变的，索引库里面存储的网页也需要维护。这种维护是通过软件自动实现的，并非人为地手动操作。索引库的维护主要有两个基本方式：一是定期搜集；二是增量搜集。

（1）定期搜集。又称“批量搜集”，指搜索引擎从某个时间点开始对互联网上的页面进行一次大规模的搜集，同时每次搜集的结果几乎会全部替换掉上一次搜集的全部内容。在比较理想的网络环境和硬件条件下，经过足够长的搜索时间，就可以搜集到一定规模的网页数量。由于互联网每天更新的数据量巨大，对于搜索引擎来说，要抓取互联网上每天更新的所有网页几乎是不可能的。

定期搜索的好处是系统功能的实现相对比较简单，花费的成本较低，但这种搜索储存方式也会耗费很长时间，有时甚至需要几周或一个月。同时，由于搜索过程较长，被抓取的网址链接的时间点各不相同，各个页面的更新也就不一样，无法保障储存内容的“时新性”，索引数据库中储存的网页与实际网络环境中的网页数据也可能就会出现不一致的现象。

（2）增量搜集。与定期搜集不同，增量搜集的前提是索引库要先具有一定规模的网页储存数据并记录每个网页储存的时间，然后根据储存时间不断进行更新抓取，以保证储存的数据能够与互联网中的网络数据足够接近。

增量搜集的主要特点是：① 只搜集新出现的网页；② 对上次搜集过但有改动的页面进行重新搜集；③ 对搜集过但已无法进行正常访问的网页进行删除，同时根据算法对匹配度极低的网页进行替换。在国内互联网信息库中，除了一些新闻类网站会进行高频更新外，许多网站内容的更新和变化并不是十分频繁。

因此，通过增量搜集得到的网页数量相较于通过定期搜集得到的网页数量要少很多，搜索速度也会快很多，网页信息的时效性会更有保障。但增量搜索的系统实现起来相对比较复杂，花费的成本较高。

2. 搜索引擎广告投放原理

搜索引擎优化和搜索引擎广告的最大区别是进行检索时所搜索的数据库不一样。搜索引擎优化是根据输入关键词搜索引擎所反馈的结果按照一定相关性进行排序。在这个过程中，所有流程的操作都是利用搜索引擎技术自动完成的，没有人为干预。而对于搜索引擎广告，搜索引擎在搜索过程中并不是在索引库已储存的数据中寻找与用户提出的请求内容相匹配的网页，而是在企业营销人员根据营销信息预先建立的关键词列表数据库中进行搜索和匹配，人为的可操控性非常大。

对于搜索结果，搜索引擎优化按照内容的相关性进行排序，搜索引擎广告则根据“竞价排名”的规则进行排序。这种“价高者前”的方式存在较大问题：一方面，检索出来的结果可能会和预期的真实需求相差很大，有时一些不相关的内容也会出现在搜索结果的最前面，使用户需要花费更多的时间去检索自己真正需要的信息。另一方面，由于搜索引擎广告的模式需要付费，价格根据关键词的热度不断变化，企业往往要支付更高的营销成本。

为了满足更多企业的需求，让企业不再因为价格问题而对搜索引擎营销望而却步，搜索引擎营销针对搜索引擎广告的工作原理做了进一步的优化，引进了“混合竞价”方式，即在排序时除了考虑价格方面的因素，同时还考虑点击率的高低。这样不仅搜索引擎的使用者能够快速找到与之相关性较强的信息，而且企业可以通过价格换取点击量，从而使企业的营销信息获得更大的曝光率，进而获取更多利益。对于搜索引擎自身而言，可以吸引更多的企业进行营销信息的推广，进而获取更多广告收入。

混合竞价模式是根据市场需求逐渐形成的。该模式下的搜索引擎广告营销信息的呈现方式出现了变化，其实这也和互联网广告的售卖形式从最开始的“粗放型”投放向“精细化”投放转化有关。混合竞价使得企业在进行搜索引擎营销信息发布时有了更多选择，目前最为常见的扣费方式有按时长付费（CPT）、按千次广告展示计费（CPM）、按点击计费（CPC）、按效果付费（CPA）和按销售额付费（CPS），这些投放方式虽然看起很复杂，但运作原理大同小异。

（1）CPT。CPT 是按时长来计费的一种营销推广方式。例如，企业针对搜索引擎给出的营销位置，按营销信息所展现的时长付费。由于这种营销信息的展现形式固定，搜索引擎只需要提供相应的营销位置即可，当用户检索相应信息时，无论检索出来的结果如何变化，营销位置的信息都是不变的。因此，这种推广形式相对较为粗放，但对于搜索引擎平台来说，不需要提供太多的技术支持，仅需要一个固定的展示位置即可。

（2）CPM。CPM 是一种按展示付费的营销推广方式，一般是以千次为单位进行计算的。假如某个搜索引擎网站的一个页面上有一个广告，在该页面不被展现的情况下，无论这个广告放置多久都不会计费，但只要有用户进入这个页面就会计费一次，退出再进又会计费一次，也就是只要刷新一下页面就算一次展示，就要收费。因此，这种形式对于搜索引擎来说只需要记录特定页面刷新次数即可。

（3）CPC。CPC 是一种按点击付费的营销推广方式，根据推广信息被点击的次数收费。比较典型的就是百度的竞价广告，根据用户输入的关键词检索后展现相应的营销信息，然后根据用户对该营销信息的点击量收费。

（4）CPA。CPA 是一种按照实际效果计价的营销推广方式，即按有效问卷或订单来计费，而不是按广告的投放量来计费。这种计费方式对搜索引擎的要求会更高一些，需要对广告从展示到达成计费的整个过程进行判断和记录。这种方式对搜索引擎来说存在一定的风险，毕竟不是每个广告都会得到大量消费者的青睐，单价也会高于前三种，但投放成功的收益会更高。

（5）CPS。这种方式以实际销售产品的数量来计算营销推广费用，因此搜索引擎平台不仅需要将广告展现出来，而且需要引导用户点击进去产生购买。由于这种计价方式的要求相对较高，存在很多不可控因素，因此风险更大。但这种方式比较适合购物类、网址导航类搜索引擎中需要大量且较为精准的流量才能带来更多收益的企业。

搜索引擎营销主要在搜索引擎优化和搜索引擎广告投放两个环节进行。在搜索引擎优化环节，营销模式主要是针对搜索引擎进行优化并通过外部链接实现。在搜索引擎广告投放环节，搜索引擎根据用户输入的关键词进行检索，所检索的数据库是企业根据营销的关键词建立的网页数据库，而不是搜索引擎根据网页链接抓取并进行相关度筛选后形成的索引数据库。

随着搜索引擎技术的不断进步和市场需求的不断变化，目前的搜索引擎为满足企业更深层次的需求，在进行搜索引擎营销时会同时采用搜索引擎优化和搜索引擎广告投放两种模式，然后分开显示搜索结果。

4.3.4 搜索引擎广告投放流程

搜索引擎广告投放流程可以分为以下五个步骤：

1. 制定广告投放目标和策略

在进行搜索引擎广告投放时，首先要制定广告投放的目标和策略。由于企业所处的行业差异、市场地位、竞争态势、产品生命周期、消费人群特性等环境有很大差别，因此在制定广告投放目标和策略时，要根据以上这些影响因素明确推广定位、目标受众、信息传递，以及推广策略。

（1）推广定位。明确搜索引擎广告的投放是为了塑造品牌形象、口碑、知名度，还是为了产品促销。

（2）目标受众。确定广告的受众群体和所覆盖人群的特征，可以分析用户的性别、年龄、职业、爱好、收入，以及消费习惯等特征，针对目标人群制定有针对性的广告投放策略。

（3）传递的信息。清晰了解自身商品或服务的特点及优势，明确搜索引擎广告投放要传递的信息，如主要传达的是价格便宜还是质量好。

（4）推广策略。根据广告投放目标制定推广策略，确定推广预算、推广时间等内容，为广告投放提供大致方向。

2. 分析及筛选关键词

分析关键词有助于了解广告投放的行业情况和企业情况，同时也为广告投放提供参考和依据，主要有以下几方面的原因：

（1）根据目标受众划分关键词范围并进行分类，筛选出有价值的关键词（可以由推广人员人工选择或借助辅助工具来自动化选择），从而节省推广成本和提高效率。

（2）分析关键词的历史数据，通过对比、评测、预估搜索引擎营销的消费、效果和趋势，提升广告投放效果。

（3）分析关键词，如果发现初始策略有不足之处，可以及时调整，以免影响到将来的广告投放计划。

3. 制订推广计划

推广计划不仅是搜索引擎广告投放的行动指南，也是检验搜索引擎广告投放效果是否达到预期目标的衡量标准，所以，制订合理的推广计划至关重要。制订推广计划可以从以下方面入手：

（1）根据目标受众完成网站设计和制作。通过对目标受众的性别、年龄、职业、爱好、收入，以及消费习惯等属性的分析，了解他们的产品需求、消费痛点以及消费偏好，进行网站的设计和制作。

（2）通过关键词和历史数据分析，为搜索引擎广告设置合理的关键指标（即推广目标），如总体访问量、平均点击费用、转化量、转化成本、平均访问停留时间等，从而可以推算出此次搜索引擎广告投放所需要的大致费用和将会达到的效果。如果是较长时间的广告投放，则需要就关键指标与投放相关各方达成共识。

例如，在百度搜索引擎投放一则线上艺术课程的广告，根据以往广告数据预测0.05%的访问者会产生购买行为，平均购买金额为4 500元，其中毛利为1 500元。为了避免亏损，在广告投放时，要把平均转化费用控制在1 500元以内。粗略推算每1 000次点击可以带来750元（1 000×0.05%×1 500）的毛利，所以平均点击价格CPC不应超过0.75元（750÷1 000）。这时0.75元的CPC、1 500元的CPA和0.05%的转化率，都可以作为搜索广告投放的关键指标。

（3）基于搜索引擎广告投放的目标和策略，考虑推广费用、时间、资源等客观因素，确定广告投放使用的关键词，制定符合关键指标的最佳推广组合方案。关键词是搜索引擎营销推广的有效前提。所以，在搜索引擎广告投放的过程中，必须始终围绕着网站主体及用户的搜索习惯选择关键词，不要盲目追求热门关键词，而是应该选择最适合的关键词。

职场透视

三步搭建一个结构清晰的搜索广告投放账户

推广计划是百度推广账号管理关键词的大单位，1个账户可以设置100个推广计划；推广单元是在推广计划下管理关键词的小单位，可以给关键词出价，一个推广计划可以设置1 000个推广单元；1个推广单元可以设置5 000个关键词和50条创意。所以，清晰的搜索广告投放账户结构有利于账户推广计划的制订和推广单元的分类。

搭建搜索广告投放账户的步骤如下：

第一步：搭建推广计划

按照用户计划分类的维度搭建推广计划，如表4-1所示。

表 4-1　用户计划分类维度

分类维度	说明
地域	在各推广地提供的产品、业务不同，或者各地需要面向不同的市场区域进行推广，比如北京推广计划、上海推广计划等
产品	同时经营多种产品或业务的，要单独衡量每种产品的成本和收益
互动动机	分为问题发现、寻求方案、购买决策3个阶段
投放转化目标	产品有多重推广目标，如下载App、点击H5、点击参与活动、新产品测试、品牌曝光等，可以划分为不同的计划

第二步：针对每个推广计划搭建推广单元

基于常规分类的维度进行单元分类，用户计划分类的维度，在推广单元分类上同样适用。围绕一个推广计划尽可能叠加使用所有的分类维度，得到更细分的推广单元。

第三步：拓展关键词，制作关键词词表

可以使用搜索引擎搜索结果、下拉联想词、搜索引擎相关搜索、百度需求图谱、百度关键词规划师等拓展关键词的常用工具进行关键词拓展，并根据关键词分类制作词表，关键词分类如表4-2所示。

表 4-2　关键词分类

分类	说明
品牌词	自身品牌词（官网地址、创始人名字、品牌活动等）
产品词	直接描述提供的某种产品或服务的词
竞品词	竞争对手的品牌词（官网地址、创始人名字、品牌活动等）
长尾词	包含一些通用行业词、热点词，以及搜索用户没有明确需求，但是符合潜在用户特征的词

4. 监测广告投放效果

在实施搜索引擎广告投放时，一方面要选择合适的搜索引擎营销方式进行广告投放。从目前的发展趋势来看，搜索引擎在网络营销中的地位依然重要，并且受到越来越多企业的认可；搜索引擎营销的方式也在不断发展演变，因此应根据环境的变化选择搜索引擎营销的合适方式。另一方面，搜索引擎优化也不容忽视，虽说短期内搜索引擎优化的效果不明显，但从长远来看，它仍然是企业可持续发展的一大助力。

搜索引擎广告投放后的跟踪工作十分重要，能让企业在投放过程中规避损失。所以，广告主最好要以天为单位进行数据分析，对素材、产品、流量来源、投放时间进行监控，收集来自各方的数据报告，第一时间发现问题、解决问题，保持稳定的广告投放和关键词排名，避免出现大幅波动。

5. 分析广告投放数据

分析广告投放数据是搜索引擎广告投放的最后一步，也是非常重要的一步。通过对推广数据进行汇总、分析，能够帮助企业找到搜索引擎广告下一步的投放策略调整和改进方向。

（1）每周、每月、每季度或在指定的时间跨度上进行数据汇总，生成搜索引擎广告投放报告，陈述当前形势，进行趋势和效果的数据分析，与推广关键指标进行比对，分析出取得的成绩与存在的问题。

（2）基于历史数据、投放数据和效果数据的分析以及对市场认识的更新，有目的地调整关键词、创意、账户结构、网站构架和内容、运营流程等，以达到或超越之前制定的推广关键指标。

（3）如有不可控因素存在，或预期与实际情况差异较大，应分析差距产生的原因，并对推广策略进行调整或改进。

（4）基于数据报告制定优化方案，并进行下一步的搜索引擎广告投放实施。

4.3.5 搜索引擎广告营销的应用

搜索引擎广告营销的主要功能是当用户使用搜索引擎平台进行信息检索时，平台方尽可能将相关的广告传递给目标用户，进而达到营销目标。目前主要被应用于品牌传播和营销转化两个方面。

1. 搜索引擎广告在品牌传播中的应用

品牌传播是搜索引擎广告的重要应用，依托于搜索引擎的信息搜索服务，为广告实现品牌传播，增加品牌声量。信息搜索服务是搜索引擎为用户提供的最主要的基础性服务，用户可以随时随地通过移动设备或计算机进行网络信息检索，在网上搜索自己需要的知识和信息，而品牌传播往往在这个过程中得以实现。

例如，在搜索框中输入“彩妆”，当点击搜索按钮后，浏览器下方就会出现很多有关彩妆的信息。某些信息的后面会有“广告”字样的标识，说明此信息是某企业在搜索引擎中投放的广告，该企业将“彩妆”关键词设为其营销推广关键词，同时附带自己的品牌信息。当用户在搜索引擎平台中搜索“彩妆”时，搜索引擎平台就会自动将该企业的营销信息展示在前面，展示位置是由企业购买这个关键词的价格决定的，即关键词竞价排名。

如前所述，除了付费搜索引擎广告，还有自然排名，也称为搜索引擎优化，虽然自然排名相对于竞价排名来说能够帮助企业节省很多营销费用，但是需要懂 SEO 的专业人员才能够操作。同时，自然排名的优化需要一定的时间积累，是一个长期坚持的过程，并不能立竿见影，这对于部分想要快速获得营销效果的企业来说就不如竞价排名有效。

2. 搜索引擎广告在营销转化中的应用

搜索引擎广告投放的终极目标是实现营销转化，拥有巨大线上流量的搜索引擎平台必将为数字营销的快速发展提供强大的动力。

首先，搜索引擎广告营销具有针对性，能够为企业提供精准的用户，帮助企业实现精准营销，这与传统广告依靠投放量和投放时长来获取用户的粗放式营销方式相比更有优势，不仅能够帮助企业节省不必要的广告费用，而且可以让企业快速实现营销转化。

其次，搜索引擎平台本身具有海量的用户信息，企业可以充分利用搜索引擎平台获取到大量的精准用户信息，通过数据分析帮助企业更好地了解市场、了解用户，从而不断提高企业自身的产品竞争力，获得更大的经济效益。

最后，搜索引擎平台的信息传播速度快、范围广，按效果服务的推广模式也使很多企业越来越愿意接受这种营销方式。因此，搜索引擎广告营销在数字营销领域的运用越来越普遍，同时数字营销也不断借助这种营销方式实现更快速的发展。

搜索引擎广告营销具有传统营销手段无可比拟的优势，但在应用过程中也存在很多缺陷。例如，营销推广竞价排名的费用越来越高，竞价排名方式使很多有价值的信息被淹没，监管力度薄弱致使虚假营销信息出现，不利于企业间的正当竞争，同时也侵犯了消费者的合法权益。当然，搜索引擎平台在发展过程中存在一些缺陷在所难免，随着技术的不断进步，相信这些问题会逐步得到解决。

4.4 推荐引擎广告营销

4.4.1 推荐引擎的含义及分类

在信息时代的今天，大数据提高了用户获取信息的效率，可以更智能地帮助用户从海量信息中快速找到想要阅读的内容，或者从海量商品中快速找到想要购买的商品。推荐引擎的发展让选择不明确的用户更加了解他们的需求和喜好，也在企业营销过程中发挥了巨大作用。

1. 推荐引擎的含义

推荐引擎，是主动发现用户当前或潜在需求并主动推送信息给用户的信息网络。

具体来说，推荐引擎综合利用用户的行为、属性，内容的属性、分类，以及用户之间的社交关系等，挖掘用户的喜好和需求，主动向用户推荐其感兴趣或者需要的内容。

推荐引擎不是被动查找，而是主动推送；不是独立媒体，而是媒体网络；不是检索机制，而是主动学习。推荐引擎利用基于内容、用户行为、社交关系网络等多种方法，为用户推荐其喜欢的商品或内容。

2. 推荐引擎的分类

相较于需要用户主动寻找内容的搜索引擎，推荐引擎更智能化，它根据对用户的了解，把他们想要的内容推荐到其屏幕上。根据不同的标准，可以对推荐引擎进行如下分类：

（1）根据是否为不同用户推荐不同的数据，可以将推荐引擎分为基于大众行为的推荐和基于个性化的推荐。

① 基于大众行为的推荐。对每个用户都给出同样的推荐，这些推荐可以是静态的由系统管理员人工设定的，也可以基于系统所有用户反馈统计计算出的结果。例如，网站的热门推荐与商品降价推荐就属于这种方式。

② 基于个性化的推荐。顾名思义，就是针对不同的用户，根据他们的差异化喜好给出精确的推荐。系统需要了解推荐的内容和用户的个性化属性，如基于用户协同过滤的推荐，就是通过分析目标用户的个人喜好、历史行为，来生成推荐结果。

大部分推荐引擎都是基于个性化的推荐引擎，因为从根本上说，只有个性化的推荐引擎才是更加智能的信息推荐过程。

（2）根据推荐引擎的数据源，可以将推荐引擎分为基于人口统计学的推荐、基于内容的推荐，以及基于协同过滤的推荐。

① 基于人口统计学的推荐。根据用户的基本信息发现用户的相关程度，这种基于人口统计学的推荐是相对容易实现的推荐算法。该算法仅使用用户的基本信息，如年龄、性别等，衡量用户的相似性，将相似的用户所偏好的物品推荐给当前用户。比如，已有男性用户对某物品有订购，就可以把该物品推荐给其他男性用户。

② 基于内容的推荐。根据推荐物品或内容的元数据，发现物品或者内容的相关性，称为基于内容的推荐引擎。基于内容的推荐最早主要应用在信息检索系统中，根据用户过去喜欢的物品，为用户推荐相似的物品。

③ 基于协同过滤的推荐。根据用户对物品或者信息的偏好，发现物品或者内容本身的相关性，或者是发现用户的相关性，这种被称为基于协同过滤的推荐引擎。如果是基于用户的协同过滤系统，通过不同用户对物品的评分来评测用户之间的相似性，基于用户之间的相似性做出推荐；如果是基于物品的协同过滤系统，通过用户对不同物品的评分来评测物品之间的相似性，然后基于物品之间的相似性做出推荐。例如，购物网站中“订购了该产品的用户还订购了以下产品”的应用场景就是通过基于用户的协同过滤系统实现的。

（3）根据推荐模型的建立方式，可以将推荐引擎分为基于物品和用户本身的推荐、基于关联规则的推荐，以及基于模型的推荐。

① 基于物品和用户本身的推荐。这种推荐引擎将每个用户和每个物品都当作独立的实体，预测每个用户对于每个物品的喜好程度，这些信息往往是通过二维矩阵描述的。由于用户感兴趣的物品远远小于总物品的数目，这样的模型导致大量的数据空置，即得到的二维矩阵往往是一个很大的稀疏矩阵。同时为了减小计算量，可以对物品和用户进行聚类，然后记录和计算一类用户对一类物品的喜好程度，但这样的模型又会在推荐的准确性上有损失。

② 基于关联规则的推荐。关联规则的挖掘是数据挖掘中的一个经典问题，主要是挖掘一些数据的依赖关系。典型的场景就是“购物篮问题”，通过关联规则的挖掘，可以找到哪些物品经常被同时购买，或者用户购买了一些物品后通常会购买哪些其他物品，当挖掘出这些关联规则之后，可以基于此类规则给用户进行推荐。

③ 基于模型的推荐。这是一个典型的机器学习问题，可以将已有的用户喜好信息作为样本，训练出一个预测用户喜好的模型，用户进入系统，就可以基于此模型计算推荐。这种方法的问题在于如何将用户实时或者近期的喜好信息反馈给训练好的模型，从而提高推荐的准确度。

现有的推荐引擎系统很少只使用一种推荐策略，一般都是在不同的场景下使用不同的推荐策略从而达到最好的推荐效果。例如，淘宝将基于用户本身历史购买数据的推荐，基于用户当前浏览物品的推荐，以及基于大众喜好的推荐相融合，呈现在不同区域中，让用户可以从全方位的推荐中找到自己真正感兴趣的物品。

4.4.2　推荐引擎广告的含义及特点

1. 推荐引擎广告的含义

推荐引擎的出现，让用户获取信息的方式从简单的、目标清晰的数据查找，转向了更高级的、更契合人们使用习惯的信息发现。特别是随着国内移动互联网红利的逐渐消失，流量费用越来越高，互联网产品精细化运营和变现变得越来越重要。因此在数字化时代，越来越多的企业采用推荐引擎广告的形式进行产品或服务的营销推广。

微课：推荐引擎广告的含义及特点

推荐引擎广告，是一种依据用户的喜好和特点在推荐引擎上进行智能推广的广告形式。推荐引擎广告能够洞察客户意图，为客户提供一种匹配最优广告手段。推荐引擎通过收集互联网上每个用户的来源和行为轨迹，然后基于自身的技术，分析用户在网上的这些行为，对行为特征与共性进行标记并建立模型，从而确定用户意图，对不同意图的用户进行不同的广告展示。

2. 推荐引擎广告的特点

随着数字营销的不断发展，推荐引擎已经成为现在很多企业投放广告的重要渠道。推荐引擎广告具有以下的显著特点：

（1）移动碎片化。这是推荐引擎广告非常显著的特点，可以通过移动端的各种场景影响用户，再通过收集用户的意见和感受，整理碎片化的信息，组建新的推荐引擎广告方案。

（2）营销精准。推荐引擎广告是一种精准营销方式，但它又强于以往的精准营销模式，因为推荐引擎广告不仅调用其他平台的使用信息，还使用来自自有平台的信息，通过视频、音频浏览习惯、热点关注倾向等行为信息的统计，对用户进行“画像”，这种画像模式是在长期跟踪用户后会描绘出的画像信息。

（3）广告互动性强。推荐引擎广告一般可以通过点赞、评论和分享来获得较大的关注度，这种互动性的广告更容易被人们所接纳，再加上可以通过互动了解更详细的内容，使得推荐引擎广告可以更好地进行传播。

（4）定位方式多样。推荐引擎广告可以通过一致的兴趣点来进行有效传播和推广，还可以从兴趣词、人群属性、网络环境、移动设备类别等多个方面精准定位潜在的用户群体。

（5）效果评估准确。推荐引擎广告投放是一种数字化的营销模式，任何行为和动向都可以通过数字及时地记录下来，而且是非常准确的。企业可以通过这些数据来分析哪个广告更受大众的欢迎。

行业洞察

LBS定向投放

在信息爆炸时代，广告投放的精准度和效果成为品牌关注的焦点。如何将广告投放到目标受众，提升品牌知名度和销售额，是各大品牌关心的问题。

基于位置的服务(Location Based Services，LBS)，是利用各类型的定位技术来定位设备当前所在位置，通过移动互联网向定位设备提供信息资源和基础服务。LBS服务中融合了移动通信、互联网络、空间定位、位置信息、大数据等多种信息技术。

LBS定向投放是一种基于位置服务的广告方式，通过识别用户所在地理位置，将广告投放到指定区域内的目标受众。与传统广告投放方式相比，LBS不仅可以精准定向，还可以增加目标用户的集中度，提高转化率。LBS定向投放还可以将线上广告与线下门店进行有机结合，实现线上线下联动的闭环营销。

在实际应用中，LBS定向投放和推荐引擎广告展现出强大的协同效应。通过结合使用这两种技术，广告主可以更加精准地投放广告，提高广告的点击率和转化率，从而实现更好的营销效果。

4.4.3 推荐引擎广告营销原理

1. 推荐引擎广告触发机制

触发机制是指企业的推荐引擎广告是怎样被选中的用户看到并点击的，涉及以下几个步骤：

（1）当用户在浏览过程中向下刷新内容时，系统就会从海量的广告创意中找到和这个用户相匹配的若干广告创意。

（2）系统根据预估点击率等指标，决定匹配这些广告创意的具体排名顺序。

（3）系统会按照排名顺序把广告展现在用户刷新后的页面上。推荐引擎广告和其他广告形式不同的是，在每两条广告中间都会有其他信息内容。

在这个过程中，匹配的实现就涉及营销的逆向思维。首先，推荐引擎利用技术手段，精准分析海量用户信息，通过设置不同的人群标签圈定不同的用户群体；其次，广告主也会设置具有哪些标签的人是营销的目标用户，通过推荐引擎对这些用户进行跟踪定位，在他们使用推荐引擎浏览信息的时候，将广告主投放的广告展现在他们面前。

2. 推荐引擎广告排名机制

推荐引擎广告的排名机制主要是受到预估收益（effective Cost per Mille，eCPM）和出价的影响，预估收益主要受出价影响。

（1）预估点击率。推荐引擎广告的基础排名机制是看广告展示的 eCPM，eCPM 值越高，排名越靠前。每次刷新内容，广告排名的顺序就会重新进行排列。目前有的广告每次出现在刷新后的第 2~4 个位置，一般会出现在第四个位置，然后相隔 6~8 条内容以后，会依次展现排在后面的广告信息。当然，不一定每次刷新后都会有广告。eCPM 的计算方式为：

$$eCPM = 预估点击率 \times 出价$$

每个推荐引擎平台对于预估点击率的定义基本相同，即根据推广设置的内容和评测出创意的质量综合判定。一般而言，影响预估点击率的因素有创意历史点击率、创意相关性、落地页相关性，以及账户的历史表现、推广商品的信用值等。

（2）出价。主要有常规出价、智能出价、创新出价三种体系类型。

① 常规出价体系。包括媒体广告报价模式中最常见的 CPC、CPM、CPA 等。

CPC 和 CPM 模式简单，让推广效果的压力从媒体转移到企业主身上。对于大多数企业来说，获取客户的有效信息才算是有推广效果，而不是只有点击和展现。因为 CPC、CPM 都不能完全满足企业主对效果转化的需求，他们转而选择了 CPA。这种计价方式对于媒体而言有一定的风险，因为不同行业转化难度不同，这要求媒体的技术手段能监控好营销成本，才能进一步提升自己的广告营业额。

② 智能出价体系。包括按优化点击出价（Optimized Cost per Click，OCPC）、按优化千次广告展现出价（Optimized Cost per Mille，OCPM），俗称“O”出价或智能出价，是经由推广引擎广告发展的全新的广告投放方式。“O”出价代表去人工化的智能

投放，系统自动帮助企业主做广告投放优化，并能在企业规定的金额内完成营销目标。

智能出价系统基于用户行为等大量数据的长期积累，并且通过和广告主共建的深度转化数据，依托深度学习技术，帮助广告主获取稳定流量并降低账户操作的人力成本和推广成本，优化投放体验，使广告投放变得更加便捷。

③ 创新出价体系。常见的有按每个访问出价（Cost Per Visit，CPV）。例如，视频播放达到 10 s 开始计费，是为投放视频类素材的广告主量身定制的。在传统的视频广告投放过程中，广告主经常难以把控投放效果，CPV 出价的出现让视频广告只为有效观看付费，使播放成本可控，从而实现初步营销目标。

随着推广引擎广告的发展，未来的出价体系还会有多种变化，但不变的是，每种出价方式都是付费营销发展的必然产物。

3. 推荐引擎广告计费机制

推荐引擎广告采用的是“遵循下一名计费制”，根据出价方式的不同，计费公式也略有不同，如表 4–3 所示。

表4–3　不同出价方式的计费公式

出价方式	计费公式
CPM、OCPM	下一名 eCPM + 0.01
CPC、OCPC	$\frac{\text{下一名 eCPM}}{\text{自己预估点击率} \times 1\,000} + 0.01$
CPV、CPA	$\frac{\text{下一名 eCPM}}{\text{自己预估点击率} \times \text{自己预估转化率} \times 1\,000} + 0.01$

（1）CPM 和 OCPM 这两种出价方式都是按照广告的展现曝光进行收费的。以每千次为一个计费单位，即广告主投放的链接展示 1 000 次时，推荐引擎广告系统就收取一次费用。两者的区别主要在于，OCPM 比 CPM 出价更加注重广告展示的效果，推荐引擎广告系统经过预估点击率和转化率的分析，向最有可能发生转化的用户展示广告，保证转化成本尽可能低于广告主的目标出价。

（2）CPC 和 OCPC 这两种出价方式都是按照广告的点击进行收费的。CPC 按点击付费的计费方式，每一次点击都需要向推荐引擎广告系统支付费用，而 OCPC 是智能出价，注重转化，实时预估每一次点击的转化率并基于竞争环境智能出价，强化高转化率流量的获取，弱化低转化率流量的展现，以帮助广告主控制转化成本，提升转化数量并提升投放效率。两者的主要区别在于 OCPC 比 CPC 更加符合企业主对转化效果的需求。

（3）CPV 和 CPA 这两种出价方式都更加注重广告的转化效果，因此推荐引擎广告系统除了依据下一名的 eCPM，还会考虑广告主自己的预估点击率和预估转化率，以评估该广告对推荐引擎广告系统的风险。

4.4.4 推荐引擎广告投放流程

随着数字营销的发展，推荐引擎广告逐渐得到众多广告主的青睐。在进行推荐引擎广告投放时，想要达到良好的投放效果，首先要熟悉推荐引擎广告投放的基本流程。

1. 分析目标群体需求

推荐引擎广告就是将广告信息夹杂在新闻内容中，以有价值的内容吸引用户点击，从而引发用户兴趣，实现用户转化。

在这个过程中，用户一开始对这个广告信息是没有兴趣的，更加关注新闻之类的信息。而推荐引擎广告则让消费者在阅读新闻的同时关注到广告主的产品，引导用户产生感性消费，实现转化。这个过程中，只有抓住用户的兴趣点、关注点，才能引发用户的点击。

所以在进行推荐引擎广告投放之前，需要对目标用户的需求进行分析。广告主需要根据自己的主要业务内容分析确定目标受众群体特征并进行精准定向，只有这样，广告信息才会排除非目标受众广告展现的机会，有针对性地将广告推送给目标受众进行展现。

2. 制作广告创意

在确定用户的人群画像后，就要开始进行广告的素材创意设计。推荐引擎广告通常有大图、三小图等样式，根据渠道的不同，具体的图片规格也有所不同，展现的位置也有所差异。按照一般规律，三小图的样式展现点击率更高，多数广告主往往会选择效果更好的三小图。

在进行素材选择时，需要注意与标题相一致。而具体的图片信息以及文案信息，在对用户进行充分分析后基本就已经确定了，剩下的工作就是进行精心雕琢，使广告框架更丰满，效果更好。

3. 设计广告落地页

在明确创意后，需要考虑如何进行落地页设计。因为它影响着用户的转化，所以在进行落地页设计时，需要明确广告投放目的，有针对性地设计转化方式。

一般推荐引擎广告投放的目的有：促使用户点击下载 App；引导用户参加活动，留下个人信息如电话号码等；引导用户进行线上咨询，实现用户转化，产生购买行为；直接引导用户在线购买；等等。

为了吸引用户兴趣，保证用户的访问时长，降低跳出率，在进行落地页设计时要注重内容的逻辑性。首先可以进行痛点描述，引发用户共鸣。然后提出可能造成的困扰或引发的后果，激起用户担忧焦虑的情绪，再提出产品提供的解决方法，满足用户需求。为了打消用户的顾虑，还要进行品牌背书，增强信任，与竞品进行比较，做出风险评估，排除疑虑。最后通过第三方评价，利用共性心理，促进用户转化。在落地页设计中还要根据页面适当设计转化按钮，但相关内容不能太多，以免引起用户的负面情绪。

4. 进行广告投放设置

在主流的推荐引擎广告投放平台中，广告投放的设置大同小异。设置的内容通常包括年龄、性别、地域、兴趣爱好、行为习惯、手机系统等标签的定向与出价。在针对不同平台进行投放时，需要分别进行测试，以免出现问题。

5. 分析广告投放效果

与搜索引擎广告投放类似，广告投放效果分析是推荐引擎广告投放的最后一步，也是非常重要的一步。通过对推广数据进行汇总、分析，能够帮助企业找到下一次推荐引擎广告投放调整和改进的方向。

在广告投放出去后，需要选择合适的统计工具，对数据进行监测跟踪。具体包括对每一次的转化进行记录，查看设置的转化按钮是否达到目的，分析各个阶段的设置对用户转化是否有影响，影响用户转化的因素，等等。

行业洞察

腾讯广告平台促销活动广告投放规范

1. 详情页内容应保持时效性

节日类的活动，不得超过节日结束日3天。大型活动（如“双11”“双12”）时间延期1个月。

2. 添加必要说明

需要对活动中出现的限时、限量、限购进行具体说明，标明活动时间、活动数量、限购条件。

3. 平台限制投放活动类型

（1）限制投放促销活动类型，包括但不限于线上实物商品0元购、1元购、免费试用、预付充值、虚构原价折扣促销。

（2）其他限制投放活动类型，包括但不限于代言人选拔、模特演员选拔等。

（3）包括但不限于众筹、夺宝等。

4. 抽奖式有奖销售活动审核规范

（1）抽奖式有奖销售，活动奖品最高奖数额不得超过50 000元。

（2）若以特定物品的使用权为奖品的，奖品金额以该特定物品自身的价格为评估标准，而非使用权的价格。

5. 规范红包元素

以红包元素作为创意的，不得以“开”“拆”“领”“抽”“抢”等元素诱导点击，不得模拟系统红包，如微信红包、QQ红包样式。

6. 禁止条款

活动内容中，不得出现“本活动由×××享有最终解释权”的格式条款

7. 活动、任务赚钱类广告主管控规则

（1）广告素材必须添加警示语。如“具体金额以实际活动规则为准”实物兑换以实际活动规则。

（2）不得含有具体任务完成情况/时间+收益明细的保证性承诺。如“今日收入××元”“走××步赚××元”等。

（3）不得出现充值内容，涉及充值内容违反相关法律法规。

（4）通过完成任务可直接获取或兑换现金，外层素材展示金额（包括外层素材展现的实物价格/价值）不得超过300元。

（5）通过完成任务可兑换小额实物奖品，兑换金额价值不得超过300元。

（6）涉及实名制的物品不得参与兑换活动，如演唱会票、机票、火车票等。

（7）广告素材不得出现具体兑换比例，如“1 600金币=1元”“11 234步=1.23元”。

4.4.5 推荐引擎广告营销的应用

1. 线下门店营销中的应用

以门店推广为目的时，需要设置门店信息，一般支持多门店同时投放。门店推广的目标可以细化为展现量、点击量、到店量、成交量。在实际工作中，还需要按照公司实际营销需求选择不同的转化目标。

门店推广主要针对拥有线下门店的本地广告主（如餐饮企业、商场、培训机构、健身房等），设置好门店信息后，在进行目标受众定向时可以在地域定向中直接进行商圈定向，一般支持地址切换并设置不同门店的商圈半径。

在实际展现时，目标受众会在广告下方看到门店的地理位置及距离，所以要按照产品的特性等要素合理选择半径范围，有效提高广告点击率和到店率。例如，餐饮企业选择半径为5 km左右的范围比较合适，而成人教育培训机构选择半径为10 km左右的范围比较合适。

推荐引擎广告营销在线下门店的应用主要集中于生活服务类。以某婚纱摄影门店为例，它将目标受众定位为抖音上18~40岁的女性人群，以OCPM和CPA进行结合投放推荐引擎广告，通过视觉冲击感强烈的图片及视频，配上热门音乐，加强内容的吸引力，稳定日均预算，不断提升转化，吸引更多潜在用户。

2. 网络店铺营销中的应用

网络店铺推广适用于成熟的网络店铺，如淘宝、天猫、京东、拼多多等平台上的店铺，网络店铺推广的转化目标是提高展现量、点击量、在线咨询量、表单提交量、订单

成交量等。由于平台之间存在一定的“壁垒”，在进行网络店铺推广时，往往是提交网店链接地址的形式。

网络店铺推广的目标受众具有全面性、普适性的特点，受地域和时间的限制性较小，且与应用推广不同，对下载速度的要求并不是很高，因此在进行目标受众定向时，只需要根据业务范围与业务特点进行定向即可。

网络店铺通过使用推荐引擎广告营销能够有效地增加销量。例如，唯品会基于对目标人群的洞察，将目标用户标签定位为关注“娱乐+时尚”的人群。在两周的推广期间内，唯品会买断娱乐类、时尚类头部头条号的文章详情页广告，集中覆盖目标画像人群，实现导购促销曝光超过5亿次。这里需要注意的是，在强势曝光推广的同时也要讲究“软性攻略”，让用户从阅读场景无缝进入购买场景，使其体验更自然，转化效果才会更好。

3. 应用程序营销中的应用

应用程序的转化目标细化为激活、安装完成和下载完成。以智能手机和相关设备为例，要想统计iOS和安卓系统的激活转化数据，就需要进行API① 数据对接。App营销的目标可以细化为激活、下载、安装、转化。在实际工作中，还需要按照公司实际营销需求选择不同的转化目标。

在进行目标受众定向时，App推广不支持PC定投。如果安装包过大（假设超过2 GB），则网络选择应推荐为Wi-Fi，从而避免影响转化量，也能合理降低推广成本。在这个推广目的下，目标受众还有一种独特的定向：过滤已安装定向，它可以帮助企业排除已经安装过应用的潜在客户。至于是否过滤，主要看自身App覆盖量和公司的推广策略。

App升级速度较快，有时会与设备系统版本出现不兼容的情况，如版本过低的系统无法安装新App应用包。企业必须根据安装包选择网民的设备系统的版本，否则推送给那些无法使用的目标受众就会造成广告资源浪费。

例如，休闲食品品牌“来伊份”在今日头条试点，重点推广其线上自营App“来伊份商城”。通过使用OCPC出价投放推荐引擎广告，在激活成本与新客投资回报率可控的情况下，同时满足了自营App“来伊份商城”的拉新需求。

4. 图文营销的应用

图文营销的应用即文章推广，首先需要设置文章内容，内容页即为推广的落地页，文章推广的目标可以细化为展现量、阅读量、点赞量、评论量、转发量，还需要按照公司实际营销需求选择不同的转化目标。

从企业角度来讲，文章推广适用于品牌内容的宣传推广，讲述品牌故事，塑造品牌形象。互联网软文是一种最普遍的形式，因此在进行目标受众定向时没有特别的要求，

---

① API的英文全称为Application Programming Interface，指应用程序编程接口。

广告主参考企业的营销目标即可。

例如，华为手机在微博上发布了一则软文广告《千万不要用猫设置手机解锁密码》。文章讲述主人公用猫设置手机解锁密码后遇到的一系列囧事，十分有趣，具有可读性，同时介绍了该手机“刷指纹解锁、保密性高、手机两天不充电还有电”等功能特点。该广告借助社交平台快速传播，效果极好。

职场透视

数字营销技术应用职业技能等级证书（中级）

数字营销技术应用职业技能等级证书（中级）的核心内容是数字广告营销，主要技能目标是针对公域流量中的未知受众，通过搜索引擎广告和推荐引擎广告进行品牌传播，提高品牌认知，实现“品效合一”的营销效果。

中级证书主要聚焦搜索排名优化、搜索竞价营销、推荐引擎营销3个关键工作领域，服务于关键词挖掘、网页信息优化、网页优化分析、网页竞价推广、品牌营销推广、搜索竞价营销分析、推荐引擎推广、推荐引擎推广数据分析、推荐引擎推广优化9个典型工作任务，涵盖完成以上任务所需的36个技能点。

取得中级证书的考生，能更好地了解企业数字营销人才需求，掌握数字广告营销相关工作技能，提高个人就业、择业的竞争力。

1＋X证书同步测试

一、单项选择题

1. 数字媒体是以（　　）的形式存储、处理、传播信息的载体。

A. 十进制　　B. 二进制

C. 末位制　　D. 算法制

2. 以下付费方式中，属于按点击付费的是（　　）。

A. CPC　　B. CPM

C. CPA　　D. CPS

3. 适用于有明确搜索意图情况下的检索的搜索引擎是（　　）。

A. 全文搜索引擎　　B. 元搜索引擎

C. 目录搜索引擎　　D. 垂直搜索引擎

4. 如果推荐引擎上某广告的预估点击率为 2.5%，其出价为 100 元，那么这条广告的预估收益为（　　）元。

A. 2.5　　B. 2.51

C. 25.1　　D. 25

5. 根据是否为不同用户推荐不同的数据，可以将推荐引擎分为基于大众行为的推荐和（　　）。

A. 基于个性化的推荐　　B. 基于人口统计学的推荐

C. 基于内容的推荐　　D. 基于协同过滤的推荐

二、多项选择题

1. 按照搜索方式的不同，搜索引擎可分为（　　）。

A. 全文搜索　　B. 元搜索

C. 垂直搜索　　D. 目录搜索

2. 数字广告营销思维中的“品效合一”包括（　　）。

A. 品牌效应　　B. 品牌价值

C. 实际销售效果　　D. 传播效率

3. 以下属于推荐引擎广告的排名机制影响因素的有（　　）。

A. 广告预算　　B. 商品表现

C. 预估收益　　D. 出价

4. 以下属于搜索引擎索引库维护方式的有（　　）。

A. 定期搜集　　B. 定点搜集

C. 增量搜集　　D. 累加搜集

5. 以下属于推荐引擎广告特点的有（　　）。

A. 移动碎片化　　B. 营销精准

C. 广告互动性强　　　　　　D. 定位方式多样

三、判断题

1. 搜索引擎，是主动发现用户当前或潜在需求并主动推送信息给用户的信息网络。(　　)
2. 推荐引擎广告采用的是“遵循下一名计费制”。(　　)
3. 在推荐引擎中，预估收益值越高，排名越靠后。(　　)
4. 根据数字广告营销渠道的类型与特点，可以将其分为搜索引擎营销、推荐引擎营销、社交媒体营销三种类型。(　　)
5. CPM 是一种按时长来计费的营销推广方式。(　　)

综合实训

一、实训目标

通过本章的实训，加深学生对数字广告营销的理解，使学生熟悉搜索引擎广告和推荐引擎广告投放的内容，并能够根据广告投放的结果，分析广告投放效果，完成数字广告营销分析报告的撰写。

二、实训背景

在 21 世纪的今天，广告营销的方式随着数字技术的进步发生了巨变，促使传统营销加速数字化转型，开启数字营销变革，很多企业开始应用数字营销手段进行广告投放。企业在进行数字广告投放时，可依托以百度推广为主的搜索引擎广告营销，也可依托于以头条巨量引擎为主的推荐引擎广告营销，当然也可依托社交媒体上的广告系统进行广告投放。根据目前数字广告营销的现状，选择 3 个数字广告投放的成功案例，分析这些广告投放成功的相关因素。

三、实训要求

1. 以小组为单位，每个小组 3 人，自行确定本小组的负责人。

2. 每组选择 3 个数字广告投放的成功案例，必须涵盖搜索引擎广告和推荐引擎广告的营销案例。

3. 对于搜索引擎广告营销，分析广告投放的目标、时间、地域等要素，判断广告投放的关键词，结合广告投放的结果数据，分析、评价广告的投放效果。

4. 对于推荐引擎广告营销，分析广告投放的目标受众、时间、地域、创意等要素，结合广告投放的结果数据，分析、评价广告的投放效果。

5. 根据以上要求，撰写数字广告营销分析报告。

四、实训评价与总结

1. 小组自评

组长根据各组员在策划方案形成过程中的贡献给出相应的评价（30%）。

2. 组间互评

各小组以 PPT 形式对撰写的策划方案进行展示介绍（30%）。

3. 教师对团队总评

根据各组成果的优缺点，有针对性地点评，启发学生的创新思维；对各组普遍存在的问题进行重点分析；针对各团队发布的内容提出要重点注意的问题（40%）。

第5章

数字互动营销

学习目标

素养目标

- 树立以客户为中心的服务意识，深挖客户消费场景，培养在“人工智能 + 消费”的客户互动场景中的创新型数字人才，促进数字人才在人工智能与数字营销相结合的数字经济领域创新创业
- 坚持科技向善的价值观，推动学习者规避算法歧视，确保公平原则贯穿客户全生命周期
- 坚守客户隐私和客户数据保护，鼓励学习者在数据安全的前提下，充分利用数据要素增强客户体验

知识目标

- 了解数字互动营销的含义
- 熟悉客户数据分析的指标
- 熟悉数字互动营销的方式和渠道
- 掌握生命周期客户分层的方法
- 掌握客户开发、留存、转化及裂变策略

技能目标

- 能够通过多种途径获取客户数据
- 能够掌握数字互动营销实施的过程

◆ 思维导图

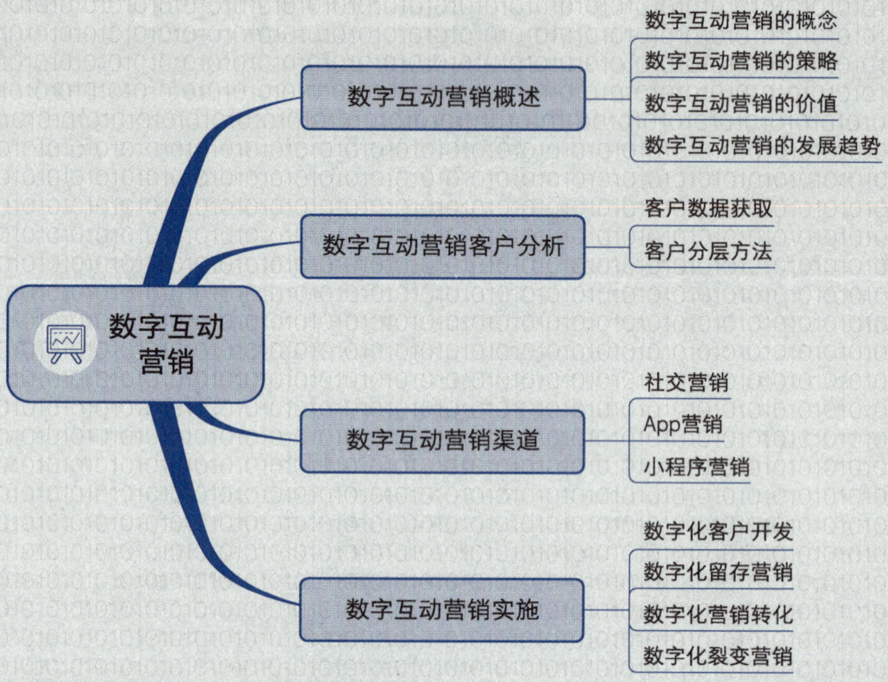

学习计划

素养提升计划

知识学习计划

技能训练计划

引导案例

小米的互动营销

2024年4月，小米汽车SU7重磅发布。2024年8月，小米SU7交付量超过1万台，连续三个月达成破万台的交付目标。小米SU7的推出和市场表现对中国新能源汽车市场产生了积极影响，不仅推动了市场竞争与技术创新，还拓宽了消费者的购车选择范围，促进了产业链协同发展，并可能改变市场格局与趋势。

小米SU7的成功是多种因素共同作用的结果。而小米一直贯彻的互动营销策略也对SU7的成功有着积极作用。回看SU7的整个推广过程，小米不是简单地进行单向输出，而是和米粉一起有众多的双向互动。

1. 邀请米粉参观小米科技园

小米通过邀请米粉参观其北京科技园，让米粉亲身体验小米的企业文化、发展历程，以及SU7的研发和生产过程。这种近距离的接触不仅加深了米粉对小米品牌的认知，还让他们对SU7的诞生背景和技术实力了解得更直观。

2. 在微博等社交媒体上隔空互动

小米充分利用微博等社交媒体平台，与米粉进行实时互动。例如，小米总裁经常在微博上发布关于SU7的最新信息，回应消费者的疑问和猜测。这种互动不仅增加了话题的热度，还拉近了品牌与消费者之间的距离。此外，小米还通过微博等渠道举办问答活动、抽奖活动等，进一步激发米粉的参与热情。

3. 针对消费者的价格猜测不时予以回应

面对网络上流传的各种价格猜测，小米并没有直接确认或否认，而是通过微博等渠道发布模糊信息或进行辟谣，以此保持市场关注度和话题热度。同时，小米高管也适时发布一些带有暗示性的言论，引导消费者猜测SU7的真实价格。这种策略不仅增加了SU7的神秘感，还激发了消费者的购买欲望。

小米的数字互动营销构建了一个高度参与、紧密连接的数字生态体系，不仅有效提升了品牌的市场影响力和用户粘性，还为企业的长期发展奠定了坚实的基础。

引思明理：

党的二十届三中全会指出：“当前和今后一个时期是以中国式现代化全面推进强国建设、民族复兴伟业的关键时期。”在这一阶段，中国正站在新的历史起点上，面临着前所未有的发展机遇和挑战。国家对于品牌建设的重视，达到了新的历史高度。从引导案例中可以看出，数字互动营销在增强品牌认知与忠诚度方面，有着巨大的优势。当前，数字互动营销已从单纯的传播工具进化为连接品牌与用户的价值纽带。未来，随着元宇宙、生成式 AI 等技术的发展，数字互动营销将开创品牌建设新纪元，为中国品牌走向世界提供强大助力。

5.1 数字互动营销概述

5.1.1 数字互动营销的概念

在数字互动营销中，互动的一方是消费者，另一方是企业。只有抓住共同利益点，找到合适的沟通时机和方法，才能将双方紧密地结合起来。数字互动营销尤其强调双方都采取一种共同的行动，达到互助推广、营销的效果。

企业在数字互动营销过程中，要充分听取消费者的意见和建议，进行产品的规划和设计，为企业的市场运作服务。企业只有与消费者进行充分的沟通和交流，才会生产出真正适销对路的商品。数字互动营销能够促进企业与消费者相互学习、相互启发、彼此改进，尤其是通过“换位思考”带来观察问题的全新视角。数字互动营销是精准营销模式的核心组成部分，是实现与客户互动的主要手段之一。

数字互动营销形式的出现，为诸多企业开创了营销新局面，大大提升了品牌曝光度，促进了产品销售。伴随着企业信息化的快速推进，数字互动营销的发展也随之加快，许多企业开始尝试依托微信、微博等社交媒体平台，以图文、动画、H5、短视频等多样化的创新形式推广品牌，拉近与消费者的距离。企业在传播企业品牌形象的同时，也会更好地了解顾客需求，从而开发出契合消费者需求的更多、更好的产品和活动等。

由此可见，数字互动营销依托数字媒体形式，巧妙借助数字媒体受众广泛、信息发布深入等优势，最大限度地传播企业文化，推广企业品牌。

5.1.2 数字互动营销的策略

随着互联网技术的发展，互动营销不再局限于线下与客户的面对面互动。目前企业可以依托各大数字媒体平台，通过创意营销、社群营销、口碑营销、体验营销、短视频营销、内容营销等多种策略来提升互动营销效果。

（1）创意营销。目前，用户体验越来越受到企业的重视。数字互动营销不再以弹出广告打扰用户浏览的方法来吸引用户的注意，而是以主动性的网站打开为基础来推广。在高度重视用户体验的前提下，在不打扰用户的前提下，通过创意把营销信息推送到潜在用户面前。

以互联网技术为依托的创意营销给用户带来了不同的体验感受，使用户从原先的被动接受转变为数字时代的营销主导，由沉默者转变为传播者。

（2）社群营销。社交网络的兴起不仅简化了企业与用户之间的沟通，而且使品牌在用户当中进行营销成为可能。

社群营销是在网络社区营销及社会化媒体营销基础上发展起来的用户连接及交流更为紧密的营销方式，主要通过连接、沟通等方式实现用户价值，营销方式更加人性化。社群营销通过好友和朋友圈传播信息的方式，将有共同爱好的用户集合起来，实现用户与品牌的密切互动，把兴趣群发展成用户群或消费群，进而在活动促销、用户了解等方面，给企业带来巨大价值。

（3）口碑营销。口碑营销的特点是让用户变成企业的“活广告”，利用互联网社交等形式贯通低成本、高效率传播的营销渠道。

（4）体验营销。传统营销方式通过广告来吸引用户眼球，体验营销则通过影响用户的感官来销售产品，让用户切身感受到产品的优势。体验营销可以让用户在体验中发现产品的价值，给用户留下深刻的印象。因此，体验营销是从用户的角度去考虑的一种营销方式，容易赢得用户的信赖。

（5）短视频营销。短视频广告不同于电视广告，电视广告只是一种视频录像，而短视频广告在宣传和展示产品的同时会穿插互动环节。短视频中的互动营销包括视频购物、视频交流、视频大赛等多种多样的互动形式。

（6）内容营销。内容营销的目的是通过内容转化潜在客户并促成客户购买。要通过内容规划保证目标和策略的一致性。一方面，通过有价值的内容吸引潜在客户；另一方面，内容营销并不是直接售卖产品，而是为销售“加速”，通过内容吸引顾客，将其引入销售渠道中。

为了达到以上两方面的效果，在内容规划时需要将内容类型、客户类型和客户购买过程相结合，且都应该有具体的营销目标。

5.1.3 数字互动营销的价值

在娱乐化和碎片化越来越突出的时代，企业的营销方式发生了前所未有的变化，如何在提高营销效率的同时降低营销成本，成为许多企业思考的问题。高精准、低成本的互动形式成为数字互动营销得天独厚的优势。

让用户成为裂变节点，助推企业营销和品牌推广，将企业的品牌和产品与不同的事件或热点相连接，从而引起用户的关注和传播，是数字互动营销推动企业发展最为常见的形式。

例如，H5 小游戏相当于企业品牌和产品的营销推广载体，企业主动将产品和品牌融入 H5 小游戏来激发用户的兴趣，促使用户主动帮助企业宣传和转发。在这一过程中，用户既是裂变的节点，又是企业营销和宣传的推手，在为企业带来宣传收益的同时，有效降低了推广成本。

在数字互动营销中植入式的广告更容易让用户接受。无论是沟通交流、促销活动还是互动游戏，其过程都会灵活地把企业的品牌形象或是营销信息带入其中，使企业的营销在无形中呈现给用户。

行业洞察

腾讯公益H5“小朋友的画廊”，用善意表达关爱

“99”公益日，腾讯公益采用H5的形式发起了“一元购画”活动。活动发起后得到了广大网友的积极响应，短时间内完成了1 500万元的募捐目标。这些美妙而又富有创造力的作品大部分是孤独症、脑瘫和患有智力障碍、精神障碍的“小朋友”所作。“小朋友的画廊”部分H5画面如图5-1所示。

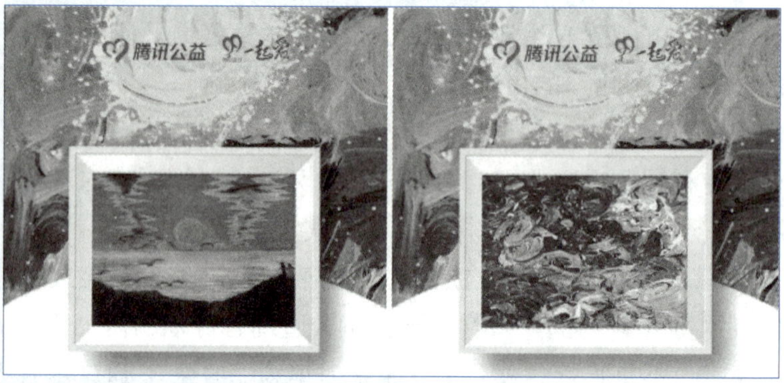

图5-1 “小朋友的画廊”部分H5画面

1. 策划

腾讯公益为了帮助“小朋友”而策划了这一公益活动。① H5首页是“小朋友”作品展示，用户通过左右滑动屏幕来选择喜欢的作品；② 点击画作下方的“小音标”，即可听到画作作者的心声；③ 只要花一元购画，就既能帮助到“小朋友”，又能够买下喜欢的作品作为桌面。

2. 创意

将一个公益项目制作成手机页面就可以展示的“画展”，把这些原本属于特殊人群的绘画作者去标签化，统一视作“小朋友”画家。

3. 设计

风格简洁，用带有浅浅涂鸦的灰白纸张做背景，活动中展示的画作有抽象、卡通等多种风格，而且每张画作均附有作者的心声，使这个H5的内容更加饱满生动。

整个H5项目很好地满足了用户自我感觉的表达，获得了比绘画慈善拍卖会还要好的影响力和传播效果。

5.1.4 数字互动营销的发展趋势

随着社会的发展、技术的提升，以及消费者需求的变化，数字互动营销将呈现出以下发展趋势：

1. 营销回归内容创作

在数字化消费时代，各个消费领域充斥着令人眼花缭乱的商品，但消费者开始转向选择简单、舒适、健康和回归本原的商品。因此，消费结构的重塑和对真实消费满意度的追求，使得消费者的消费需求返璞归真，在选择商品和品牌的时候更加关注商品的真实性和实用性。

这种趋势在一定程度上对数字互动营销产生了影响，即内容创作应回归其本质，与消费者建立共鸣，并将商品信息转化为可用于消费的有价值的信息。对消费者而言，有关生活方式的真实内容和创造力将更受欢迎，在这种趋势下，未来数字互动营销将更加注重真实的消费需求，在其驱动下回归内容创作。

2. 短视频成为表达常态

近几年短视频经历了突飞猛进的发展，已成为营销领域的热门媒体和渠道。短视频具有短而精确的特征，其核心在于创造力，其营销形式将助力数字互动营销的发展。对于品牌而言，要建立科学严谨的体系，不仅需要规范化的品牌内容建设，而且需要考虑媒体环境的适应性、创造力的简单性和品牌表达的独创性。在未来发展中，短视频将成为数字互动营销的表达常态。

3. 情感创造力成为营销重点

数字互动营销的最高境界就是与用户达成情感共鸣。当今时代，消费者购买商品不仅看重商品数量的多少、质量的好坏或价格的高低，更看重情感上的满足或心理上的认同。

数字互动营销要注重情感创造力，从消费者的情感需求出发，唤起消费者的情感需求，激发消费者的情感共鸣，寓情感于营销之中，组织好数字互动营销的活动，也是数字营销的重点内容。

4. 品牌与 IP 跨界整合

近年来，IP 已成为热门词汇。IP 可以理解为从定位、策划、剧本、共鸣、价值等各方面去设定人物的形象，通过这个形象吸引更多思想和价值观同频的人去关注和了解，从而实现商业价值。品牌与 IP 的跨界整合已成为一种新的数字互动营销趋势，如何利用 IP 与年轻人产生情感共鸣已成为品牌营销的关键。无论是跨界 IP 还是自行创建的 IP，都缩短了自身与消费者之间的距离。需要注意的是，尽管 IP 的潜力无限，但真正的 IP 并非一蹴而就，需要品牌的长期投资并贯穿品牌传播的各个方面。

5. 数字化技术转型升级

在大数据时代，对于企业来说，如何整合数据、重组数据资产，成为未来亟须解决的问题。使用新的智能技术重新处理和利用数据，可以突破数据和信息孤岛，推动智能营销决策和数字营销系统的诞生；可以进一步提高营销效率。智能企业管理和数据可视化将成为未来数字互动营销的重点。

5.2 数字互动营销客户分析

5.2.1 客户数据获取

1. 客户数据获取途径

根据来源方式的不同，客户数据可以划分为以下类型：

（1）直接收集的第一方数据。第一方数据是企业或组织在经营管理或向客户提供服务的过程中，直接记录和获得的数据信息。例如，用户开立账户时提交的身份信息；在线注册时输入的个性化信息；浏览网站的点击行为记录；在线购物的商品交易支付记录；联络呼叫中心的通话记录；参与问卷调查的直接响应反馈记录等。

金融、航空、家政等服务行业的企业，以身份识别或签约服务为基础，通常拥有较为丰富的一手数据，因而在人口统计属性信息上的记录相对完整和准确，在行为交易数据上的积累更加全面而连续。一些大型企业或组织虽然积累了丰富的一手数据，但是由于内部存在着各种各样的部门壁垒或业务割裂限制，这些数据没有很好地整合和利用。

（2）间接收集的第二方数据。第二方数据是企业、组织在经营管理或业务合作过程中间接获得的，如通过协议获得的来自合作伙伴收集和管理的第一方数据，或者与合作伙伴共同收集和共享的数据信息。例如，多方联合发起的用户调查；系统接口产生的交换数据；与合作伙伴交换的数据信息；与监管机构交换的数据信息等。

这类数据虽然不是企业直接产生的，却是在经营或服务过程中与客户发生直接或间接接触的过程中产生或收集的，如银行信用审核部门向征信服务机构提交贷款申请者的身份资料而获得的信用风险评分等信息。在商业联盟中的企业成员也可以通过联盟协议共享信息，如中国国际航空公司与加拿大航空公司都是星空联盟的成员，它们通过协议互认的方式为联盟贵宾会员提供联盟成员共享的贵宾会员服务。

（3）来自外部的第三方数据。每个企业和组织都有一定的数据收集能力，但不同的企业或组织之间的数据收集能力差异很大，一些特别的数据必须由专门的机构收集。对于商业机构来说，常见的第三方数据有：登记的房产信息；工商登记注册信息；第三方征信公司的信用信息；社会化技术公司收集的数据；相关行业积累的数据信息等。

企业或组织为了弥补自身数据积累的不足，经常需要通过查询、租用、交换或购买等方式使用第三方数据信息。第三方数据的使用通常会有一定的成本，往往优先用于能够创造潜在价值的营销活动，如用于市场营销活动的潜在目标客户列表选择；或者用于经营风险较高的需要风险控制的业务领域，如信用卡审批时对信用卡申请人进行第三方信用评分等。

在数字化时代，企业与客户之间的接触渠道变得多样化，客户使用的数字化工具和数字化设备也越来越多，能够收集用户信息的渠道和工具也变得越来越丰富。

博文约礼

数据收集的法律法规要求

随着信息技术的迅速发展和互联网的普及，我们正步入一个数据驱动的时代。数据的滥用成为威胁网络安全的一大隐患。与数据安全相关的法律法规主要包括《中华人民共和国网络安全法》《中华人民共和国数据安全法》等。

对于数据的收集，《中华人民共和国数据安全法》在第三十二条第一款中明确规定：“任何组织、个人收集数据，应当采取合法、正当的方式，不得窃取或者以其他非法方式获取数据。”

《中华人民共和国网络安全法》对于网络数据的收集有着更为详细的规定：

网络产品、服务具有收集用户信息功能的，其提供者应当向用户明示并取得同意；涉及用户个人信息的，还应当遵守本法和有关法律、行政法规关于个人信息保护的规定。

网络运营者收集、使用个人信息，应当遵循合法、正当、必要的原则，公开收集、使用规则，明示收集、使用信息的目的、方式和范围，并经被收集者同意。

网络运营者不得收集与其提供的服务无关的个人信息，不得违反法律、行政法规的规定和双方的约定收集、使用个人信息，并应当依照法律、行政法规的规定和与用户的约定，处理其保存的个人信息。

网络运营者不得泄露、篡改、毁损其收集的个人信息；未经被收集者同意，不得向他人提供个人信息。但是，经过处理无法识别特定个人且不能复原的除外。

……

为了避免法律风险，企业在收集客户数据时，一定要严格遵守相关法律法规的要求，确保数据的合规收集和合法使用。

2. 客户数据分析指标

微课：客户数据分析指标

一般来说，商业应用中的客户数据主要有以下类型：

(1) 人口属性。人口属性是用来识别自然人身份和描述背景处境特征的指标，主要包括身份数据、联络数据、背景数据、地理数据、信用数据，以及与时间相关联的历史记录等，如表5-1所示。

表5-1　描述人口属性的主要指标

指标类型	具体指标内容
身份数据	可以识别身份唯一性的描述信息，包含姓名、性别、年龄、国籍、证件号码等与个人身份识别相关的数据
联络数据	电话号码、电子邮箱、社交账号等数据
背景数据	与家庭、职业、教育等相关的数据
地理数据	工作地点、家庭住所等与区域地理位置相关的数据
信用数据	信用评分、资信等级、收入水平、信用记录等数据
历史数据	上述这些信息在不同时期的历史记录和状态变化情况

由于人口属性涉及许多与个人身份识别、个人联络、家庭住所、职业收入等相关的个人隐私信息，因此，人们对于这类信息的收集和使用非常敏感，这类个人隐私信息也是黑客的重要攻击目标之一，这类信息的泄露可能带来巨大的潜在风险和社会影响，企业和政府都在设法限制和保护这类信息的收集、储存和使用。

(2) 行为特征。行为特征是记录用户行为和描述用户行为特征的信息，包括使用的设备信息、浏览点击、内容偏好、兴趣爱好、生活方式等与个人行为相关的信息。

传统营销时代稀缺的行为特征数据在数字化时代极大地丰富起来。人们浏览网站信息、在线购买商品、使用移动社交工具或观看在线视频的行为，都被系统以数据的方式记录了下来。此外，一些用户的人体生物运动信息也通过智能穿戴设备实现了数据采集，这些数据都属于行为特征数据。描述行为特征的指标如表 5-2 所示。

表 5-2　描述行为特征的指标

指标类型	具体指标内容
设备信息	所使用设备的类型、品牌型号、使用频率等信息
浏览点击	在线登录时间、浏览页面、访问深度等信息
内容偏好	内容类型、点击内容偏好、停留时间等信息
兴趣爱好	经常关注和收藏的内容、评论互动偏好等信息
生活方式	生活阶段、习惯方式、态度品位等相关信息

营销人员总是希望尽可能全面地获得了解客户行为特征的信息，以便更全面地理解目标客户行为。例如，理解什么在影响他们，什么会刺激他们，什么能吸引他们，理解为什么他们比其他人更偏爱某个品类，为什么他们对某种类型的广告响应更加强烈。基于对这些信息的了解，营销人员能够更好地对具有相同行为分类但有差异化服务需求的客户进一步细分，针对每类客户提供个性化产品和服务。

(3) 旅程轨迹。旅程轨迹是用户在线上或线下发生的跨平台、跨渠道的交互行动路径与行为轨迹信息。在数字化时代，用户的每种行为都能在系统上留下信息记录，这些信息整合起来就构成了用户轨迹。一位线下购物者可能在决定到店面购买之前已经在线上进行了多次比较，然后选择了最方便的店铺，最终在线下实体店面完成购买。这些信息可能发生和记录在不同系统里，在数字化时代可以被全面记录下来，并通过技术手段整合。描述旅程轨迹的数据指标如表 5-3 所示。

表 5-3　描述旅程轨迹的数据指标

指标类型	具体指标内容
浏览路径	跨平台、跨渠道的客户轨迹信息
社交偏好	社交范围、朋友类型、分享内容类型等
互动内容	在线评论、讨论话题、分享内容、收藏信息等
社交表现	粉丝数量、登录记录、点赞行为、转发记录等
触发原因	引发客户行为的触发原因，如促销奖励、新品发布等
位置轨迹	基于客户位置和位置变化轨迹的地理围栏信息等

(4) 交易消费。交易消费用于记录客户购买商品和使用服务的交易、消费或使用情况。客户画像中应用的交易消费信息主要是指静态的交易信息和行为记录，深度的预测分析需要更加完备和连续的记录。常用的交易数据指标如表 5-4 所示。

表 5-4　常用的交易数据指标

指标类型	具体指标内容
消费记录	客户购买商品或使用服务的记录信息
支付信息	客户使用的支付方式和支付条款等
消费特征	基于客户消费记录的消费特征信息
忠诚奖励	客户积累积分或兑换奖励的记录信息
服务记录	客户对产品或服务的故障报修或申诉的记录
服务交互	客户联络客户服务中心或申请在线服务的记录

交易消费数据有助于企业建立对客户消费行为的理解，评估客户在整体客户群中的价值，方便企业预测客户的后续消费行为，改进对客户需求的理解，甚至预测客户未来可能购买的产品。交易数据通常是由企业的业务系统记录的信息，是企业最重要和最有价值的信息资产。

行业洞察

从客户旅程地图拆解店铺的精细化营销

在数字营销中，“客户旅程”指的是客户与品牌或企业互动，以购买或使用商品或服务所采取的所有步骤。这些步骤也称为“接触点”。这些接触点可以在任何设备与平台上，可以在线或离线使用。

例如，某淘宝客户在春节前想购买红色亲子装。基于此需求，客户会产生以下行为：有需求—登录淘宝—搜索亲子装—查看更多商品（主图、标题、价格等）—点击商品—查看详情—加入购物车—再搜索亲子装—再查看商品详情并加入购物车—对比—咨询尺码—决策—下单—等待收货—收货。

按照下单前、下单中和下单后的三个时间段，客户行为可分为五个阶段。

第一阶段，了解淘宝：不知道在哪里获得可靠信息。

第二阶段，寻找商品：不知道哪家亲子装好、性价比高，还要有个性，不能撞衫。

第三阶段，下单：要选择过年期间还营业的店家。

第四阶段，物流跟踪：要能在春节前收到，发货要快，物流也要快。

第五阶段，收货/评价：暂无。

在这几个阶段中，不同用户有不同的行为和痛点。平台可以综合分析接触点，店铺可以利用平台的各种接触点和用户产生互动，来做精细化营销，提升转化率。

5.2.2 客户分层方法

客户分层是企业在资源有限的前提下，依据客户对企业的不同价值和重要程度，将现有客户分为不同的等级，并为不同等级的客户提供不同服务的营销策略。

客户分层管理的核心目标是帮助企业梳理现有的客户群体，把他们从杂乱的群体中分层出来，针对不同阶段、不同特征的群体，根据他们所碰到的问题进行相应的维护动作，满足不同层次客户的需求，提升其满意度，进而实现重复购买。常用的客户分层方法有 ABC 客户分层法、客户生命周期分层法、长尾理论分层法等。

1. ABC 客户分层法

ABC 客户分层法依托 ABC 分类法进行客户分层。ABC 分类法又称帕累托分析法，是根据事物在技术或经济方面的主要特征进行分类排序，从而有区别地确定管理方式的一种分析方法。由于它把分析对象分成 A、B、C 三类，所以又称 ABC 分类法。A 类、B 类客户一般又称关键客户，他们是企业的核心客户，是企业的重点维护对象。

（1）ABC 客户分层管理。

① A 类客户。A 类客户是能够给企业带来最大价值的前 10% 的重要客户。他们对企业忠诚，是企业客户资产中最稳定的部分，为企业创造了大部分利润和长期利润，企业却只需要支付较低的服务成本。他们对价格不敏感，还可以为企业介绍客户，为企业节省开发新客户的成本。企业拥有此类客户的数量，决定了其在市场上的竞争地位。

② B 类客户。B 类客户是除了 A 类客户以外，给企业带来价值的前 20% 的客户。B 类客户也是企业商品的大量使用者，但是他们对价格比较敏感，为企业创造的利润和价值没有 A 类客户那么高，也没有 A 类客户那么忠诚。此类客户会同时与多家同类型的企业长期保持业务关系。

③ C 类客户。除了 A 类和 B 类客户，剩余客户即为 C 类客户。C 类客户包含的客户数量较多，但他们的购买力、对企业的忠诚度、为企业带来的价值却远不如 A 类客户与 B 类客户。

还有一种方法将客户分为 ABCD 四类，其中 ABC 类如前所述，D 类为暂时不予关注的市场或客户，其划分与关系维护如图 5-2 所示。

（2）ABC 客户分层的重要性。使用 ABC 客户分层法，对于企业有效进行客户分层而言十分重要。

① 引导企业合理配置营销资源。这种直观的客户价值展现可以帮助营销管理者识别出优质客户，从而有效地将有限的营销资源集中在最有价值或最有发展潜力的客户上。

② 激励客户提升级别。当较低级别的客户看到较高级别的客户能得到更好的服务时，这种差异化服务有时就会激励客户提升级别。例如，经济舱的乘客看到头等舱乘客能得到更好的服务，会产生自己也要坐头等舱的想法，当经济条件允许时他们就有可能购买头等舱机票。

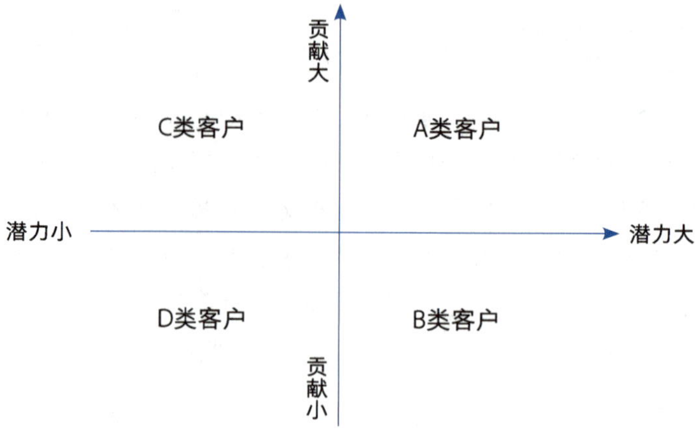

图5-2　ABCD四类客户划分与关系维护

③ 有效动态管理客户。按客户价值构建的客户分类并不是一成不变的，客户级别也可以转化。为此，企业要定期审视客户的发展情况，随时修订客户价值的评估值和所处的位置，同时还要防止高层级客户级别的下降。

（3）ABC 客户分层法的适用情形。

① 企业资源有限。在资源有限的前提下，企业若要为所有客户提供相同的服务，就无法为高价值客户提供优质服务，因此，营销管理人员要考虑企业资源的有效配置。

② 客户需求不同。不同客户对购买的商品及服务的需求不同，企业需要为其提供差异化的营销服务。例如，驾校对愿意接受优质服务的学员提供 VIP 服务，学员可以随到随学，不仅有充足的练车时间，而且还有教练全面的技术指导，但学员需要支付较高的学费；对于不想支付高额学费的学员，驾校也为其提供基本的培训服务。

2. 客户生命周期分层法

客户生命周期是指从企业与客户建立业务关系到完全终止关系的全过程，描述了客户关系水平随着时间变化的发展轨迹动态，以及客户关系在不同阶段的总体特征。客户生命周期可以分为考察期、发展期、稳定期和衰退期，如图 5-3 所示。

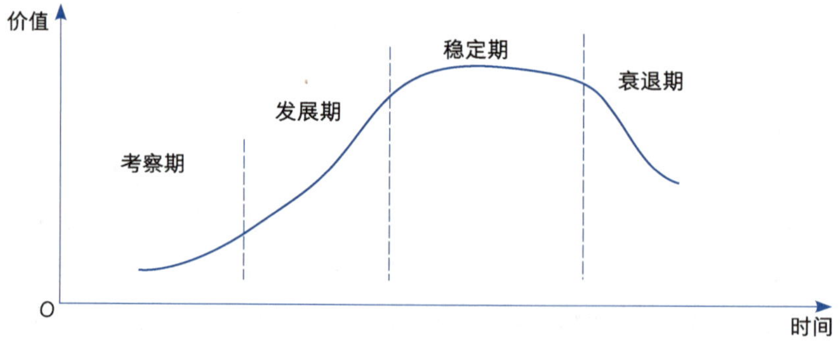

图5-3　客户生命周期

企业可以根据各阶段不同的客户关系特点对客户进行分层管理。

(1) 客户生命周期各阶段的特征。

① 考察期是客户关系的探索和试验阶段。这一阶段的基本特征是双方相互了解不足，不确定性较强。评估对方的潜在价值和降低不确定性是这一阶段的中心目标。

这一阶段客户会尝试性地下单，企业与客户开始交流并建立联系。此时企业有客户关系投入成本，但客户尚未对企业做出较大贡献。

② 发展期是客户关系的快速发展阶段。双方关系能进入这一阶段，表明在考察期双方相互满意，并建立了一定的相互信任。在这一阶段，双方从关系中获得的回报日趋增多，交互依赖的范围和深度日益增加，也逐渐认识到对方有能力提供令自己满意的价值（或利益）并履行其在关系中的职责，因此愿意承诺一种长期关系。

在这一阶段，随着双方了解和信任的不断加深，关系日趋成熟，双方的风险承受意愿增加，双方交易由此不断增加。企业的投入和考察期相比要小得多，主要是发展投入，目的是进一步融洽与客户的关系，提高客户的满意度和忠诚度，进一步扩大交易量。此时，客户已经开始为企业做贡献，企业从客户交易中获得的收入已经大于投入，开始盈利。

③ 稳定期是客户关系发展的最高阶段。这一阶段有如下鲜明特征：双方对彼此提供的价值高度满意；为了能够长期维持稳定的关系，双方都要做出大量有形和无形的交易。

因此，在这一时期，双方的相互依赖水平达到整个关系发展过程中的最高点，双方关系处于一种相对稳定的状态。此时，企业的投入较少，客户为企业做出了较大的贡献，企业与客户的交易处于较高的盈利时期。

④ 衰退期是客户关系发展过程中关系水平逆转的阶段。客户关系衰退并不总是发生在稳定期后的第四阶段。实际上，在任何一个阶段关系都可能退化。引起客户关系衰退的原因很多，如一方或双方经历了一些不满意，需求发生变化等。衰退期的主要特征有：交易量下降；一方或双方正在考虑结束关系甚至物色候选关系伙伴（供应商或客户）；流露出结束关系的意图等。当客户与企业的业务交易量逐渐下降或急速下降，客户自身的总业务量并未下降时，说明客户关系已进入衰退期。

此时，企业有两种选择，一种是加大对客户的投入，重新恢复与客户的关系，进行客户关系的二次开发；另一种是不再过多投入，渐渐放弃这些客户。当客户不再与企业发生业务关系时，意味着客户生命周期的完全终止，此时企业有少许成本支出而无收益。

以上四个阶段的发展和转化，是客户生命周期演进变化的一般形态。在现实经营过程中，客户生命周期的形态各异，并非严格遵循以上规律。

(2) 在客户生命周期的不同阶段，客户对企业收益的贡献不同。

① 考察期是客户关系的孕育期，企业与客户还处于彼此熟悉、了解、考察的阶段，并进行着试探性交易。在这一阶段，企业所面对的大多是潜在客户，或是一些零星的小规模客户。考察期的重点任务是吸引客户，建立客户关系，企业一般可以采取宣传推广、物质奖励等方式吸引客户。

② 在发展期，客户与企业的关系处于上升阶段，双方逐渐信任彼此，处于这一阶段的客户已经是企业的现实客户，忠诚度已经较高，同时，企业对客户关系的投入不再增加，客户开始为企业提供利润且呈增长趋势。这一阶段营销策略的主要目的是使客户更多地使用本企业的商品或服务，充分挖掘现有客户的潜力，提供交叉销售和增量销售，获取更大利益。发展期的重点任务是留住客户，提升客户价值并加强与客户之间的纽带关系，提高客户保有率。

③ 稳定期是客户关系的成熟期，双方相互忠诚、信赖。在这一阶段，企业的投入较少，客户为企业做出较大的贡献，是客户生命周期中企业获利的黄金时期，因此企业要尽量延长稳定期的时间，针对不同客户的特点实施企业的客户忠诚度计划，以保持较高的盈利能力。稳定期的重点任务是提高客户满意度，尽量维持稳定期的长度，保持长期稳定的利润来源。

④ 衰退期的主要特征是客户购买意愿下降，客户一方或客企双方开始考虑结束关系并另觅合作伙伴。衰退期企业的重点任务是发现客户衰退迹象，判断客户关系是否值得维护，采取恢复策略或终止策略。

通过客户生命周期进行客户分层，是企业针对客户生命周期不同阶段客户的特点进行的有效划分，通过采取合适的措施以实现客户价值最大化的目标。处于激烈竞争市场环境中的企业必须先对客户进行统计、分析和分层，然后对不同客户进行有限资源的优化配置。只有这样，企业才能根据客户的不同特点进行有针对性的营销，赢得、扩大和保持高价值的客户群，有效地降低成本，吸引和培养潜力较大的客户群，这是客户分层的最终目的。

在明确的公司战略业务模式的指引下，可以根据客户的价值、需求和偏好等综合因素，对客户进行分层，并提供有针对性的商品和营销方案，这是客户生命周期管理的基础。

行业洞察

CRM系统与SCRM系统

客户关系管理系统（Customer Relationship Management,CRM），是一种用于管理企业与现有客户及潜在客户之间交互的软件应用程序。CRM 系统的核心功能包括客户信息管理、销售自动化、市场营销自动化、客户服务与支持、数据分析等，旨在帮助企业通过收集、分析和管理客户信息，增强客户互动，提升客户满意度和忠诚度，并促进销售业绩的增长。

随着移动互联网的迅猛发展，用户越来越倾向于在社交媒体上积极参与并表达自己的观点，社交客户关系管理（Social Customer Relationship Management,SCRM）系统应运而生。它是CRM系统的扩展和演变，更侧重于在社交媒体和数字化平台上与客户进行互动和关系管理。SCRM不仅涵盖了传统CRM系统的所有功能，而且结合了社交媒体、数据分析、内容营销等现代数字营销手段，以更加灵活和个性化的方式与客户建立联系。

3. 长尾理论分层法

（1）长尾理论的含义。“长尾”实际上是统计学中幂律和帕累托分布特征的口语化表达。正态曲线中的突起部分叫“头”；右边相对平缓的部分叫“尾”。人们通常只能关注重要的人或事，即关注曲线的“头部”，而忽略曲线的“尾部”。但在网络时代，“尾部”产生的总体效益甚至会超过“头部”。随着市场环境的变化，消费者个性化需求趋势日益明显，企业的营销理念也从关注大众逐渐转向关注个体。在个性化营销时代，信息、媒介、量身定做是三个关键的词语。基于个性化需求的利基市场给企业更大的空间，正是这些细分市场组合在一起形成的“长尾”，成为企业持续不断盈利的源泉。

将长尾理论运用到客户分层管理当中，就是要把握住80%的长尾客户——即相对于“大客户”而言的“小客户”。虽然他们的购买力并不强，消费行为并不活跃，但是将他们全部集中起来可能会创造出更大的价值。因此，企业应该重视并运用更有效的手段来管理小客户，从而为企业带来更大的利润。

（2）长尾理论下的客户分层管理。企业为了达到促销的目的，要运用各种策略，促销策略通常可以分为推式促销和拉式促销两大类。推式促销由企业向客户直接推销，而拉式促销是通过各种手段激发客户兴趣，使客户产生购买欲望，进而采取购买行为的策略。如果从客户关系管理的角度看，企业和客户之间的关系也可以分为推式客户关系和拉式客户关系两种。所谓拉式客户关系，就是通过各种手段把自己的平台做好，提高自己的知名度，使得客户在购买此类商品或寻找信息时自然而然地想到企业，逐渐形成习惯性的购买行为。

在长尾理论下，企业在网络环境中面对的客户非常多，传统的推式客户关系维护很难做到与每个客户保持良好的联系。因此，在处理和维护客户关系时，必须从客户的体验和需求出发，采用拉式策略，吸引客户关注企业，达到营销效果。

5.3 数字互动营销渠道

5.3.1 社交营销

社交营销的发展符合互联网时代下消费者的真实需求，也符合数字营销发展的新趋势。在数字经济快速发展的背景下，只有真正符合消费者需求的营销模式，才能帮助企业更好地发展。

1. 社交营销的含义与特点

社交营销是一种基于社交关系的营销模式，参与程度高、互动性强、主题特定，具有心理归属感的网络社交有利于企业向用户传达品牌信息，尤其是用户间口碑传播的力量，这更易使品牌传播效果迅速增长。社交营销的本质就是“基于社交关系开展的营销”，也就是“社交关系营销”。

社交营销的重点在于建立新关系，巩固老关系。任何营销者都需要建立新的关系网络，以支持其业务的发展。

社交营销的特点主要有：

（1）直接面对目标人群。目标人群集中，宣传直接，可信度高，更有利于口碑宣传。

社交营销中的用户通常都是认识的朋友，用户数据较为真实。企业在开展社交营销的时候可以对目标受众按照地域、收入状况等进行筛选，来选择哪些是自己的用户，从而有针对性地与这些用户进行宣传和互动。例如，企业营销的经费不多，但又希望能够获得比较好的效果，就可以只针对部分用户开展营销，从而实现精准营销。

（2）制造销售氛围，投入少，见效快，有利于资金迅速回笼。

社交营销可以有效降低企业的营销成本。社交营销的“多对多”信息传递模式具有更强的互动性，受到更多人的关注。随着网民网络行为的日益成熟，用户更乐意主动获取并分享信息，显示出高度的参与性、分享性与互动性。社交营销传播的主要媒介是用户，主要方式是“众口相传”。与传统的广告形式相比，它不仅无须大量的广告投入，而且由于参与性、分享性与互动性的特点，很容易加深用户对品牌和产品的认知并形成深刻印象，从而形成较好的传播效果。

（3）符合网络用户需求，有利于掌握用户反馈的信息，针对用户需求及时对宣传策略和方向进行调整。

社交营销深度融入社交场景，以用户喜闻乐见的形式自然渗透，让品牌信息更易被接纳，其核心价值在于能与用户及时沟通，因此能够迅速捕捉用户对产品、服务、宣传的反馈，并据此敏捷调整宣传策略与方向，使营销始终紧贴用户需求。

2. 社交媒体分类

社交媒体（Social Media）指互联网上基于用户关系的内容生产与交换平台。目前，社交营销多数都是通过社交媒体平台进行的，因此又可以称为“社交媒体营销”。相较于国外的社交媒体环境，国内的社交媒体环境变化更快，也更复杂，主要有长文章、短文章、图片、问答、短视频、长视频和直播等多种内容呈现形式。基于这些形式，企业可以利用微博、微信公众平台、B 站、今日头条、抖音、知乎、豆瓣、网易云音乐、贴吧等社交媒体平台，结合自己所处领域的垂直平台，打造社交媒体矩阵。这些社交媒体平台可以划分为：核心社交媒体和衍生社交媒体。

（1）核心社交媒体。核心社交媒体主要是以强关系、强连接催生更多用户互动内容的平台，其主旨是增强人与人之间的关系，即帮助用户更好地了解并联结其他用户。在核心社交媒体之下，用户之间的关系是共享的，用户与用户之间更加频繁地交换各自的生活体验或其他信息。这类平台不仅能平行覆盖多种场景下多种群体的不同社会化需求，而且能集中服务某些特定用户的社交互动需求，其代表性的平台有微信、微博等。

① 微信。微信是腾讯公司于 2011 年初推出的一款快速发送图片和文字、支持多人语音对讲的即时通信软件，是腾讯业务中拥有用户基数最多的社交媒体平台，已融入人们的日常生活。

微信实现了用户之间日常沟通和生活服务的需求，支持公众号、朋友圈、信息推送、小程序、线上支付等功能。用户可以通过“看一看”“附近的人”“扫二维码”等方式添加好友，同时也可以将内容分享给好友或朋友圈。微信具有用户基数大、用户关系网络复合、信息互动频繁、流量入口多样、对私域流量运营友好的特点，占据了社交媒体的领军地位，成为企业进行社交营销时必不可少的活动阵地。

② 微博。从 2009 年 8 月新浪推出“新浪微博”内测版开始，微博正式进入人们的视野，新浪成为第一家提供微博服务的门户网站。

微博是一个基于用户关系的即时信息分享、传播及获取平台，主要的交流功能包括信息发布、转发、评论、私信等。作为一个用户基数强大的社交媒体平台，低成本、易发布、开放性高等特点使企业可以与其受众进行高度互动传播，发出的消息可以在用户之间快速扩散，引发用户二级传播，达到传播目的。微博上的“大 V”、行业专家、KOL 产生的名人效应和热点话题讨论成为带动粉丝用户的营销利器。

（2）衍生社交媒体。衍生社交媒体主要是指以内容促成社交互动并引导用户关联的平台，其主旨是保持或增加用户黏性，赚取流量。用户通过平台的过滤，获得更加个性化的信息，以帮助他们更好地进行决策。在使用衍生社会化媒体的过程中，用户更加偏向使用单向交流的关系模式，即从内容生产者处获取信息。例如，从 KOL、公众媒体甚至是平台本身的算法推荐结果中获取更符合用户兴趣的信息。

衍生社交媒体通过平台原生内容的维系，引导用户参与互动，以更高效、持续的特点加强品牌与用户之间的连接关系。下面简要介绍衍生社交媒体的代表（抖音、B站等）。

① 抖音。抖音是由字节跳动孵化的一款短视频社交软件，该软件于2016年9月20日上线，是一个面向全年龄段的短视频社区平台。通过抖音，用户可以分享生活，也可以在这里认识到更多朋友，了解各种奇闻趣事。抖音极大地促进了短视频行业的繁荣发展。用户可以在此类短视频软件上娱乐、学习、发布作品、购物等。抖音提供了“DOU+”、热搜榜、购物车，以及直播等功能，用户可以通过“发现朋友”“扫一扫”“面对面”“站外好友口令”等方式添加好友。

抖音具有即时性强、传播力强、精准度高、亲和度高的特点，成为众多企业进行视频互动营销的主要媒体，也是企业获取精确营销资源的主要渠道。

② B站。B站是哔哩哔哩（bilibili）的简称，现在为中国年轻一代高度聚集的文化社区和视频平台。B站早期是一个ACG（动画、漫画、游戏）内容创作与分享的视频网站。经过多年的发展，围绕用户、创作者和内容，B站已构建了一个源源不断产生优质内容的生态系统。B站现已涵盖7 000多个兴趣圈层的多元文化社区，形成了良好且独有的视频创作和互动分享的社区氛围。由于B站的用户多是新生代的年轻人，很多企业将B站作为品牌“焕新”与新品打造的场景，以期打造互动视频营销阵地。

行业洞察

社交媒体账号矩阵

社交媒体账号矩阵是指一个公司或组织在不同社交媒体平台上所拥有的多个账号所构成的矩阵体系。社交媒体账号矩阵是品牌或组织在社交媒体领域的重要布局之一，通过合理的构建和管理，可以实现品牌曝光度、影响力和客户互动的全面提升。

一个企业可以在不同社交平台上注册多个账号，在不同的平台上发布不同的内容。此外，在同一个平台上，企业也可以注册多个账号，每个账号定位不同。比如，有些账号负责发布品牌官方声明，有些账号负责发布产品信息，有些账号则负责发布科普内容。例如，华为微博账号矩阵如图5-4所示。

社交媒体账号矩阵通常包括以下几种类型的账号：（1）官方账号，如微博、微信公众号、抖音、快手等平台的官方认证账号，用于发布官方信息、品牌宣传和产品推广。（2）功能型账号，根据品牌或组织的需求，设立不同功能定位的账号，如客户服务账号、活动推广账号、产品展示账号等，以满足不同用户群体的需求。（3）个人或团队账号，如品牌内部员工或团队成员的个人账号，通过他们的影响力为品牌带来曝光和互动。

图5-4　华为微博账号矩阵

3. 社交营销策略

对于品牌和企业，利用社交媒体平台来进行营销是数字营销的必要内容。想要在社交媒体营销中取得成功，必须制定有效的社交营销策略，包括以下主要操作：

（1）搭建场景。场景分为现实生活场景和互联网使用场景（包括PC场景和移动场景）。场景的特点体现在时间、地点、人物等多维度交织在某一特定环境中。场景关注的是时间、地点、需求，以及群体情绪的集中。

合理搭建场景是指在正确的时间、正确的地点、集中的需求环境下，把消费者需求与企业打造的场景有机融合起来，为消费者创造价值。例如，“困了累了喝红牛”抓住消费者“困”和“累”两个场景的需求，结合企业产品营造消费场景。

（2）制作内容。内容是社交媒体实现快速传播的核心。内容营销以图片、文字、视频等为介质，传达企业的相关信息给客户，促进销售。它们所依附的载体即企业的视觉识别系统（Visual Identity，VI），具体形式可以是企业的logo、画册、网站、广告、产品包装等。

（3）营建社群。在社交媒体环境下，互动性强的社群能够帮助企业创造价值。社群营销就是基于相同的兴趣爱好，借助某种载体聚集人气，通过商品或服务满足群体需求而产生的商业形态。从消费者需求角度看，社群可以分为兴趣社群、人际关系社群、交易社群。从消费者市场角度，社群可以分为地域型社群、人口结构型社群、主题社群。

企业不仅需要找到社群，更重要的是构建自己的社群，抓住用户，增强黏性，实现更大的企业价值。企业需要增加用户的互动性，创造与消费者交流的机会。例如，小米在发布新品手机之前，会大量采集客户使用商品的心得以及“米粉”想要的手机功能，将这些作为产品开发的基础，用于开发符合消费者需求的产品。

（4）强化人际传播连接。传播可以分为大众传播和人际传播两种方式。大众传播在人们的认知阶段非常重要，传统的营销广告多为大众传播模式，旨在提高品牌知名度。但是在说服和决策阶段，人际传播的影响更加显著。

社交媒体的发展，让人际传播更高效。企业通过人际传播可以直接影响消费者的购买决策。随着社交媒体的迭代，人与人之间的连接趋向便利。社交媒体中拥有一定粉丝群体的人，就成了圈子与圈子、商家与粉丝之间的连接者。

在社交媒体环境下，企业抓住人际传播的连接者，就找到了圈子与圈子、商家与粉丝之间的入口。此时，找到目标客户，绘出传播路径，将给企业带来前所未有的机遇，为企业创造更大价值。比起传统的大众传播，社交媒体的人际传播连接可以更有效地影响消费者。

（5）实现品牌人格化。品牌人格化就是把品牌打造成具有独特魅力和情感诉求的人性化符号，呼应目标消费者心中的潜藏情感，营造身临其境的感受，引导消费者“对号入座”，让品牌在潜移默化中产生影响力。

社交媒体平台多，社群分散，如何让消费者在有限时间内从平台上了解企业的商品和服务是企业头疼的问题。企业可以从品牌人格化的角度出发，结合新的营销法则，落地营销实践。即通过“场景”和“内容”使品牌人格化，使企业区别于其他品牌，以期更容易吸引消费者。接下来，通过“社群”和“连接”实现社交媒体营销的传播。

传统的品牌互联网化，往往只注重用户流量和用户数量，而品牌人格化则以“社群”和“连接”两种方式更快锁定消费者。首先，针对精准社群，彰显独特的品牌哲学；其次，倡导差异化的生活态度，让客户产生品牌共鸣。

企业在正确的时间、正确的地点、集中的需求环境下，通过品牌人格化的方式与消费者产生共鸣，形成“场景—内容—社群—连接”的完整闭环，才能为消费者创造商品与服务价值，帮助企业锁定社群，实现社交营销的价值。

5.3.2 App 营销

随着移动互联网的兴起，越来越多的互联网企业和电商平台将 App 营销作为客户营销的主战场之一。目前，App 营销无处不在，已成为数字互动营销的重要组成部分。

1. App 营销的含义

App 即应用程序（Application）。App 营销是通过应用程序来开展的营销活动，是品牌与用户之间形成消费关系的重要渠道，也是连接线上线下的天然枢纽。App 营销主要具有以下几个优点：

（1）精准性。App 提高了广告的精准度。多数 App 都会提供分享到微信、微博等社交网站的功能，聚集具有相似兴趣的目标群体。同时，App 还可以通过收集手机的系统信息、位置信息、行为信息等来识别用户的兴趣和习惯。例如，可以通过识别用户常看的页面，分析其行为习惯，再推送企业的推广信息。

（2）互动性。App 提供了比以往的媒介更丰富多彩的表现形式。依托移动设备提供更好的操作体验，App 实现了前所未有的高互动性。而且，App 通过在内部嵌入社交网络服务平台，使正在使用同一个 App 的用户可以相互交流心得，在用户互动和口碑传播中，提升其品牌忠诚度。

（3）超强的用户黏性和可重复性。App 营销抢占的是用户使用手机的零散时间。而且只要不是用户主动删除，App 就会一直存在于用户的手机里，品牌就有了对用户不断重复、不断加深印象的机会。

App 营销的优势都基于一个前提：设计和创意。只有设计出用户真正喜欢的 App，呈现出让他们感到惊喜的创意的内容，才能实现营销目的。

2. App 营销模式

App 种类繁多，不同的应用类别需要不同的模式，主要的营销模式有植入广告模式、用户参与模式和购物网站移植模式。

（1）植入广告模式。这是最基本的模式。广告主通过动态广告栏进行广告植入，当用户点击广告栏的时候，就会跳转到网站链接，可以了解广告主详情或者是参与活动，这种模式操作简单，只要将广告投放到那些下载量比较大的应用上，就能达到良好的传播效果。

（2）用户参与模式。这种模式主要的应用类型是网站移植类和品牌应用类 App，企业把符合自己定位的应用发布到应用商店内，供智能手机用户下载。用户利用这种 App 可以很直观地了解企业的信息。这种营销模式可以让用户更加全面地了解产品，增强产品信心，提升品牌美誉度。

（3）购物网站移植模式。这种模式将购物网站移植到手机 App 上，用户可以随时随地浏览网站获取商品信息并下单。相对于手机购物网站，这种模式的优势是快速便捷，内容丰富。

3. App 营销策略

App 营销越来越受到广大企业的欢迎，了解 App 营销的策略和方法，有助于企业获得更好的互动营销效果。

（1）用户体验创新。良好的用户体验往往有助于企业建立良好的口碑，而不良的用户体验则可以作为企业改进的依据。因此，企业需要重视用户体验。

另外，随着用户使用 App 数量、类型的增加，对 App 的要求也越来越高，通过在用户体验中引入新奇的方式，能提高用户体验，增加用户黏性。企业在实现用户体验创新的过程中需要立足企业自身、产业链和社会，与企业理念、战略和流程进行充分的融合，让创新活动步入良性循环，最终将用户体验创新转化为先进生产力和优质企业资产。

（2）主体设计优化。App 的发展一直以来就是以用户为中心的，所以 App 营销的内容就要以用户为核心来设计和优化，可以从界面、性能、细节、功能等方面入手。

① 界面是吸引新手用户的基础。App 界面是用户第一感觉的来源，就如同人与人见面的第一印象，重要性不言而喻。在整个 App 的视觉设计优化过程中，登录界面无疑是最需要被掌控的环节。

② 性能是留住已有用户的根本。所有的 App 软件都有一个共同的目标，就是赢得用户的喜爱，尤其是在 App 数量众多的现状中。要让用户喜欢一个应用软件，主要在于软件的性能设计优化。与性能设计相关的方面主要有用户体验、响应时间、响应性能，以及关键实用性等。

③ 细节是培养核心用户的渠道。随着 App 的发展成熟，内容创新越来越困难。在这种环境下，做好细节就成为打败其他软件的主要方式。因此，App 的设计要在细节上不断改进，通过获得用户的好感而建立品牌优势。

④ 功能是 App 成功营销的关键。无论移动客户端的目标是什么，了解 App 的设计优化技巧是 App 走向成功的关键一步。随着 App 应用软件的发展，目前网络上涌现出了各种设计优化技巧，但信息过于繁杂。要从 App 的功能设计角度出发，有针对性地对 App 营销设计技巧进行分析。

（3）增值服务延伸。企业在进行 App 营销时，除了要注意给用户提供主要的产品服务，还需要提供产品以外的其他服务，为用户的生活提供便利，以维持长久的客户关系。如果用户通过下载 App 能够使用产品以外的其他功能，满足自己生活或学习中的某种需要，将增加用户对企业 App 产品的黏性。

企业在设计 App 时，除了可以从用户自身需求考虑外，还可以考虑陪同使用者的需求情况。要抓住用户某个方面的需求进行设计，以期能够带动用户去尝试和使用 App。

虽然延伸产品服务的应用程序可以增加用户的黏性，但是，如果用户不使用这种

App，也不会使企业的产品得到更好的宣传。对用户而言，这些 App 是有帮助的，但并不一定是必要的。因此，这种 App 面临的首要问题是如何通过一定的宣传，让用户意识到自己有这些增值服务的需求，从而吸引用户下载。

（4）线上线下联动。基于线上线下结合的经营模式，企业利用网站和 App 的各种特色功能来吸引消费者上网关注企业的产品，感受企业的服务，并在此过程中形成对企业的良好印象，进而主动转移到企业的线下商店消费。

通过线上线下联动，App 可以参与到整个消费链的全部环节，可以帮助企业将实体店面搬到互联网上，在线上推广线下的产品与店面，大大增加企业的利润。以电影院为例，在线下很难做到随时随地购票，用户可以利用相应的 App 直接购票，并通过线上支付完成付款，这无疑给整个购票过程带来了极大的便利。因此，当用户接触到该 App 时，便会将其作为重要的购票工具之一，App 的使用率自然也就提高了。

另外，对于很多企业来说，App 营销相当于将线下的东西拿到线上进行销售，以线上卖货、线下送货的模式实现线上线下联动，从而使 App 营销获得意想不到的效果。

博文约礼

《移动互联网应用程序信息服务管理规定》

为进一步依法监管移动互联网应用程序，促进应用程序信息服务健康有序发展，2022年6月14日，国家互联网信息办公室发布新修订的《移动互联网应用程序信息服务管理规定》（简称《规定》），自2022年8月1日起施行。

《规定》提出，应用程序提供者和应用程序分发平台应当遵守法律法规，大力弘扬社会主义核心价值观，坚持正确的政治方向、舆论导向和价值取向，自觉遵守公序良俗，积极履行社会责任，维护清朗网络空间。根据《规定》要求，应用程序提供者和应用程序分发平台应当履行信息内容管理主体责任，建立健全信息内容安全管理、信息内容生态治理、数据安全和个人信息保护、未成年人保护等管理制度，确保网络安全，维护良好的网络生态。

《规定》首次明确了国家网信办作为移动应用程序信息服务的主管单位，侧重维护网民的个人信息与合法权益，本着为民、便民、惠民的宗旨，针对应用程序市场中的难点和痛点（如普通网民防不胜防的诱导式安装、过度收集用户信息、过度获取功能权限，甚至可能遭遇的恶意扣费和被盗等安全问题），都给出了明确规定，加强了App信息服务规范管理，进一步把App服务市场纳入法治化轨道，充分保护了消费者的知情权、选择权、自由交易权和隐私权等，促进了行业健康有序的发展。

企业在App营销过程中，应秉持合规理念，确保信息真实健康，尊重用户权益与隐私，杜绝违规操作，共筑清朗网络环境。

5.3.3 小程序营销

1. 小程序营销的含义与特点

小程序是一种不需要下载安装即可使用的应用，它实现了应用的“触手可及”，用户扫一扫或者搜一下即可打开应用。它也体现了“用完即走”的理念，直接打开使用，无须安装和卸载。这种全新的应用特性催生了全新的小程序营销模式。小程序营销主要具有以下特点：

（1）消费转化更快。在以往的产品营销中，从展示页面到落地页面，再到产品介绍页面和转化页面，中间的跳转链接常常发生在不同的平台或 App 上，不仅流程复杂，而且这种跳转有时也很难顺利完成，从而导致营销效率和转化率都很低。

而当广告主或商家直接在微信平台上部署小程序应用时，其实等于把产品的一部分内容植入了微信，从而有可能借助微信平台构建一个完整的产品价值闭环，免去了用户在不同页面来回跳转的麻烦，从而实现了更快的消费转化。

（2）传播扩散力强。小程序在实际应用中，支持多元化推广模式。以微信小程序为例，可以分享到朋友圈和微信群，可以搭配微信公众号文章，也可以打印出来在线下推广的时候展示。总体来看，因为小程序本身可以适应多种宣传场景的特性，所以在传播扩散方面功能强大。

（3）使用简单方便。小程序搭建完毕之后，用户可以通过搜索功能，或者是扫描识别二维码等方式直接跳转，无须另行下载安装即可使用。相对于独立的 App 来说，小程序的使用过程简单方便，其本身就是最大的营销特点之一。

（4）营销门槛低。相对于原生App高昂的开发、推广和维护成本，小程序这种“轻”应用的门槛和成本更低，有助于帮助企业实现“小步快跑”：对实力较弱的中小企业来说，可以借助小程序这类开发成本低、周期短的轻应用进行试错并获取用户反馈，从而不断优化产品，提高营销效能。

企业或品牌应从整个互联网生态和消费者行为出发，“以小见大”，利用小程序带动“大营销”，从而实现整个营销价值链体系的优化重塑。

2. 小程序的种类

小程序与 App 有非常显著的不同。由于小程序主要是依托于几大“超级 App”，所以它的营销场景与几个平台有密切的相关性。各个小程序依托自身的平台优势，迅速发展，在数字互动营销中占据一席之地。

微课：微信小程序的主要优势

（1）微信小程序。微信小程序以人和内容为核心引发消费需求。用户散落在微信群、公众号及朋友圈里，通过小程序可以把开发者和用户连接起来，形成企业自己的私域流量。微信小程序常见的推广获客方式有以下几种：线上付费推广，自有渠道引流，线下场景、分享场景以及微信各入口场景的流量等，如图 5-5 所示。

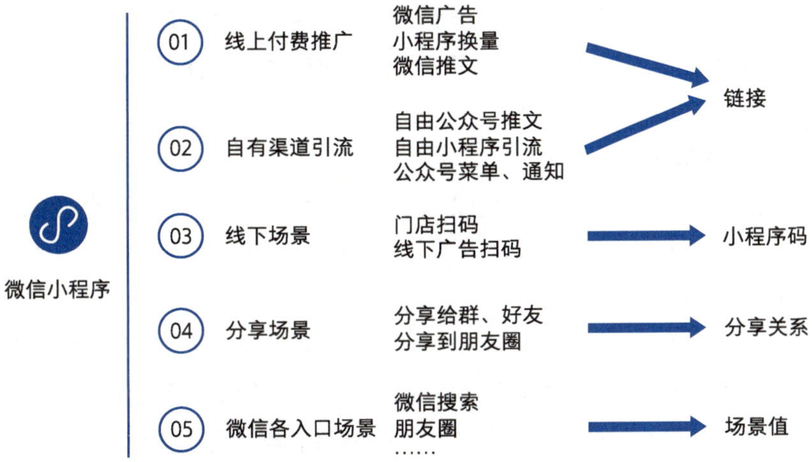

图5-5 微信小程序获客场景

（2）支付宝小程序。推广方式与微信小程序类似，但支付宝小程序拥有更多的自运营入口以及阿里其他平台的联动优势，如钉钉、UC 等平台可通过分享链接跳转。支付宝通过小程序贯通社会生活各个领域，目前场景主要集中于搜索、会场等中心化分发场景，非中心化场景主要集中在换量、线下等场景，具体获客场景如图 5-6 所示。

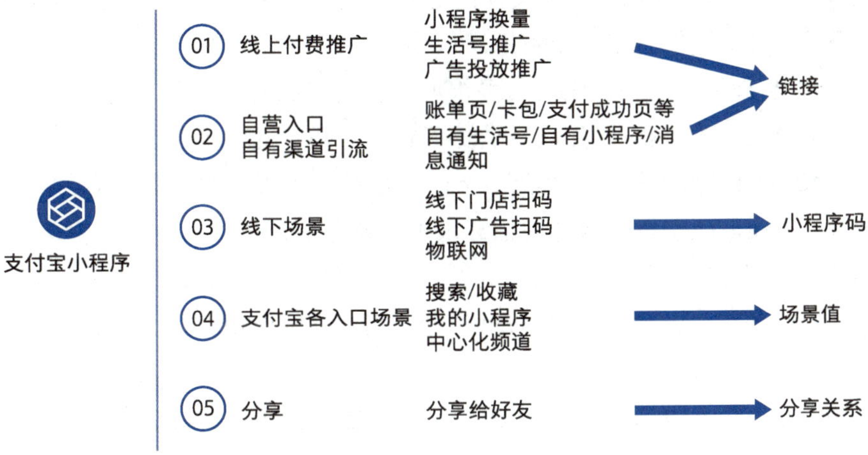

图5-6 支付宝小程序获客场景

（3）百度小程序。百度小程序是可以在百度 App 多种场景下使用的智能小程序，包括搜索、信息流、个人中心、下拉二楼等数十个入口，并有多种手段帮助企业持续触达精准用户，可以在数十款开源联盟 App 上获得多场景的用户触达。

（4）头条小程序。头条小程序为今日头条旗下各平台的内容服务，主打娱乐和电商。头条小程序的流量入口有：文章详情页、微头条、小视频、搜索、账号主页、个人中心、钱包和信息流广告位等。

在今日头条 App 内输入相应的关键词，即可在相关页面找到小程序。如果用户没有关注该小程序相应的头条号，小程序会排在首位；如果关注了该小程序相应的头条号，小程序则展示在该头条号下面。

3. 小程序营销策略

小程序虽然是一种新型的移动互联网形态，但它与传统 App 的营销方法类似，可以把营销场景划分成四个阶段：获客、激活 / 转化、留存 / 复购、分享。小程序营销策略有以下关键点：

（1）多端部署。微信、支付宝、百度、头条等超级App平台都通过小程序释放流量，营销者需要判断和选择适合自己的平台，挖掘产品特色和平台优势的结合点。

例如，科大讯飞结合微信社交去中心化的属性，推出了适合祝福场景的个性化语音小程序，并结合社交场景做裂变；结合支付宝的生活金融属性，推出适合信用授权场景的讯飞设备租赁业务小程序；结合头条的信息和工具应用属性，推出了适合解放双手的语音转文字服务小程序，帮助用户从视听方面接收信息。

（2）数据驱动。针对已获得的用户，企业需要继续关注其在使用小程序过程中的行为价值和使用习惯，可以从以下几方面入手：

① 全方位了解获客来源。小程序不管是作为互联网平台还是应用，首先要解决的是获客问题。对于小程序而言，更关注的是获客的场景来源，以及不同推广活动或推广渠道的获客效果，以便全方位了解用户从哪里来。

② 多维度掌握用户的使用情况。多维度掌握用户的使用情况有助于帮助开发者在裂变过程中找到用户体验路径和关键业务路径。小程序里没有固定的留存入口，用户只会在需要使用的时候去打开小程序，所以留存对于小程序而言并不好做。想做好小程序的留存，主要取决于以什么样的指标来衡量留存情况。

③ 实时查看分享回流效果。实时查看分享回流效果能够辅助开发者了解信息传播路径、覆盖人群属性，以及 KOL 的数量和分布特点，定向研究他们的画像，帮助企业快速找到潜在用户群体。

（3）矩阵布局。简单来说，就是在单个平台建立多个小程序，去触达不同场景下的公域和私域流量。

首先，小程序本身并不是独立中心化的体验入口，而是有需求的用户通过搜索、分享等手段从外部带来的去中心化的流量。商家可以结合业务特点和 App 功能将小程序打散，做成多个体验更好的独立小程序，搭建起完整的用户使用体验路径。

其次，将小程序在不同场景下拆分成多个功能点，在不同平台构建品牌小程序、品牌流量池和品牌流量矩阵，再结合整体数据精细化营销，将这部分用户完全沉淀下来。

最后，通过数据洞察不同平台用户的行为方式，反过来针对各平台用户的属性特征制定有针对性的运营方法。

例如，某汽车品牌将用户体验路径分解为多个小程序，使用小程序矩阵，从整个品牌的投放、预约试驾、售后购买、售后使用等多个场景进行引流。并从用户体验路径中观察用户在不同阶段的需求点和转化效果，从而建立了自有的品牌流量池，还培养了用户定期使用小程序的习惯。

（4）私域贯通。用户除了使用小程序，也有可能使用 App、公众号 / 生活号等，企业可以根据需求对不同端口进行贯通。私域贯通大致可分为以下两种：

① App 端和小程序端用户的贯通。首先是利用好 App 端的授权登录功能，目前几大小程序平台里都支持这一功能。在 App 端授权用 QQ、微信、支付宝账户，或者钉钉登录完成之后，后台会提供一个可以用于贯通多端用户的 ID。用户登录后，企业以业务 ID 或独立 ID 的方式就能直接知道用户是否同时在使用小程序平台和 App。

其次，App 端和小程序端都有分享功能，两端分享的功能现在已经实现了统一。但微信为了防止大家把小程序用户导入 App 中，所以，目前只支持从 App 端分享到小程序。在运行小程序时，也可以从小程序端跳转回 App 端；单独打开小程序时是不支持从小程序端跳转到 App 端的。通过授权登录以及分享激活的方式，可以很好地协同企业在 App 端的用户和在小程序端的用户。

② 公众号 / 生活号端和小程序端用户的贯通。公众号 / 生活号端和小程序端用户的贯通是通过业务驱动的方式实现的。在用户使用小程序的时候，通过业务全面设计的方式引导用户去关注公众号，因为公众号内的留存营销相比小程序的留存营销更容易，在公众号端给用户发送通知的方式也比小程序的通知方式更丰富。

5.4 数字互动营销实施

5.4.1 数字化客户开发

1. 客户开发的含义

客户开发工作针对那些尚未与企业发生过交易的新客户，数字化客户开发就是企业使用数字化手段，采取一系列方式方法去增加新客户数量的行为。客户是否成功被开发的界定标准并不统一，一种标准是将客户进行初次购买的行为视为成功的客户开发，另一种标准则认为客户进行了第二次购买才是成功的客户开发。

数字时代涌现出许多有助于获取客户的新工具与社交媒体。在互联网时代，网络社群的活跃度空前高涨，传统企业多以微信、微博等社交媒体平台作为新客户开发渠道。企业可以通过建立公众号、策划朋友圈热点活动、App 营销等方式尽可能将产品或品牌暴露在众多客户视野中，品牌曝光度也因此成为一项重要的指标。互联网的发展催生了众多不同属性的平台，企业可以通过平台渠道获取更多的潜在客户，但竞争对手也可以采取获取策略，争夺企业现有的客户资源，客户开发的竞争将更加激烈。

此外，这些可依托的平台本身是一个双边市场，其自身也拥有一定数量的客户群。相比之下，平台上的客户面临的选择空间要大得多，因为平台渠道为客户提供了多个企业的信息，简化了客户的信息搜寻过程。虽然经口碑传递带来的客户可能不属于企业原先获取计划的目标客户，但此类潜在客户的转化率一般比较高。这是因为相比企业单方面主导的电视广告或网络推荐，来自朋友推荐的信息源更容易赢得潜在客户的信任。因此，社交渠道往往能够带来高转化率。

此外，对推荐者自身而言，他们对企业的认知更加牢固，更有助于培养现有客户的忠诚度。一般而言，客户推荐的理由主要包括商品或服务的实际感受好、抽象化的概念（如“情怀”等）认同。所以，企业应引导客户分享和推荐，如设计推荐盈利机制，以促进客户在朋友圈的推荐或转载。但是，企业也应该认识到可能存在的风险，产品或服务体验要足够好，否则即便是引入了客户群，所产生的负面评价也会通过口碑渠道负向传播。

虽然互联网有丰富的客户开发潜力，但企业也应该认识到单纯的奖励推荐并不代表能够带来高用户挽留率和转化率。归根结底，还是要让客户最大限度地、发自内心地接受产品或服务，最终决定客户去留的仍是优质的商品和服务质量。

2. 客户开发策略

企业开发新客户的方式方法也被称为客户开发途径，随着互联网的快速发展，交互式营销渠道的出现使客户开发途径变得更为复杂。客户开发途径一般包含以下几种方式：大众媒介、直复营销、网络传播、中间商（代理商、经销商和零售商）、人员推销、口碑推荐等。根据企业实践中客户的来源途径不同，客户开发的方法主要分为以下三种：

（1）线上客户开发。线上客户开发是指企业通过线上渠道（如搜索引擎、购物网站、网络广告和在线直播等方式）获取新客户。随着互联网尤其是移动互联网的快速发展，网络购物已经成为人们的一种生活方式。大数据技术的发展与应用，逐渐解决了线上获客不精准、投放成本高的问题，使得线上客户开发成为企业获取新客户的一种重要途径。

（2）线下客户开发。线下客户开发是指企业通过线下渠道（如门店、展位、传单、户外广告等方式）获取新客户。这是一种比较传统和常见的客户获取途径。相比较于线上客户开发，需要企业投入更高的成本，更容易受时间和空间制约，客户转化购买率较低，而且线下交易记录成本较高，难以实时追踪和评估客户的轨迹特征。

(3) 口碑客户开发。口碑客户开发是指企业通过口碑传播的途径获取新客户，也就是常说的“老带新”，即通过对企业的老客户进行口碑营销，让老客户从企业的消费者转化为消费商，为企业带来新客户。对于服务行业而言，口碑的作用更为重要，“老带新”是其获取客户的关键途径。

5.4.2 数字化留存营销

1. 留存营销概念

留存营销是指商家为了增加用户再次购买的可能性所采取的营销活动。这些营销活动同时关注用户每一次重复购买带来的收入。凡是能在竞争激烈的互联网大潮中争得一席之地的商品，都有一个共同的核心竞争力——为用户持续创造价值，这就是留存营销的核心，即不断满足用户需求。

激发用户活跃度和提升用户留存度，本质上一定要从商品的视角去分析，看它如何满足用户需求，如何为用户持续创造价值，在此基础上，合理运用营销策略，促进商品各项指标的增长，实现商品与用户的双赢。

(1) 核心需求。核心需求得到充分满足后，用户就会留在平台。等到下次再有需求时，留存客户就会去平台继续满足自身需求。

(2) 延伸需求。除了核心需求，用户还有与核心需求相关的延伸需求。如果平台可以满足用户的延伸需求，那么用户也有可能留在平台。

(3) 需求触发。

① 通过公众号推送、App 推送、短信提醒等方式触发需求，可以挽回流失用户，提升用户活跃度。例如，知识付费类 App 在国庆节期间给沉默用户发短信，推送国庆坚持 7 天学习获得 20 元优惠券的活动。

② 精准广告。精准广告是分析渠道用户与目标用户的重合度后才投放的广告。例如，在今日头条投放装修商品的信息流广告时，算法会将广告精准地推荐给有装修需求的用户，这样就会增加商品转化的机会。

2. 留存营销策略

(1) 建立会员体系。会员体系是指通过区分用户类型，在普通用户的基础上划分出会员用户，再针对普通用户与会员用户提供不同的商品和服务或者优惠。通过会员体系进行用户管理，可以更加有效地强化用户归属感，获取更多的用户数据 / 资料，更深入地了解用户的兴趣爱好和消费习惯，挖掘用户的消费意向和需求。

会员体系适合高频使用场景的商品，如视频类、阅读类、电商类商品。通过会员体系的激励方式，企业可以让用户为自己的产品停留，尽管竞争对手可能会有一定的优势，但是完全可以通过会员权益进行弥补。常见的会员类型可分为以下几种：

① 无差别会员。无差别会员也可以称为普适会员，用户提供相关信息即可获得会

员身份，会员权益无差别。无差别会员具有普适性，可以开放给所有注册用户，但对用户吸引力较弱。

② 等级会员。根据用户行为数据划分不同会员等级，不同等级的会员享受的权益不同。等级会员根据等级划分标准筛选会员，达到标准的即可成为对应等级的会员，高等级的会员还可以发展为付费会员。

③ 付费会员。付费会员主要面向有付费意愿的高价值用户，给予付费用户特殊权益。相对来说，付费会员对用户留存、复购率的拉升效果是最明显的。

（2）利用积分制度。针对用户每次的消费行为，企业发放对应的积分进行回馈，而积分又可以换取企业的商品或服务，以此吸引客户循环消费，为企业增加收益。从本质上来说，积分体系是一种用户成长体系，以用户忠诚度为基础。要想通过积分来获得用户留存和复购，企业要付出一定成本。

① 积分定价。先预设定价，再根据预设的定价综合产品形态、积分发放量、积分消耗渠道来计算（预估）用户生命周期中最小可获得积分和最大可获得积分，并不断调整，最终得出一个成本在可控范围内的定价。

② 积分发放。企业应该预先计算其成本，没有成本的积分对用户没有意义。如果发行的积分量超过预备量，那么积分就会“通货膨胀”。例如，可以拿出利润的1%～2%作为积分的发行成本。常见的积分发放方式有以下几种：

● 购物积分。用户通过购物获得积分奖励，以达成促进用户复购的目的。

● 任务积分。激励用户去完成对平台与用户交流有价值的事情，如添加个人信息，这类信息可提升个性推荐的精准度。

● 奖励积分。当用户达成某个事件后对用户进行积分激励，如浏览商品、添加购物车等，奖励积分更多是以积分任务的形式存在。

③ 积分回收。没有确定好回收渠道就发放的积分是没有意义的，在实际操作过程中，应该先规划好积分回收渠道，再确定发放量和方式。常见的积分回收方式有以下几种：

● 积分兑换。通过积分兑换商品或服务是最常见、最直接的一种积分消耗方式。

● 积分抵扣。用户积分可以抵扣一定金额，这也是直接回收积分的一种方式。

● 积分游戏。用户可以通过积分兑换游戏机会，包括大转盘、积分抽奖、扭蛋机等形式的游戏。

此外，积分定期清零可以督促用户积极消耗积分，也可以避免经年累月用户积累巨量积分带来隐患。

需要注意的是，在积分回收渠道建设的基础上，要努力实现积分的良性循环，既要提供足够的消耗方式，又要使积分获取方式有趣且有价值，建立良性的会员积分制度。

（3）组建用户关系。组建用户关系最基础的方法是运营内容或社区。首先需要增加用户使用频次，提供话题，培养行为习惯；其次是组建社群，强化用户关系，增加联系的频次，提升联系的速度，通过活动、专享优惠等手段让用户感受到自己的存在感和归属感；最后就是重视并落实用户所反馈的意见和诉求，反映到产品设计、活动策划中，让用户感受到自己被重视、被认可，使用户从单方面的接受方变成产销结合的合作方。

例如，在商品的留存设计中，借鉴游戏化的思维，通过打卡、签到、每日登录并给予一定奖励的方式，强化用户的活跃与留存。游戏化是提升用户兴趣度的一种方式，但是一定要配合相应的用户反馈设计。对于使用游戏化设计的商品来说，要根据商品的属性给予用户相应的反馈以激励用户参与到活动中。

还可以添加打卡、抽奖、竞猜、投票、测试、征文、答题、分享等不同类型的互动活动，以此增加用户活跃度。比如打卡，可以做成连续打卡，领积分或者福利的活动形式。这些都可以作为参考，都是为了通过老拉新、邀请助力等方式增加用户分享，最终提高用户的使用频次。

（4）沉淀商品价值。任何商品的核心都是它所能提供的价值。用户使用商品的第一阶段找到了商品价值，实现了触达，然而这并不意味着用户在之后很长的一段时间内都能维持商品带来的满足感，甚至实现复购。提升商品价值的目的是在现有的商品生命周期的基础上，通过变化为商品带来新的成长期，主要考虑以下几个方面的变化。

① 行业大环境的走势。行业发展程度在发生变化，用户的认知阶段和行为习惯也在发生变化，这些因素直接影响商品目前所提供的价值。一个好的商品应当在发现趋势变化时就有所行动，自发推动变革。

② 用户需求的延展与提升。如果用户想要的服务并不能得到满足，就应当慎重考虑商品目前提供的服务、主要流程的设计是否需要进一步优化。

③ 竞品动态。如果竞品能够提供的商品价值更多、更优质，显然用户会有更多理由离去。应结合自身的商品定位和用户定位，考虑如何提升自身商品的价值，阻止这部分用户流失。

（5）用户召回激活。如果用户已经流失，则需要将用户召回并重新激活，让用户再次产生购买行为。

召回策略就是通过足够多的触点和途径，再次触达用户，让用户再次产生购买行动。常见的召回策略有推送召回、短信召回、广告投放召回、老带新社交召回等策略，通过多个触点触达到用户，让用户再次进行消费。

企业要从商品本身的角度去思考用户流失问题。在做挽回前要先搞清楚，用户为什么会流失？是商品并没有满足用户的需求，还是给用户带来了不好的体验？如果是前者，无论使用哪种挽回方式用户都不会回来，因为即便回来也无法满足用户的需求；如果是后者，则可以优化商品以唤醒用户，有效提升用户的留存率。

行业洞察

全年营销活动日历

所谓营销活动日历就是从民俗节庆、时令节点和电商节日等角度，按照年、月、周、日等时间维度进行的活动排期。一般每年年终要制定出第二年的活动排期。

确定活动日历后，还要确定策划活动主题、活动形式等一系列工作，将这些分配到全年的工作计划中，也是活动营销人员的日常工作。一般工作计划的时间颗粒度到时间周期的下两级即可：年度计划规划到月、季度计划规划到周、月度计划规划到日。营销最有效的动作其实是重复，可以把一年中某些特定的活动固定下来，让用户形成习惯，充满期待。例如，一年一度的“双11”就是通过不断重复形成一个消费节日。

需要按照活动量级来区分营销活动。一般可将活动的量级从高到低分成S、A、B、C四级，下面简单罗列各个级别的主要活动。

S级别的活动：年货节（1月）、“6·18”（6月）、“双11”（11月）、“双12”（12月）。

A级别的活动：妇女节（3月）、“818”年中大促（8月）、开学季（9月）、国庆黄金周（10月）、中秋节（9月、10月）、店庆日。

B级别的活动：元宵节（2月）、踏青季（4月）、母亲节（5月）、清爽季（7月）、重阳节。

C级别的活动：产品上新、单品特卖、会员专属等。

不同的行业对于活动量级的分类以及对应的活动设计不相同，在实际操作中还需要根据行业属性进行调整。比如，鲜花行业S级别的活动可能是情人节和七夕节，童装类的则是儿童节。一般S级别的营销活动销售额应该占全年营业收入目标的40%以上，这样才能确保全年营业收入任务的顺利完成。

5.4.3 数字化营销转化

1. 营销转化概念

营销转化是指使用营销策略或技术，说服客户或潜在客户采取特定的行动，如购买产品、下载资源、填写信息等。

营销转化是企业最终要达到的目标，如果客户流量够大但客户价值不高，就是营销转化环节出现了问题。客户愿意来了解企业的品牌和产品，却没有下一步的行动，就需要企业分析营销转化环节中存在的问题，找到解决问题的方法，以便实现下一步的营销转化。

2. 营销转化策略

实现数字化营销转化的重点在于提升营销转化率，而营销转化率的提升离不开以下两点：

（1）从客流量角度分析，挖掘精准客户群体。每个行业对应不同的客户群体，企业必须找到自己的目标客户群体并深入细致地把客户进行分类，精准了解需求，有针对性地提供产品、服务及内容。客户分类的颗粒度越细，客户了解越深入，营销的效率越高。

分析潜在客流量是挖掘精准客户的前提，通过对客流量进行分析，可以明确目标客户画像，根据客户大数据做场景模拟，优化商品及服务。营销也因此更加具象化，准确率更高。

（2）从客户体验角度出发，提高商品成交率。随着生产制造技术的成熟，商品越来越多，也带给了消费者更多的选择空间。在这种情况下，服务的过程就是营销的过程，而营销也同样要以客户为中心，提供长期价值，给客户带来最佳体验，帮助客户进行更快、更直接的商品成交。

5.4.4 数字化裂变营销

1. 裂变营销概念

裂变营销以传统终端促销的加强为基础，整合了关系营销、数据库营销和会务营销等新型营销方式的方法和理念。裂变营销模式指的是终端市场的裂变，其核心内容是不全面摊开，不急速发展，要精耕细作，全力以赴进行单点突破。

根据具体商品或活动的目标用户群体需求及行为特征，设计社交裂变活动机制，包括传播机制和奖励机制。

（1）常见的裂变传播机制有拼团优惠、帮忙砍价、邀请助力等。这几种机制都符合（参与）门槛低、零成本、有收益、易分享、能累积的特点。

（2）奖励机制一般以现金优惠和能兑换一定礼品的虚拟点数为主，或者是能够让目标受众群体感到有价值的虚拟奖励。

2. 裂变营销策略

裂变营销是整个用户体系中快速聚集用户和提升用户转化率的有效方式。企业可以利用裂变快速实现多级传播，通过裂变获取新用户。常见的裂变营销策略有口碑裂变、拼团裂变、活动裂变等。

（1）口碑裂变。“口碑”源于传播学，现在被市场营销学界广泛应用。而口碑裂变是指某一品牌的商品获得了较为广泛的认同，从而在交际圈中受到好评，提升潜在消费者的关注度和信任度，从而带来更多客源。口碑裂变是在消费者体验过后主动进行分享的一种拉新方式，需要过硬的商品优势或者长期的口碑积累来获得顾客认可，在社交平台上分享，以进一步得到圈层内的传播。

口碑裂变是企业发展的催化剂。企业通过有效的口碑裂变能够减少宣传成本，增大潜在客户的成交概率，增强客户的信赖感，提升产品的复购率；能够提升企业的形象，强化用户对品牌的忠诚度；同时，这也是一种与竞争者相区分的巧妙的营销方式。

（2）拼团裂变。拼团是商家针对特定商品，在约定时间内，以成团人数为条件，用优惠价格出售商品的营销活动。拼团是一种通过分享进行老带新的营销方法，利用社交关系促进销售转化，同时也有拉新效果。但只要“成团”，一次传播即止，需要主动发起新的拼团才可以继续传播。拼团可以完成裂变，增加用户量，同时给店铺带来更好的传播效果。

对消费者来说，同等商品前提下，价格是决定选择最重要的因素，个人无法通过批发来获得更大的优惠，但可以通过拼团模式，拉动其他人来实现实质性的批发，获得最大的优惠。通过拼团裂变，商家可以在短时间内获得巨大流量和成交量，节省广告费，增加用户黏性，因此，采用拼团裂变的方式能有效实现营销目标。

（3）活动裂变。活动裂变的关键是邀请动作和邀请关系的建立，邀请动作的难易程度和奖励决定了有多少用户会参与，以及有多少用户会成功参与。而邀请关系的建立则是奖品能否成功发放的关键。常见的活动裂变方式有助力活动、集卡活动、砍价活动等。

① 助力活动是指用户为了达到奖励目的而邀请更多的好友“助力”，最终各方都能拿到部分奖励。这种活动形式比较常见，通常在于获取大额优惠券或者某个产品，也可以是获得一个抽奖机会。助力活动最好设置一个明确的任务目标。

② 集卡活动就是让用户以某种形式随机获得一种卡片，而用户也可以通过交换，或通过任务收集卡片，最后领取福利。这种活动形式流程相对比较复杂，适合市场成熟度高、用户量不错的产品。例如，支付宝春节期间组织的集五福活动。

③ 砍价活动是指用户选择心仪商品发起砍价，通过好友的助力，使商品价格不断降低。当足够人数的好友砍价后，得到商品的最低价格。帮助该用户砍价的好友，也可以自己发起砍价，邀请更多人参与到砍价活动中，以社交圈子为中心，多人参与，层层递进，最终实现裂变营销。

职场透视

数字营销技术应用职业技能等级证书（初级）

数字营销技术应用职业技能等级证书（初级）的核心内容是数字互动营销，主要技能目标是针对私域流量中的已知受众，通过社交媒体、App和小程序等营销工具进行客户互动，提高品牌认同，完成客户的拉新、留存、促活、转化和裂变。

初级证书主要聚焦社交营销、App营销、小程序营销3个关键工作领域，服务于社群营销、粉丝营销、口碑营销、App推广、App广告、App客户营销、小程序推广、小程序广告、小程序客户营销9个典型工作任务，涵盖完成以上任务所需要的36个技能点。

取得初级证书的考生，能够更好地了解企业数字营销人才需求，掌握数字互动营销相关工作技能，提高个人就业、择业的竞争力。

1 + X证书同步测试

一、单项选择题

1. 以下属于间接收集第二方数据的是(　　)。

A. 在线购物的商品交易支付记录　　B. 工商登记注册的信息

C. 与合作伙伴交换的数据信息　　D. 登录浏览网站的点击行为记录

2. 在 ABC 客户分层法中，关键客户包括(　　)。

A. A 类和 B 类客户　　B. A 类和 C 类客户

C. B 类和 C 类客户　　D. C 类和 D 类客户

3. 以下不属于 App 营销模式的是(　　)。

A. 植入广告模式　　B. 用户参与模式

C. 多维竞价模式　　D. 购物网站移植模式

4. 以下属于核心社交媒体的是(　　)。

A. B 站　　B. 微信

C. 抖音　　D. 豆瓣

5. 以下属于客户行为特征的指标是(　　)。

A. 联络数据　　B. 地理数据

C. 信用数据　　D. 内容偏好

二、多项选择题

1. 数字互动营销客户数据分析指标主要包括(　　)。

A. 人口属性　　B. 行为特征

C. 旅行轨迹　　D. 交易消费

2. 常用的客户分层方法有(　　)。

A. ABC 客户分层法　　B. 客户生命周期分层法

C. SWOT 客户分层法　　D. 长尾理论分层法

3. 以下属于社交营销策略的有(　　)。

A. 搭建场景　　B. 制作内容

C. 营建社群　　D. 强化人际传播连接

4. 常见的小程序种类有(　　)。

A. 微信小程序　　B. 支付宝小程序

C. 头条小程序　　D. 抖音小程序

5. 常见的裂变营销策略有(　　)。

A. 口碑裂变　　B. 内容裂变

C. 拼团裂变　　D. 活动裂变

三、判断题

1. 数字互动营销是精准营销模式的核心组成部分，是实现与客户互动的主要手段之一。(　　)
2. 集卡活动是一种拼团裂变方式。(　　)
3. 商家为了增加用户再次购买的可能性所采取的营销活动称为转化营销。(　　)
4. 小程序也是一种应用程序，需要下载、安装后才可以使用。(　　)
5. 客户生命周期描述了客户关系在不同阶段的总体特征。(　　)

综合实训

一、实训目标

通过本实训，加深对互动营销的感性认识，了解各类常见的互动营销渠道和方式的具体应用场景，并能够对具体的互动营销案例进行理性分析，完成客户互动营销分析报告的撰写。

二、实训背景

从每年春节的集五福卡，到节假日的瓜分大奖，支付宝的互动营销活动能把全国用户的情绪都有效调动起来。除此之外，还有“支付宝——祝你成为中国锦鲤”“支付宝十年账单”“支付宝蚂蚁森林公益行动”等。支付宝每一次互动营销都能精准地抓住用户的痛点，引发大规模的主动分享传播。除了上述案例之外，支付宝还有很多令人耳目一新、主动参与转发的互动营销活动。搜集支付宝互动营销相关案例并完成支付宝客户互动营销分析报告。

三、实训要求

1. 分组进行，每个小组 3 人，自行确定本小组的负责人。

2. 通过网络或其他途径搜集近五年的支付宝互动营销案例（不少于 5 个），详细了解各个案例的具体内容。

3. 基于数字互动营销开发、留存、转化、裂变四个实施环节，分析每个案例的主要营销目标。

4. 列明每个互动营销案例使用的营销渠道和方式、采取的互动策略等内容。

5. 根据以上要求，完成客户互动营销分析报告内容的撰写。

四、实训评价与总结

1. 小组自评

组长根据各组员在调研报告形成过程中的贡献给出相应的评价（30%）。

2. 组间互评

各小组以 PPT 形式对撰写的分析报告进行展示介绍（30%）。

3. 教师对团队总评

根据各组成果的优缺点，有针对性地进行点评，启发学生的创新思维；对各组普遍存在的问题进行重点分析；针对各团队撰写的调研报告提出要重点注意的问题（40%）。

第6章 数字营销效果分析与优化

学习目标

素养目标

- 恪守数据安全、用户隐私保护底线，培养在数字经济时代合理合法采集、分析、应用数据的数字营销人才
- 坚持创新引领，鼓励学习者积极探索运用大数据、人工智能等新技术新方法，为数字营销创新发展注入新动能

知识目标

- 了解数字营销评估数据获取的途径
- 熟悉数字营销效果优化的思路
- 熟悉数字营销效果优化的注意事项
- 掌握数字营销效果评估的指标
- 掌握数字营销效果分析方法

技能目标

- 能够准确阐述数字营销效果评估指标的含义
- 能够使用营销漏斗、AARRR 等模型方法进行数字营销效果分析

思维导图

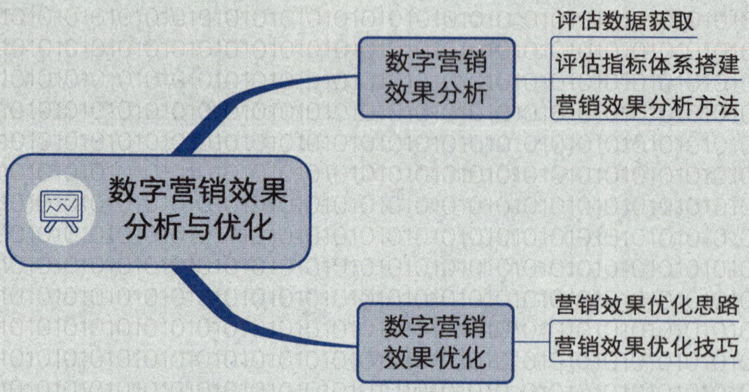

学习计划

素养提升计划

知识学习计划

技能训练计划

引导案例

笑迎数字新时代——中国电信基于大模型的经营分析平台实践

在激烈的市场竞争环境下，快速洞悉市场趋势、智能识别商机信息是企业成功的关键。然而，传统企业主要依赖线下人工或通用 BI 工具进行商机分析，不仅面临数据分析效率低下、工具使用门槛偏高的现实阻碍，而且存在分析报告质量参差不齐的突出问题，难以满足精准决策的需求。在此背景下，中国电信作为全球领先的通信运营商，依托算力、算法、数据三大核心要素构建大模型能力体系，为破解行业痛点奠定了坚实基础。

在技术基底层面，中国电信以自研分布式天翼云 4.0 为核心支撑，构建起以智算中心为代表的国家级新型基础设施集群，为大模型运行提供了强大的算力保障；在算法布局上，全面推进视觉与语音感知层大模型研发，形成了覆盖多场景的算法能力矩阵；在数据要素领域，其数据集规模与质量稳居国内前列，通过搭建多类型数据平台，在数据跨域协同、流通交易及安全保障等环节筑牢根基，为大模型深度应用提供了优质数据供给。

面对现有市场尚未形成成熟解决方案的行业现状，中国电信联合合作伙伴打造大模型驱动的经营分析平台，其核心目标在于激活企业沉淀的优质数据资产，实现商机识别的自动化与智能化升级，重点满足商情数据打标、深度洞察分析及经营报告生成三大核心需求。目前，该平台已取得显著的阶段性成果：

在商情数据自动化处理领域，平台依托大模型的语义理解能力实现商情数据智能打标，准确率突破 90%，同时将百万级非结构化数据的打标周期从数周压缩至数小时，大幅提升了数据处理效率。

在数据洞察分析层面，大模型可对非结构化数据进行清洗梳理，并转化为结构化强、一致性高的分析型数据；通过自然语言处理技术，对指标、维度、码值进行语义化重构并构建语义索引，显著提升数据检索效率。同时，平台以自然语言交互为核心的直观界面，实现了数据分析模式从“依赖数据团队开发”到“全自助式分析”的转型，单场景分析耗时从 5 天缩短至 1 分钟。

在经营报告生成环节，大模型融合电信行业非结构化知识与结构化洞察结果数据，自动生成文字分析、数据解读及图表展示等报告内容。其中，数字辅助填充准确率达 95% 以上，推动报告产出效率从“周”级别跃升至“天”级别，为经营决策提供高效支撑。

引思明理：

国家层面强调要加快发展新质生产力，深化大数据、人工智能等研发应用，开展“人工智能 +”行动，打造具有国际竞争力的数字产业集群。加快发展人工智能已成为企业抢抓战略机遇，推进高质量发展的必然要求。中国电信基于大模型的经营分析平台实践，正是深化“人工智能 +”行动的生动体现。该平台整合算力、算法、数据构建能力体系，解决了传统商机分析的痛点，实现全流程优化，为行业树立转型标杆。作为国资央企，它带动产业链协同，促进数字技术与实体经济融合，对推动数字经济发展意义重大，这一标杆实践不仅提升了企业核心竞争力，而且彰显了央企以科技创新驱动数字化转型、服务国家高质量发展的战略担当，各类企业均应积极探索数字化转型之路，推动我国经济高质量发展。

6.1 数字营销效果分析

6.1.1 评估数据获取

随着数字化转型和数字化建设的快速发展，数字营销效果分析已经成为企业精准营销的关键环节。通过数字营销效果分析，企业不仅可以精准评估营销环节的优缺点，而且可以据此优化营销策略，形成可复用的营销活动模板，实现企业营销活动的常态化运营。

1. 数据获取的技术方式

数据获取的技术方式包括：

（1）数据埋点。埋点是数据采集领域的术语，它的学名叫作事件追踪，指的是针对特定客户行为或事件进行捕获、处理和发送的相关技术及其实施过程。数据分析师、数据产品经理和数据运营人员基于业务需求或者产品需求，对客户行为每一个事件的对应位置开发埋点并通过软件开发工具包上报数据结果，在记录汇总数据后进行分析，推动产品优化，并指导营销效果优化。

（2）数据库导入。产品数据库里的数据是现成的数据，可以通过高效技术手段命令执行的方式对数据库进行筛选，以便找到有用的数据，也可以通过一些图形化操作工具对数据库的数据进行筛选。

（3）系统日志。日志系统会将平台的运行状况信息使用文字或者日志的方式记录下来。这些信息可以理解为业务或是设备在虚拟世界中的行为痕迹，如访客 IP 地址、访问时间、访问次数、停留时间、访客来源等数据。通过日志对业务关键指标和设备运行状态等信息进行分析，进而挖掘企业营销业务平台日志数据中的潜在价值。

（4）应用程序接口（API）。数据可以通过应用对外开放的 API，如社交平台的 API、广告投放平台的 API 等，给企业返回点赞数、浏览量、转发数等相关营销数据。

（5）网络爬虫技术抓取。网络爬虫技术是一种按照一定规则，自动抓取网络信息的程序或者脚本。最常见的爬虫是搜索引擎中经常使用的爬虫，如百度、360 搜索等。此类爬虫统称通用型爬虫，能对所有网页进行无条件采集。给予爬虫初始 URL，爬虫就可以提取并保存网页中所需要的数据。

为了满足更多需求，多线程爬虫、主题爬虫等工具应运而生。多线程爬虫通过多个线程同时执行采集任务，一般而言通过几个线程，数据采集效率就会提升数倍。主题爬虫和通用型爬虫截然相反，通过一定的策略将与主题（采集任务）无关的网页信息过滤掉，仅留下需要的数据，它可以大幅度减少无关数据导致的数据稀疏问题。

2. 数据获取的其他方式

数据获取的其他方式包括：

（1）合理利用企业内部数据。企业内部本身会产生很多数据，可以提供给营销人员进行分析。企业内部数据通常包含销售数据、考勤数据、财务数据等。销售数据是大部分公司的核心数据之一，它反映了企业的发展状况，是数据分析的重点对象。考勤数据是记录企业员工上下班工作时间的数据，通过考勤数据可以分析员工的工作效率和工作状态等，便于企业对员工进行管理优化。财务数据是反映企业支出与收入情况的数据，可以通过对财务数据的分析了解企业经营状况，及时调整企业发展战略等。

（2）通过线下调研获取数据。线下调研的方法虽然有些烦琐，但对于营销数据获取具有重要作用。部分客户对网络调研的信赖度存有疑虑，可能在线上调研中拒绝提供数据，线下调研可以解决这一问题。而对于部分针对线下推广的产品来讲，通过线下调研的方式获取的数据更有价值。

（3）通过信息互换的方式共享数据。每个企业都会有一些有价值的数据，但这些数据往往不会公开，想要获得这些数据的难度较大，这就需要考虑信息互换和共享数据。交换数据的前提是双方不存在竞争关系，但有同样的目标客户群体。例如，奶粉商家和婴幼儿器材商的目标群体契合度很高，两者之间也不存在竞争关系，可以进行数据共享。

数据采集本身不是目的，采集到的数据要可用、能用，且能服务于最终应用分析。数据采集的科学性决定了数据分析报告是否有使用价值。只有当数据采集具有科学、客观、严密的逻辑性时，建立在此基础之上的数据分析结论才具有现实的价值和意义。

6.1.2 评估指标体系搭建

评估指标体系搭建是数据化运营的基础，是基于对业务逻辑和商业模式的理解，通过层次化、结构化的指标定义和维度划分将复杂烦琐的业务数据清晰系统地展示出来的过程。将业务单元细分后量化的度量值称为评估指标，它使得业务目标可描述、可度量、可拆解，是业务与数据的结合，是统计的基础，也是量化效果的重要依据。评估指标体系就是将零散单点的具有相互联系的指标系统化地组织起来，通过单点看全局，通过全局解决单点的问题。

1. 内容效果评估指标

多元化的传播渠道给企业的数字营销传播者带来很多机遇，也带来诸多挑战。企业相关岗位的工作人员需要采用更全面、更科学的传播效果评估标准，帮助企业及时了解媒体和受众的反馈，不断优化传播策略，提高传播效果。内容效果评估指标包括以下方面：

（1）展示数据指标。展示数据是基础数据，它的意义和价值在于给内容营销者提供一个直观而基础的数据，用来展示内容被点击、查阅的情况，从而分析内容是否为网站（产品）提供了相应的帮助，如内容覆盖人数、内容是否符合客户兴趣等。

以一篇推广文章为例，这篇文章的链接被点击了 100 次，其中 10 次是点击后直接关闭网页，50 次点击的停留平均时间为 20 秒，另外 40 次点击的停留平均时长是 3 秒。通过这些数据，企业可以对文章的质量进行评估。接下来，企业可以深入分析那 10 位直接关闭网页的人还看了哪些文章，他们的行为特征是怎样的，从而了解如何通过改善质量，提高内容对客户的价值及契合度，增加内容被展示的次数。常见的内容展示指标有：

① 内容点击量，指文章的阅读总数或视频的播放总数。

② 内容页面跳失率，指只浏览一个页面就离开的访问次数占该页面的全部访问次数的比率。跳失率的计算公式为：

$$\text{跳失率}=\frac{\text{只浏览一个页面就离开的访问次数}}{\text{该页面的全部访问次数}}$$

内容页面存在跳出行为通常是两个原因导致的：一是提供的内容与访客的期待不匹配；二是所提供的内容不能满足访客的需求。

③ 内容页面停留时间，指客户在内容页面上所花费的时间。从运营角度来看，客户在内容页面的停留时间反映了内容的黏性。一般情况下，客户的需求与内容匹配度越高，内容浏览时间越容易聚拢在一个相对集中的区间里，不会过短也不会过长。

（2）转化数据指标。内容的转化数据相对于展示数据而言，层次更深，往往用于判断内容是否能够促进客户的转化，比如能否利用内容让客户从活跃转向付费。

以网络小说为例，从免费阅读到付费阅读的转化数据表现出该作品的“吸金”能力。从一定层面上说，内容转化数据是衡量内容能否带来高质量“粉丝”的依据。常见的转化数据指标有：内容中付费链接的点击次数、付费成功次数、内容页面广告的点击次数、广告的停留时间、二次转化成功率等。

(3) 黏性数据指标。黏性数据和展示数据相关，但二者有一定区别。统计展示数据时，如果进一步分析客户重复阅读的次数，结合每次阅读的停留时间就可以得到黏性数据。常见的黏性数据指标有：阅读页停留时长、单位客户阅读数量、客户重复活跃次数等。

(4) 扩散数据指标。内容的扩散数据也称“分享”数据。内容的分享频率和分享后带来的流量可以说明内容对某类客户的价值和作用的情况，这对需要通过分享带来客户以及需要引爆热点和进行口碑营销的企业（产品）有着重大意义和价值。常见的扩散数据指标有：分享渠道、分享次数、回流率等。

回流率的计算公式为：

$$回流率=\frac{回流客户数}{流失客户数}\times 100\%$$

2. 广告效果评估指标

以搜索引擎营销为例，在进行营销推广时，需要知道消费者对关键词的检索量。而相应地，企业在自己的推广账户中也可以查看展现次数、点击量、消费转化率等数据。由于数字广告平台能自动计算出点击率及平均点击价值，当导流到企业自己的网站之后，平台就会有相应的消费者访问指标数据，包括访问次数、访客数、跳出率、平均访问数、平均访问页数等。企业最关注的销售指标也会出现，包括转化次数、转化率、平均转化成本、投资回报率、收益和利润等。

(1) 点击量与点击率。客户点击网页与广告的次数称为点击量。点击量可以客观准确地反映营销推广信息的传递效果。

点击率是指网站页面上某一内容被点击的次数与被显示次数之比。它反映了该内容的受关注程度，经常用来衡量广告的吸引程度。如果某一网页被打开了 1 000 次，而该网页上某一广告被点击了 10 次，那么该广告的点击率为 1%。点击率是营销推广效果最基本的评价指标，也是反映营销效果最直接、最有说服力的量化指标。

(2) 转化量与转化率。转化是指受营销推广信息影响而形成的注册、购买行为。转化量是指受营销推广信息影响所产生的购买、注册或信息需求行为的次数。转化率是指在一个统计周期内，完成转化行为的次数占推广信息总点击次数的比率。转化率的计算公式为：

$$转化率=\frac{转化量}{点击量}\times 100\%$$

例如：共有 10 名客户看到某个搜索推广的结果，其中 5 名客户点击了某一推广结果并被跳转到目标 URL 上，这其中又有 2 名客户有了后续转化的行为。那么，这条推广结果的转化率就是 2/5×100%＝40%。

（3）阅读量与传播量。一篇好的营销推广文章或一个精彩的营销推广视频会在很长时间内被反复阅读或观看。因此，在一个确定时间段内，统计其阅读量或传播量是比较重要的。阅读量是指消费者看的营销推广文章或视频的数量，可以据此初步判断所投放的广告展示情况。

营销推广信息需要通过各种媒体渠道传播。传播量主要衡量营销信息在媒体渠道上投放和转载的数量。一般来讲，媒体渠道投放情况主要包括营销信息放在什么频道、什么位置、推荐到了什么地方、是否是热文、是否有评论等，这些都是营销信息传播效果测量的具体指标。

（4）活动参与量与互动率。活动参与量主要统计营销活动在实施推广后的参与人数。该指标测量的主要依据有两个方面：一是活动的对象；二是参与的难度。如果只是点击一下鼠标就可以参与，那这个活动就比较轻松，活动参与量达到几万人也比较正常；如果一项活动需要提交一些符合标准的作品，那么可能有几千人的参与就很不容易了。

互动包括重播、点击、评论、下载和转发等行为，互动率指消费者与营销推广内容进行互动的数量与观看量之间的比率。

职场透视

广告风控运营岗位

广告风控运营岗位的职责是确保广告内容的合法性、合规性，以及用户体验的优质性。具体工作要求是通过制定和执行严格的风控策略和流程，有效地识别和防范潜在风险，保障广告活动的顺利进行，并为企业创造更大的商业价值。

广告风控运营岗位的工作内容包括以下四项：

1. 政策研究

密切关注国内外广告行业政策法规的动态变化，及时研判并解读相关政策。研究互联网广告审核规则，包括广告风险行业及《广告法》相关内容，确保公司广告活动符合法律法规和行业规范。

2. 数据监测

深入了解各媒体政策及广告投放相关标准和行业规范，做好风险管控，降低媒体处罚风险。实时监控广告活动数据，及时发现并处理潜在风险，确保广告活动的安全性和合规性。

3. 执行监控

关注广告素材的合规性、投放渠道的稳定性，以及广告效果的实时反馈，在广告投放过程中确保广告按照既定的策略、预算和时间表进行投放。

4. 策略优化

通过对监管政策、法律法规、平台内容质量、热点事件的研判和解读，优化内容安全策略和风险模型，提高广告审核的效率和准确性。

3. 互动效果评估指标

互动效果评估指标可以从多个方面来划分，本节的划分依据是海盗模型（AARRR），“拉新—促活—留存—转化—传播”这五个环节中的重要评估指标如下所述。①

（1）拉新阶段效果评估指标。在这一获取客户的阶段，可以通过以下几个指标进行效果评估：

① 渠道曝光量。有多少人看到产品推广的线索。

② 渠道转换率。有多少客户因为曝光转换成客户。

③ 日新增客户数。每天新增客户数量。

④ 日应用下载量。每天有多少客户下载了产品 App（针对企业 App 推广）。

⑤ 获客成本。获取一个客户所花费的成本。

（2）促活阶段效果评估指标。在促活阶段，可以通过以下几个指标进行效果评估：

① 日活跃客户数（简称日活）。一天之内，登录或使用了某个产品的客户数。类似的还有周活跃客户数、月活跃客户数等。

② 活跃率。某一时间段内活跃客户在总客户量中的占比。根据时间频率可分为日活跃率（DAU）、周活跃率（WAU）、月活跃率（MAU）等。

③ 流失率。在产品使用每个节点中客户的流失率。客户流失率和留存率是一对相反的指标。

④ 页面浏览量（Page View，PV）。页面浏览量用来衡量客户访问的网页数量。在一定统计周期内客户每打开或刷新一个页面就记录 1 次，多次打开或刷新同一页面会累计浏览量。

⑤ 独立访客数（Unique Visitor，UV）。统计 1 天内访问某站点的客户数（以 cookie 为依据）。1 天内相同的访客多次访问网站只计算 1 个 UV，UV 越高说明不同的访客越多，网站流量也越多。

（3）留存阶段效果评估指标。在留存阶段，可以通过以下几个指标进行效果评估：

① 次日留存率。当天新增的客户中，在第 2 天使用过产品的客户数与第 1 天新增总客户数之比。

---

① 该模型在 6.1.3 中会详细介绍，根据评估内容的变化，模型拆解会存在一定差异。

② 第 3 日留存率。第一天新增的客户中，在第 3 天使用过产品的客户数与第 1 天新增总客户数之比。

③ 第 7 日留存率。第一天新增的客户中，在第 7 天使用过产品的客户数与第 1 天新增总客户数之比。

④ 第 30 日留存率。第 1 天新增的客户中，在第 30 天使用过产品的客户数与第 1 天新增总客户数之比。

（4）转化阶段效果评估指标。在转化阶段，可以通过以下几个指标进行效果评估：

① 销售额。也称营业收入或销售收入，是企业在一定时期内通过销售商品或提供服务所获得的收入总额。

② 客单价。每位客户购买商品的平均金额。计算方法为：

$$客单价=\frac{销售总额}{顾客总数}$$

③ 付费客户占比（Pay User Rate，PUR）。指付费购买商品的客户占总客户的比重。

④ 每付费用户平均收入（Average Revenue Per Paying User，ARPPU）。某段时间内付费客户的平均收入（不包括未付费的客户），计算方法为：

$$每付费用户平均收入=\frac{总收入}{付费客户数}$$

⑤ 复购率：一定时间内，消费两次及以上的客户数与总购买客户数之比。

⑥ 生命周期价值（Lift Time Value，LTV）。指平均每个客户从首次登录到最后一次登录的时间内，为该企业创造的总收入。

（5）传播阶段效果评估指标。在传播阶段，可以通过以下指标进行效果评估：

① 转发率。即某功能中转发客户数与看到该功能的客户数之比。

② 转化率。即产生转化行为的访客人数占所有访客人数的比例。计算方法与具体业务场景有关，以店铺转化率为例：

$$转化率=\frac{产生购买行为的客户人数}{所有到达店铺的访客人数}\times 100\%$$

③ 广告转化率。点击广告进入推广网站的人数与看到广告的总人数之比。

④ K 因子（K-factor）。用来衡量推荐的效果，即一个发起推荐的客户可以带来多少新的客户。$K>1$ 时，客户群就会像滚雪球一样增大；$K<1$ 时，客户群成长到某个规模时自传播式的用户增长就会停止。

6.1.3 营销效果分析方法

营销效果分析是企业日常运营工作中至关重要的一环，但是由于营销本身具有特殊性，某些营销策划方案或者推广渠道有时并不能达到增加产品销售或者扩大品牌影响的目的，需要对营销效果进行分析，根据分析结果查找目标不能达成的原因。

1. 广告营销效果分析的常用方法

（1）广告营销漏斗分析法。该方法主要是运用广告营销漏斗模型进行分析。广告营销漏斗模型是指营销过程中将非客户（潜在客户）逐步变为用户（客户）的转化模型。营销漏斗的关键要素包括营销的环节与相邻环节的转化率。营销漏斗模型的价值在于其量化了营销过程各个环节的效率，可以帮助企业找到薄弱环节。广告营销漏斗模型如图 6-1 所示。

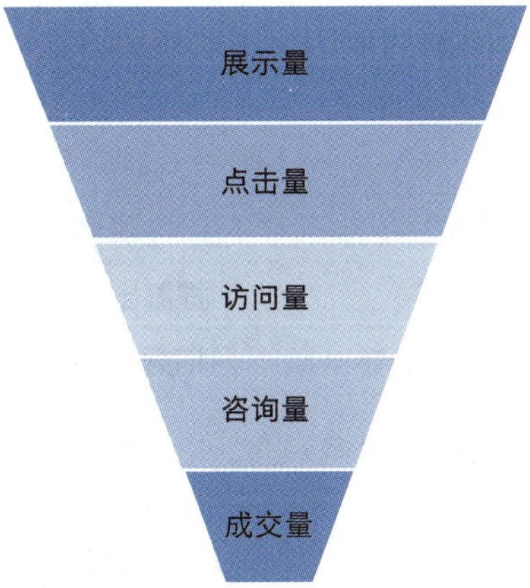

图6-1　广告营销漏斗模型

广告营销漏斗模型适用于目前大多数互联网广告，核心思想是分解和量化。整个漏斗模型是先将整个营销流程拆分成一个个步骤，然后用转化率来衡量每个步骤的表现，最后通过异常数据指标找出有问题的环节，从而解决问题，最终达到提升整体购买转化率的目的。构建一个广告营销漏斗模型通常分为以下三个步骤：

第一步，梳理关键节点，绘制流程与路径。根据业务场景的设定规则或节点的定义，绘制事件的流程。例如，电商购物、App 获客等场景下都有一些通用的流程与路径描述模板，借助这些模板可以快速定义关键节点，绘制出漏斗的大致轮廓。

第二步，收集各环节的痕迹数据并进行数据分析。针对整个漏斗形成的过程，首先要进行指标的定义和数据的收集。指标的定义主要从行为、时间、比率等角度入手，指标对应的数据可以通过爬虫、埋点等方式获取。收集到相应数据后，就可以进行数据分析了。基于数据分析结果，可以用 Excel 等工具绘制出漏斗图，标上相应的数值。

第三步，确定需要优化的节点。通过在关键指标上与同类客户的平均水平、行业平均水平等进行比较，分析差距，找到自身的薄弱环节；通过与自身历史同期水平进行比较，确定某个流程中需要优化的节点，采取措施进行针对性整改。

（2）四象限分析法。四象限分析法也叫矩阵分析方法，是指利用两个参考指标，把数据切割为四个小块，从而把杂乱无章的数据分成四个部分，然后依次对每一部分进行有针对性的分析。四象限分析法是观察和分析广告指标的工具，用于持续优化广告效果。四象限分析法能通过不同指标之间的相互关系判断具体优化步骤。

例如，在分析搜索引擎竞价广告营销效果时，可以将关键词分为四类，分别是：高消费高咨询、低消费高咨询、低消费低咨询、高消费低咨询，通过关键词四象限划分好关键词，就可以对各个象限的属性进行数据优化。

四象限分析法在搜索引擎竞价广告营销业务问题诊断中的应用主要分为两类。

第一种类似于产品分析，先选用具有正负向意义的维度指标（如转化率、转化成本等），如表 6-1 所示；再分析各营销环节在这两个指标下的表现情况，将关键词或人群属性等进行划分，找到产生问题的原因，寻求解决方法。

表 6-1　正负向意义的维度指标

<table>
<tr><th>象限分类</th><th colspan="2">产生原因</th><th>优化方法</th><th>推荐工具</th></tr>
<tr><td rowspan="6">低成本低转化</td><td rowspan="4">关键词展现量不足</td><td>排名低</td><td>提高出价</td><td>排名倾向自动出价工具</td></tr>
<tr><td>关键词数量不足</td><td>拓展新的关键词</td><td>关键词拓展工具</td></tr>
<tr><td>关键词触发概率小</td><td>拓宽匹配方式</td><td>区分匹配模式的出价工具</td></tr>
<tr><td>没有搜索量</td><td>查看搜索词报告，寻找合适的搜索词</td><td>搜索词报告</td></tr>
<tr><td rowspan="2">关键词点击率过低</td><td>创意无吸引力</td><td>优化创意标题和创意图片</td><td>创意撰写规则</td></tr>
<tr><td>排名低</td><td>提高出价</td><td>排名倾向自动出价工具</td></tr>
<tr><td rowspan="3">高成本高转化</td><td rowspan="3">CPC（按点击付费）高</td><td>排名过高</td><td>适当降低排名</td><td>区分匹配模式的出价工具</td></tr>
<tr><td>质量度差</td><td>提升关键词质量度</td><td>质量度优化工具</td></tr>
<tr><td>起价过高</td><td>降低出价</td><td>区分匹配模式的出价工具</td></tr>
<tr><td rowspan="3">高成本低转化</td><td colspan="2" rowspan="3">转化率低，网页跳出率高</td><td>提高网站打开速度</td><td>网页测试工具</td></tr>
<tr><td>提高着陆页相关度</td><td>着陆页 URL</td></tr>
<tr><td>提升网页吸引力</td><td>离线宝、百度商桥</td></tr>
<tr><td>低成本高转化</td><td colspan="2">出价合理，关键词选择精准</td><td>将这部分词作为核心关键词进行拓词，进而挖掘更有价值的关键词</td><td>关键词推荐工具、其他拓词工具</td></tr>
</table>

第二类是诊断各业务在同一指标不同时间维度下的表现情况。例如，当整体业务出现问题时，可以使用四象限分析法对各业务或产品同比或环比的表现进行分析，定位关键问题业务或产品并进行改善。

在日常业务分析中，经常会遇到转化率等指标出现恶化的情况，应首先进行多维度拆分，分析是哪些品类或者商品导致的问题；在维度拆分后，为消除各业务或产品之间的差距，往往需要对该品类或商品历史值（即同比）和近期值（即环比）进行对比分析。

（3）对比分析法。对比分析法是将两个对象或者元素同时随机分配给两组浏览者，经过一段时间的交互之后，通过比较两组浏览者的转化率、点击率、下载率或者其他评价指标，来评价两者中谁最优的量化分析方法。

对比分析法之所以能在数据分析领域广泛应用，是因为它能够解决大多数关于“选择”的问题，通过对比分析法选择出来的方案大部分情况下会使得投入产出比最大化。对比分析法可以辅助业务方选出最优方案，在现有流量中获得更高的投入产出比。

对于广告营销来说，对比分析法本质上就是把平台的流量均匀分为几个组，每个组添加不同的策略，然后根据这几个组的客户数据指标（如留存、人均观看时长、基础互动率等核心指标）选择一个最好的策略组。

对比分析法的实施流程可以归纳为以下步骤。

① 设定指标。确定比较指标是进行对比分析的第一步，需要根据测试的目的来决定选取哪些指标进行对比。对比分析中的指标可以分为三类，分别是核心指标、辅助指标和反向指标，在进行对比分析时，建议同时选择三类指标作为试验指标。

例如，要通过对比分析确定客户对网页的偏好，可以选择点击率作为比较的核心指标。为了排除同一个客户进行多次点击而造成的统计偏差，可以将点击率的统计口径定为去重的点击人数与去重的页面访问人数的比值。

除了核心指标之外，也需要一些辅助指标和反向指标。辅助指标的确定可以根据客户行为漏斗进行设定；也可以选择重要的下游指标，如平均点击次数、下单成功率、复购率等；反向指标是可能对产品产生负面影响的指标，如回跳率、退货率、回撤率、应用删除率等。

② 创建变量。选定指标之后，就需要进行变量的创建，即对网页的元素进行更改，这部分工作由前后端配合完成。

③ 生成假设。有了变量之后，可以基于经验对试验结果做出假设。例如，可以假设客户更喜欢改版后的网页或者创意内容。

④ 确定分流（抽样）方案。如何分配流量、分配多少流量影响对比分析的成败，尽量选择同质性较高的客户，也就是各个维度特征较为相似的客户进行测试，同时需要确定分流比例和其他分流细节。

⑤ 确定测试时长。根据业务的特点和用户量确定测试时长。在用户数量较少的情况下，测试时间太短，可能会导致用户不精准；测试时间太长，则会造成营销成本投入过大，导致浪费。

⑥ 收集数据。适时收集测试数据并进行有效性和效果判断。通常统计显著性达到

95% 或以上并且维持一段时间，测试就可以结束；统计显著性在 95% 以下，则可能需要延长测试时间；如果很长时间内统计显著性始终不能达到 95% 甚至 90%，则需要决定是否终止试验。

⑦ 分析数据。对收集到的测试数据进行分析，根据分析结果确定下一步行动计划，一般包括发布新版本，调整分流比例，继续优化方案，重新测试等。

（4）TOP-N 分析法。TOP-N 分析法指基于数据的前 *N* 名进行汇总，与其余汇总数据进行对比，从而得到最主要的数据效果。其基本原则就是分析典型化和分析差异化，在数据选取的时候越是差异化的数据越有价值。

这种分析法可以有效帮助企业定位出需要持续关注消费或转化的重要关键词。搜索引擎广告营销常利用该分析法对营销效果数据进行分析。

① 关键词报告。根据消费降序排列，选取消费排名前 50 名的关键词，然后再筛选掉与产品或服务相关性较弱的关键词；对出价高的关键词进行适当调整。

② 搜索词报告。将一段时间（如一周或一个月）内的搜索词按点击和展现分别进行降序排列，可以重点检查前 100 或 200 名的搜索词：通过点击列表可以查看是否有遗漏的重要关键词；通过展现列表可以知晓存在哪些展现量大但点击量小的关键词。同样可以对其他后台报告或数据报告进行类似分析，都能得到一些有价值的信息，从而进一步优化账户。

2. 互动营销效果分析方法

主要采用 AARRR（Acquisition、Activation、Retention、Revenue、Referral）模型进行分析，它对应客户生命周期的 5 个重要环节：客户获取、客户激活、客户留存、客户变现、推荐传播。通过该模型可以有针对性地对出现问题的重要节点进行分析，达到提升 ROI 的目的。AARRR 模型如图 6-2 所示。

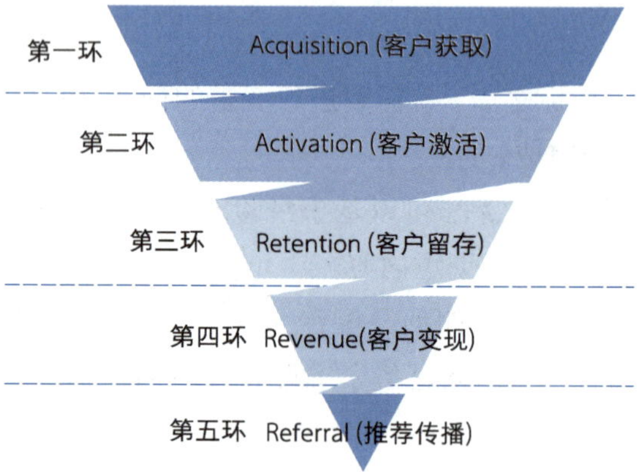

图6-2 AARRR模型

AARRR 模型是互动营销中常用的一种模型，也是一个典型的漏斗模型，可以用来评估连续的业务流程节点转化率。从获客到推荐，整个 AARRR 模型形成了客户全生命周期的闭环模式。AARRR 模型通常用于流量监控、活动营销效果监控、App 运营、商品活动分析、产品转化分析等方面。通过分析各个环节的转化率，优化互动营销效果。

（1）客户获取。从客户获取的角度来看数据，一般关注的重点会放在获客渠道，分析不同渠道的付费推广费用、下载量等数据，根据这些数据再进行细致分析，便可以在客户获取环节上尽可能降低成本，增加获取的客户数量。

例如，某 App 在不同的渠道都做了付费推广，前期在各个平台上投入的费用都是一致的，推广一段时间后，发现 A 渠道带来的下载量较低，需要分析下载量低的原因是什么，是在 A 渠道的投放位置不佳还是落地页不够吸引人？或者是 A 渠道本身的客户群体与企业自身 App 的目标人群不太一致？通过表现出来的现象可以进一步发现各种问题，然后逐一去验证，如果是人群不匹配，那后面可能就会将该渠道的推广费用转移到其他渠道上，而如果是因为投放位置或者落地页的问题，那就做出相关改进。

（2）客户激活。客户激活紧跟在客户获取之后，此时更需要提升客户对平台的第一印象以及基础体验。客户激活对应的数据有注册率、注册后客户关注量等。如果在获取客户时已经有大量客户下载，但到了这个环节注册客户并没有到达预期数量，就需要针对注册流程当中的每一步进行数据分析，看客户是在哪一步跳出了，然后对流程或者页面进行调整。

为了能够给后续的客户留存带来提升，一方面要通过数据分析来发掘问题继而改进产品，另一方面在产品设计上要加入适当的引导和福利。

（3）客户留存。当客户被激活并开始活跃，接下来考虑的重点是提高客户留存率。因为客户虽然开始活跃，但如果没有长期地留在平台上，最终还是很难为平台带来预期收益。在这方面需要关注的数据主要是留存率，包括次日留存率、周留存率、月留存率等。

在得到留存率的数据基础上，还可以进一步分析，如次日留存比正常水平高、周留存却远低于正常水平，可能对于客户而言，平台针对新人的引导或者福利更有吸引力，但平台没有长期激励客户的机制，导致客户几天后就逐渐不再依赖平台。对此可以尝试建立打卡机制，采用连续打卡会有额外奖励等方式，促使客户能够尽可能长期留存。

客户激活与留存息息相关，必须放在一起去分析，主要有四种提升方式。

① 有效触达，唤醒客户。手机推送、短信和微信公众号提醒等能够触达客户。唤醒沉睡客户的方式是提升留存非常有效的方法之一，如老客户短信召回。召回肯定是有成本的，所以要根据客户的以往行为进行分析定位，找到召回率最高的那部分客户。

② 搭建激励体系，留存客户。好的激励体系可以让平台健康持续发展，让客户对平台产生黏性，提升留存率。通常使用的激励方式有成长值会员体系、签到体系、积分任务体系等。

③ 丰富内容，增加客户使用时长。例如，App 的各种玩法、活动，本身就吸引客户投入时间成本；还可以通过不断强化社交属性，增加用户黏性与成本投入。

④ 数据反推，找到关键点。例如，评论超过 3 次后客户可能就会留存下来。这是需要通过数据分析才能找到的关键节点。

（4）客户变现。如果客户已经有了使用习惯，可以考虑将这些客户转化为企业的付费客户。此时关注的数据需要能够体现出客户的黏性。如果发现某些客户的类似数据表现超出了平均水平，可以考虑用合适的方式将其转化为付费客户。

（5）推荐传播。平台发展到一定的阶段后，一方面需要不断拓展渠道拉新，另一方面如果能够让老客户形成自发的口碑式传播，无论是从成本方面还是从品牌推广方面都会给平台带来良性影响。在这个过程当中，客户的忠诚度以及与客户传播相关的数据成了需要关注的重点，如客户分享量、分享到不同渠道量、生成分享海报量等。在不同的数据情况下再去进行细分和分析，根据不同的数据情况进行调整。

应该注意 AARRR 模型在客户生命周期中的各个环节上的不同指标数据，最重要的还是对于不同阶段的营销效果进行具体分析。

3. 其他数字营销效果分析方法

（1）逻辑树分析法。逻辑树分析法是把复杂问题拆解成若干个简单的子问题，然后像树枝那样逐步展开，如图 6-3 所示。

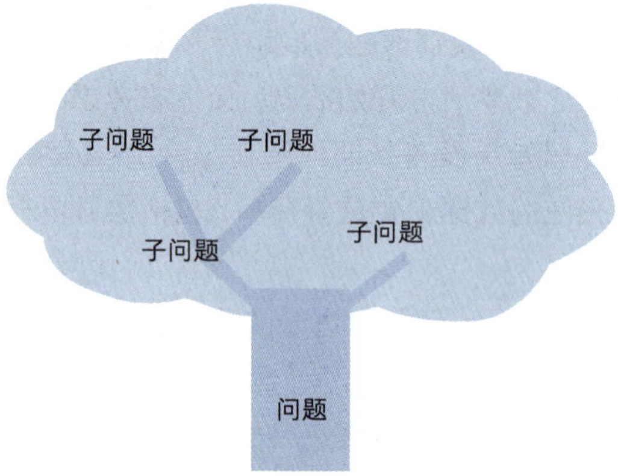

图6-3　逻辑树分析法

在逻辑树中，每一层都是下一层的总结概括，同个树干内的延伸范围相同，不同树干的延伸范围相互独立。在使用问题树时，将一个已知问题当成树干，然后根据相关问题增加树干或树枝，可以更全面地找到相关项。在拆解时，应注意树干间的平衡，假设某个树干上的树枝过多或过长，其上层的拆解维度可能不正确。

例如，需要对站外推送触达率低的问题进行分析，可以按照逻辑树分析法将问题拆解为安卓和 iOS 送达率低的问题，然后再继续拆分，严密地探索问题背后的原因，将问题表面化，以因果逻辑为线索，在深度与广度上寻找问题的原因，如图 6-4 所示。

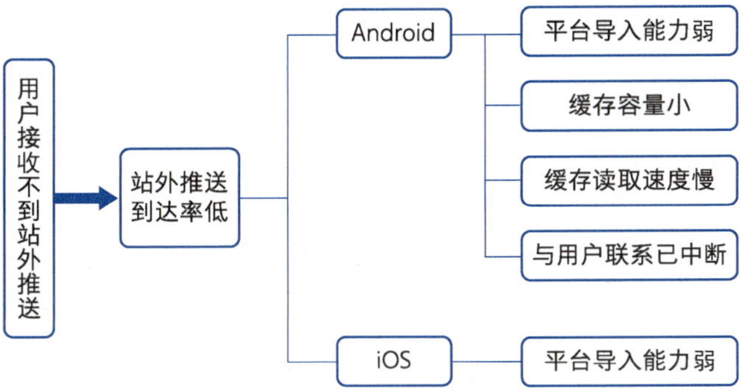

图6-4　安卓和iOS送达率低的原因分析

（2）5W2H 分析法。5W2H 即何因（Why）、何事（What）、何人（Who）、何时（When）、何地（Where）、如何做（How）、何价（How much）。主要用于客户行为分析、业务问题专题分析、营销活动分析等。下面以营销活动效果分析为例进行说明。

① Why：活动的目的和意义是什么。线上活动主要关注拉新、促活和留存这些数据指标。因此，在活动运营方面可以分别针对这三个指标进行活动设置。

② What：活动的主题、收入、定位、客户、活动成果及产出是什么，具体介绍如表 6-2 所示。

表 6-2　线上线下活动介绍

分类	项目	说明
线上活动	主题	基于互联网平台进行的活动
	收入	收入关联的因素有客单价和销量，活动中需要针对爆款以及销售模式进行包装，如一人多单（商品打包出售）、一单多人（团购）、预售抢购、限时限量秒杀、全场折扣、积分兑换等
	定位	面向人群特点，结合时下公众关注的热点
	客户	分别针对拉新、促活和留存这三个指标进行营销活动设计
	活动成果及产出	企业的收获
线下活动	主题	在实体场所进行的活动
	收入	门票、报名费、服务费等
	定位	针对核心客户（全体客户、高端客户、行业）的大会，结合时下公众关注的热点等
	客户	转化、曝光、传播等
	活动效果及产出	企业的收获

③ Who：活动面向哪些群体，具体群体分析如表 6–3 所示。

表 6–3 活动具体群体分析

分类	项目	说明
线上活动	受众群体	客户画像：年龄、性别、岗位、地域、行为习惯、兴趣爱好、合作伙伴等
	活动组织者	统筹全局，负责跨部门、跨第三方进行邀约、整体活动策划、内容策划、活动推广、数据分析、活动后期跟进等
线下活动	组织方	企业市场部、运营部、品牌部、公关部等
	协作方	以企业内部其他部门作为内部协作方，以企业外部各第三方机构作为外部协作方（如广告设计公司、物料公司等）
	客户方	老客户、意向客户等
	媒体方	邀请的各方媒体
	嘉宾方	邀请分享的嘉宾或出席的嘉宾等
	领导方	公司老板是否出席，公司活动是否邀请母公司重要领导等

④ When：如何安排活动时间和周期，具体安排如表 6–4 所示。

表 6–4 活动具体时间安排

分类	项目	说明
线上活动	时间节点	即活动预热时段，包括活动开始的时间节点，活动结束及复盘的时间节点
	活动周期	即活动的时长，活动多久举办一次？是可复制的长期活动？还是一次性活动？若是周年庆，则是一年一次，若是常规活动，则可以设置一定周期并规划下次复盘周期，以针对不同的时间段调整活动力度
线下活动	活动节点	预热、传播、结束、复盘时间和时机的选择
	人员节点	各方人员到达的时间、出席的时间、返回的时间等
	活动流程	活动流程以及每个流程持续的时间
	特殊情况	特殊或意外事件耽搁的时间等

⑤ Where：活动地点在什么地方，具体地点分析如表 6–5 所示。

表 6-5　活动具体地点分析

分类	项目	说明
线上活动	流量入口	站内入口：自身产品广告位（Banner、贴片、按钮、链接等） 站外入口：搜索引擎、新媒体、微信、微博、短信、电子邮件等
线下活动	目标地点	各方人员的到达地点、送回地点
	活动地点	活动举办场所、签到区、互动区（如产品体验区、拍照互动区、抽奖区等）
	休憩地点	各方人员的住宿地点、用餐地点、转场地点等
	物料地点	各物料布置区及放置地点
	协作地点	第三方协作机构站位区（如礼仪、保安站位区等）
	划分地点	其他区域或场所划分
	预热地点	活动预热、传播场所

⑥ How：活动策略是怎样的，具体策略安排如表 6-6 所示。

表 6-6　活动具体策略安排

分类	项目	说明
线上活动	明确重点	产品的卖点、主推爆品、主题、话题、活动形式
	人员分工	主要包括设计师、程序员、测试员、项目经理、客服等
	工作内容	线上主要画流程图、原型、写需求文档、交互、视觉、重构、开发、培训、发布
线下活动	明确重点	活动主题、嘉宾、活动形式、销售线索、互动环节等
	人员分工	主要包含策划、文案、设计、现场人员等
	工作内容	写策划书、预订场地、培训、场景布置等
	渠道推广	主要方向是整合自身渠道资源，挑选合适的自媒体和有影响力媒体等
	时间把控	详细列出每个事项的开始和验收时间节点，及时跟进每项任务的进展情况等

⑦ How much：活动的投入产出是怎样的，具体分析如表 6-7 所示。

表 6-7　活动投入产出具体分析

分类	项目	说明
线上活动&线下活动	成本	举办活动的所有投入成本，包括人力成本和时间成本
	产出	举办活动的所有利益所得，不仅限于实际收入

（3）群组分析法。群组分析法（也叫同期群分析方法）是按某个特征将数据分为不同的组，然后比较各组的数据的方法。群组分析法在生活中经常可见。例如，在学校上体育课的时候，考虑到男生和女生的运动项目不一样，体育老师会把男生分为一组打篮球，女生分为一组跳绳。这其实是按性别对学生进行分组。

同类群组分析是分析客户的留存率与流失率随着时间发生的变化，以及客户留下或离开的原因的重要方法。例如，很多访客在首次访问时不会注册，多次访问后才进行注册。通过同类群组分析可以查看客户平均注册转化的天数。这时，同类群组分析是检验网站持续影响力和再营销效果的方法。

再如，产品版本更新是导致客户增长还是流失？可以按照客户使用产品的月份特征进行客户数据分组，例如分为 1 月客户组和 2 月客户组，然后对比两个数据组的客户留存率随着时间变化的结果，按月份特征分组分析留存流失问题，再细致分析每组客户的留存率和流失率变化的原因。

职场透视

营销数据分析岗位

1. 岗位职责

（1）负责公司电商渠道的日常运营，收集和汇总营销数据。

（2）搭建业务监控与数据分析体系，分析、定位问题和原因，帮助管理层和业务部门及时发现问题，把握运营方向。

（3）基于数据使用场景对数据进行梳理，推动底层数据建设，制定数据采集方法和数据使用规范，负责原数据管理、数据清洗等工作。

（4）通过每天的数据，找出异常情况并编制报表，形成报告。

（5）配合产品、运营的需求，对用户行为数据进行数据挖掘、深度分析并形成分析报告。

（6）负责提供相关日、月结算统计报表与分析报表。

（7）判断、理解并快速响应业务数据需求。

2. 任职要求

（1）具有丰富的电商行业数据分析和数据产品经验。

（2）熟悉传统电商及其他相关平台的电商模式，具有较强的商业、数据和业务敏感性，具备良好的逻辑分析能力，对数字敏感，能够系统性地思考和分析问题，同时具有较好的分析总结能力和数据报告呈现能力。

（3）熟悉使用相关工具，能够熟练编写数据产品相关文档。

（4）熟练掌握Hive[①]/SQL，熟悉Excel各类函数，能够熟练使用Excel与Python两种工具分析数据。

（5）工作细心，执行能力强，能够承受一定的工作压力。

6.2 数字营销效果优化

6.2.1 营销效果优化思路

1. 识别各渠道的重要性

目前，跨渠道营销活动正在被企业大范围应用，数字营销人员通过对各渠道的效果进行评估，以确定哪些渠道可以实现最终转化，因为在重要性上，并不是所有渠道都是平等的。数字营销人员需要通过对转化过程中各个渠道的接触点进行分析，确定每个渠道对最终转化的影响程度，以掌握哪些是促进转化的关键渠道，哪些是次要的辅助渠道，并集中精力于重要渠道，合理分配资源。

2. 分析促进转化的渠道

由于来自不同渠道的流量转化效果会有所区别，所以企业在评估营销效果时，需要考虑流量的渠道类型。企业可以通过各渠道转化率的对比，分析不同渠道的转化效果、性价比和创造客户的能力。根据每次活动的预算，进行渠道选择和预算分配，从而让数字营销效果最大化。

如果两个渠道提供相同或相当体量的转化，但是其中一个渠道需要两个接触点，另一渠道可能需要 20 个接触点，那么他们的价值就是不平等的。针对每个促进转化的

① Hive 是一个基于 Hadoop 的数据仓库工具，可用来进行数据处理。

渠道进行预算和资源量的分析，以确保每个渠道发挥最佳效果。

3. 开发“长尾渠道”价值

“长尾渠道”是指主流渠道之外的一些中小型规模的细分渠道。例如，对于电商而言，互联网广告、搜索引擎、电子邮件等是其主流渠道，而社交媒体渠道相对地是“长尾渠道”。相对于主流渠道来说，“长尾渠道”未必和行业直接相关或直接带来大量流量和转化，但由于其规模庞大，整体效果也不容小觑。在现实的操作中，一些数字营销人员常常因为“长尾渠道”需要的投放时间长，投放工作更琐碎，转化所需时间可能更长，而无法有效开拓和利用这部分市场潜力。但是在行业内大企业纷纷占据了主流渠道资源，中小企业面临挤压和资源限制时，通过分析目标受众和潜在客户，深挖“长尾渠道”的价值蓝海，正确投入资源预算，也可以取得可观的 ROI。

4. 优化促销策略

如果企业计划在市场上推出促销策略时有三种选择：免运费、10% 折扣、买一赠一，那么，优先使用哪种策略？在什么时间使用这些策略可以获得最好的结果呢？企业应该根据最有利的促销策略的优先排序和相关信息，来确定如何去吸引潜在客户，以及使用何种最有效的组合策略推动最终转化。

5. 寻找定位目标客户的最优渠道

对于许多企业来说，习惯利用自身已有的各种资源渠道寻找目标客户，如广告、邮件、短信等，通常是全渠道推送内容触及客户，这通常导致客户抱怨信息骚扰，结果往往不尽如人意。因为企业并不清楚目标客户在哪里，以及这些目标客户是如何转化的，所以也就无法找到成本较低但效果更好的触及这些目标客户的渠道。例如，触及某部分目标客户的最优渠道是电子邮件，而企业用的是显示广告或其他组合渠道，那么营销资源就无法得到有效的利用。

6. 研究 SEM 关键词

许多企业的数字营销人员不重视付费搜索引擎营销，在关键词的投放及竞价策略上往往缺乏研究或过度依赖服务商。事实上，不同行业或不同公司的关键词选择策略往往效果差异巨大，数字营销人员需要掌握哪些关键词真正驱动了客户转化，哪些关键词最吸引客户的点击关注，哪些关键词虽然看起来重要但是可有可无。此外，还应花费精力研究那些未含品牌名，但却促进了转化的潜力关键词。

7. 建立绩效评估基准线

品牌特质所赋予的独特价值，使得品牌具有即使没有采取任何营销工作，依然能够吸引消费者并带来转化的能力。如何区分和衡量数字营销的价值，需要有一个评估所有渠道的基准线，这个基准线可以帮助数字营销人员确定哪些数字营销活动及策略实际上是有效的，哪些甚至可能导致了负面的影响；企业也可以避免品牌主观假设和数据误判，进而对自己的营销活动进行客观评价和预算优化。

8. 全方位多渠道整体运作

基准线的建立让数字营销人员可以评估所有的渠道，以确定客户转化路径中发挥作用的有效渠道。从整体来看，这种营销效果可以明确如何最有效地分配资金和资源，从而在全方位多渠道数字营销环境中了解每个渠道的作用和情况，而不是单个渠道的分割表现。

行业洞察

从“两化”到“四化”，数字经济浪潮下的营销重构

数字经济时代的商业变革正在以前所未有的速度重塑着营销新格局，在《数字中国建设整体布局规划》《“数据要素 ×”三年行动计划（2024—2026 年）》《中小企业数字化赋能专项行动方案（2025—2027 年）》等一系列政策的出台战略指引下，中国数字经济也经历了从数字产业化和产业数字化的“两化”体系向数字产业化、产业数字化、数字化治理、数据价值化的“四化”体系的演进，这也为营销的数字化变革带来了全新的力量。

人工智能、区块链、5G 等核心技术为数字产业的发展奠定了坚实基础。安全可控的数字技术解决方案供应商的崛起，为企业提供了更贴合本土市场需求的数字技术选择，服务于企业的数字化转型。以营销领域为例，数字产业的支撑作用推动企业重构营销技术底座，通过构建全域数据中台，企业得以实现客户行为数据、客户交易数据、广告数据、社交媒体数据等的实时智能化分析，形成覆盖客户全生命周期的全链路数字化决策体系。以美妆品牌为例，企业借助虚拟试妆系统，结合 AR 技术与客户数据库，不仅可以提升转化率，还可以沉淀个性化美妆偏好图谱，为后续的精准营销提供“弹药”。

《中小企业数字化赋能专项行动方案》及“数据要素 ×”计划鼓励传统产业深度融入数字技术。制造业、零售业、酒店业、旅游业等行业积极利用现代信息技术对传统产业进行全方位、全角度、全链条的改造。基于智能制造、智慧零售、智慧文旅等产业数字化成果，使得营销渠道打破了时间与空间的限制，为消费者创造了丰富的线上线下融合的数字化消费新场景。这种渠道融合不仅降低了营销成本，实现了客户全生命周期价值的深度挖掘，也大大提高了客户的消费体验。

在数字产业化、产业数字化的背景下，企业通过整合内外部资源，将各类营销数据转化为可量化的资产，与供应链、研发端形成协同效应。例如，汽车制造商基于客户驾驶习惯数据优化产品功能，家电企业通过智能设备反馈的使用数据反向指导生产，使营销从单纯的产品推广演变为参与产品全流程创新的战略环节。

同时，不同企业之间数据的有效应用，也加速了数据要素的有序流动，推动形成数据共享、价值共创的新型数据生态。

数据技术发展迅猛，但数据的获取与使用必须要在合法合规的前提下进行。这就要求企业必须要建立健全用户数据授权与管理机制，严格遵守《个人信息保护法》等法律法规，要强化技术赋能与合规运营的平衡能力。同时，政府也需要持续完善数字基础设施建设，推动实体经济与数字经济深度融合，共同构建健康可持续发展的数字营销新生态。

6.2.2 营销效果优化技巧

1. 曝光优化

（1）渠道（媒体）优化。在数字营销活动及广告投放执行中，根据媒体目标人群匹配度（即媒体能覆盖到的目标人群比例）、媒体重合度（即各媒体之间的目标人群重合比例）、媒体饱和度（即该媒体中已投放覆盖到的目标人群占总目标人群的比例），以及媒体投放表现（即点击率、转化率等）等来合理分配投放预算配比，做出最优的媒体组合策略，从而以最少的投入获得最大的广告回报。

（2）广告位优化。选择了正确的广告位，意味着能产生更多的曝光，才有可能让受众与广告进一步互动，如点击、咨询或转化等。可以根据广告位的可视化数据（广告可视率①）分析不同广告位的可见程度，从而过滤可见度较低的广告位，抢占优质广告位，以最大化提升广告可见性和最终效果。

（3）出价优化。广告出价可以遵循以下几大基本优化原则：① 新广告应在系统建议出价的基础上再提升出价，以争取最初曝光；② 持续关注广告投放数据，如果数据走势上扬或稳定，可尝试降价。降价幅度不宜过大，应平缓降价并观察曝光率、点击率变化；③ 广告的定向越窄、人群越精准、质量度越高，相应的客户获取成本越高，因此要针对不同精准度的流量采用阶梯出价法。

（4）频次优化。进行频次优化的主要目的是降低客户干扰和投放成本，保证广告或活动的投放效果。一般而言，通常会采用 3 次或 3 次以上的频次。控制理论认为这样可以让客户对品牌产生一定的记忆度。在实际频次优化过程中，必须针对不同行业、品牌的多次真实投放数据表现来分析、制定出差异化的频次控制标准。例如，根据投放经验总结和投放数据分析得出：汽车行业的最优频次是 6 次左右；而女性化妆品行业，频次在 2 次左右时效果最佳。

2. 点击优化

（1）创意（素材）优化。要想在效果类广告或活动中多抓取一批客户，吸引他们注意到广告或活动，使他们愿意去点击并进一步深入了解，高质量的创意尤其重要。创意优化可遵循以下几个原则：① 在新广告训练期内（1~7 天），若点击数据持续不佳，可考虑暂停或更换素材；② 建议将可用规格均提交上线，以避免因规格缺失而造成曝

① 广告可视率 = 可视次数 / 监控次数 ×100%，需要引入第三方监测平台来评估广告可见性。

光量不足；③ 制作多版创意（建议每个广告位 6 版左右）以进行个性化展示，在实际广告活动投放执行中利用群组分析法等方法，用实际数据反馈来选择出点击率最好的创意（素材）；④ 建议每周更新素材。

（2）定向优化。定向是为了将广告或活动精准地投放给想要投放的对象，从而提高投资回报率。在充分了解品牌的市场定位、产品功能、人群定位、活动预算等信息，进行了初步的定向设置以后，需要根据不同定向维度的点击率情况进行调整优化，对优质项进行延展，对劣质项进行止损。

此外，根据细分行业不同，采用“通用定向（性别、年龄、地域）+兴趣定向”等多种定向组合投放的形式进行测试，并逐步选出最优定向组合策略。但需要注意：并不是选择的定向条件越多越好——因为设置很多标签虽然可以定向精准人群，但也会导致广告曝光不足，并且会提高获客成本。最后还要注意，若点击出现异常点，需要分析是否为恶意点击现象，进而实时、有效地规避。

3. 转化优化

从访问到转化的过程中，落地页是关键，所以转化优化主要是指落地页优化。落地页导致客户流失的现象主要有以下几种：落地页的打开速度慢，客户点击广告后等了半天，页面却没打开；广告或活动素材和落地页相关性弱，如广告“点击即领优惠券”，结果落地页完全看不到这个活动；落地页内容没有吸引力、杂乱无章或让客户毫无安全感；整体转化流程（如注册）太麻烦；点击广告后，没有跳转至相关落地页，而是需要先下载 App；客户进入网站后，有问题找不到在线客服，想付款却看不到明显的付款按钮。

在进行落地页优化时既要关注跳出率、二次跳出率等数据，又要重视客户评价等反馈信息，并结合热图工具分析客户访问落地页后的行为，了解落地页哪些内容吸引了大多数访客的注意、哪些页面内容会造成客户的快速流失，根据监测分析来指导品牌进行落地页调整，从而最大化提升转化率。

曝光、点击、转化三个阶段息息相关。而优化的目标就是在每一阶段的影响要素拆解细分的基础上，使各个要素环环相扣、相辅相成，从而找到最佳投放组合策略，让它们产生良好的化学反应，最终实现广告效果的最优化。

博文约礼

公 平 竞 争

根据《中华人民共和国反不正当竞争法》第九条的相关规定，经营者不得实施下列侵犯商业秘密的行为：

（一）以盗窃、贿赂、欺诈、胁迫、电子侵入或者其他不正当手段获取权利人的商业秘密；

（二）披露、使用或者允许他人使用以前项手段获取的权利人的商业秘密；

（三）违反保密义务或者违反权利人有关保守商业秘密的要求，披露、使用或者允许他人使用其所掌握的商业秘密；

（四）教唆、引诱、帮助他人违反保密义务或者违反权利人有关保守商业秘密的要求，获取、披露、使用或者允许他人使用权利人的商业秘密。

经营者以外的其他自然人、法人和非法人组织实施前款所列违法行为的，视为侵犯商业秘密。

第三人明知或者应知商业秘密权利人的员工、前员工或者其他单位、个人实施本条第一款所列违法行为，仍获取、披露、使用或者允许他人使用该商业秘密的，视为侵犯商业秘密。

本法所称的商业秘密，是指不为公众所知悉、具有商业价值并经权利人采取相应保密措施的技术信息、经营信息等商业信息。

在数字营销及营销效果优化的过程中，企业应公平、诚实地超越竞争对手，通过卓越的表现而非不道德或非法的商业行为寻求竞争优势，尊重并公平对待竞争对手。在竞争过程中，不可以通过操纵、隐藏、滥用特权信息，误传重大事实或其他非法的交易行为向他人获取不合理的利益。

1+X证书同步测试

一、单项选择题

1. 以下属于数据获取的技术方式的是（　　）。

A. 免费开源　　B. 线下调研数据

C. 数据埋点　　D. 企业内部数据

2. 以下可以用来分析内容黏性的指标有（　　）。

A. 客户在内容页面的停留时间　　B. 内容覆盖人数

C. 分享渠道　　D. 分享次数

3. 在拉新阶段，可以进行效果评估的指标是（　　）。

A. 流失率　　B. 日新增客户数

C. 次日留存率　　D. 活跃率

4. 互动营销效果分析方法有（　　）。

A. SWOT 分析法　　B. AARRR 分析法

C. RARRR 分析法　　D. RFM 预测分析法

5. 以下属于营销效果优化技巧中的曝光优化的是（　　）。

A. 渠道（媒体）优化　　B. 落地页优化

C. 点击量优化　　D. 转化量优化

二、多项选择题

1. 以下属于广告营销效果分析的常用方法有（　　）。

A. 四象限分析法　　B. 广告营销漏斗分析法

C. 对比分析法　　D. TOP-N 分析法

2. 以下属于互动营销促活阶段效果评估指标的有（　　）。

A. 渠道曝光量　　B. 次日留存率

C. 日活跃客户数　　D. 流失率

3. 以下属于营销效果优化思路的有（　　）。

A. 识别各渠道的重要性　　B. 开发“长尾渠道”价值

C. 建立绩效评估基准线　　D. 全方位多渠道整体运作

4. 以下属于点击优化内容的有（　　）。

A. 广告位优化　　B. 创意（素材）优化

C. 定向优化　　D. 出价优化

5. 为了提升客户激活与留存，可采用的方法有（　　）。

A. 有效触达，唤醒客户　　B. 搭建激励体系，留存客户

C. 丰富内容，增加客户使用时长　　D. 数据反推，找到关键点

三、判断题

1. 逻辑树分析法是把若干简单问题整合成一个综合问题。(　　)
2. 四象限分析法是指利用四个参考指标，把数据分成四块进行分析。(　　)
3. 数据埋点是指将平台的运行状况信息使用文字或者日志的方式记录下来。(　　)
4. 在进行落地页优化时，既要关注跳出率二次跳出率等数据，又要重视客户评价等反馈信息。(　　)
5. 广告营销漏斗模型适用于目前大多数互联网广告。(　　)

综合实训

一、实训目标

通过本实训，加深对数字营销效果分析指标的感性认识，能够由感性认识上升到理性分析；能够使用数字营销方法，结合相关分析指标，对营销效果进行分析并提出优化建议。

二、实训背景

在互联网蓬勃发展的今天，品牌铺天盖地，同质化产品层出不穷。传统的品牌营销已经远远不能满足消费者的需求。而消费者的口味却比以往任何时候都要挑剔，他们不仅希望产品质量好、服务好，还要求品牌能表达其自我的个性和品位，从而形成不一样的潮流。作为企业、商家来说，品牌的整体性营销显得尤其重要。

百雀羚是成立于 1931 年的国货护肤品牌，都说国货难卖，年轻人不喜欢，太老气，而这家已创立 90 年的经典品牌，却在数字经济时代通过品牌营销屡获成功。选取其《一九三一》广告之后的典型数字营销案例，使用相关指标对其营销效果进行分析并提出优化建议。

三、实训要求

1. 分组进行，每个小组 3 人，自行确定本小组的负责人。
2. 通过网络或其他途径搜集近 3 年百雀羚具有较大影响力的数字营销案例。
3. 通过相关数据分析工具或网络途径，搜集该营销案例的营销效果数据。
4. 对搜集到的数据进行清洗，使用评估指标对数据进行归类总结。
5. 根据各评估指标数据，使用营销效果分析方法进行效果分析，评估此次营销的优缺点。
6. 根据分析结论，结合数字营销效果优化思路和注意事项，提出优化建议。

四、实训评价与总结

1. 小组自评

组长根据各组员在调研报告形成过程中的贡献给出相应的评价（30%）。

2. 组间互评

各小组以 PPT 形式对撰写的分析报告进行展示介绍（30%）。

3. 教师对团队总评

根据各组成果的优缺点，有针对性地进行点评，启发学生的创新思维；对各组普遍存在的问题进行重点分析；针对各团队撰写的调研报告提出要重点注意的问题（40%）。

参考文献

[1] 李宇红，颜青．数字互动营销——数字营销技术应用（初级）[M]. 北京：高等教育出版社，2022.

[2] 徐汉文，全盼．数字广告营销——数字营销技术应用（中级）[M]. 北京：高等教育出版社，2022.

[3] 王永贵，项典典．数字营销——新时代市场营销学．北京：高等教育出版社，2023.

[4] 曹虎，王赛，乔林，艾拉·考夫曼．数字时代的营销战略 [M]. 北京：机械工业出版社，2017.

[5] 周茂君．数字营销概论 [M]. 北京：科学出版社，2019.

[6] 阳翼．数字营销 [M]. 3 版．北京：中国人民大学出版社，2022.

[7] 陈国胜，陈凌云．数字营销 [M]. 3 版．大连：东北财经大学出版社，2024.

[8] 于勇毅．营销技术：原理、策略与实践 [M]. 2 版．北京：人民邮电出版社，2024.

[9] 2020 中国数字营销人才发展报告 [R]. 中国广告协会，腾讯广告，2020.

[10] 中国数字营销人才能力评估标准 [S]. 中国广告协会学术委员会，腾讯广告，2021.

[11] 互联网营销师国家职业技能标准．中华人民共和国人力资源和社会保障部，中央网络安全和信息化委员会办公室，国家广播电视总局，2021.

[12] 全媒体运营师国家职业技能标准．中华人民共和国人力资源和社会保障部，国家广播电视总局，2023.